U0094240

浴血中国

不应忘却的
十位抗日将领

李镇西——著

四川人民出版社

图书在版编目（ＣＩＰ）数据

浴血中国：不应忘却的十位抗日将领 / 李镇西著 .
—成都：四川人民出版社，2024.5

ISBN 978-7-220-13583-5

Ⅰ.①浴… Ⅱ.①李… Ⅲ.①抗日战争—民族英雄—
生平事迹—中国 Ⅳ.① K827=6

中国国家版本馆 CIP 数据核字 (2024) 第 010511 号

YUXUE ZHONGGUO: BUYING WANGQUE DE SHIWEI KANGRI JIANGLING

浴血中国：不应忘却的十位抗日将领

李镇西 著

出 品 人	黄立新
策划统筹	蔡林君
责任编辑	秦 莉 蔡林君 汤 梅 张红义
封面设计	张 科
版式设计	李其飞
责任校对	蓝 海
出版发行	四川人民出版社（成都三色路238号）
网 址	http://www.scpph.com
E-mail	scrmcbs@sina.com
新浪微博	@四川人民出版社
微信公众号	四川人民出版社
发行部业务电话	（028）86361653 86361656
防盗版举报电话	（028）86361661
照 排	成都木之雨文化传播有限公司
印 刷	四川五洲彩印有限责任公司
成品尺寸	170mm×240mm
印 张	17.75
字 数	260千字
版 次	2024 年 5 月第 1 版
印 次	2024 年 5 月第 1 次印刷
书 号	ISBN 978-7-220-13583-5
定 价	58.00 元

序 言
不能忘却的纪念

从春节前夕我在键盘上敲下"杨靖宇"三个字开始，到金秋时节写完佟麟阁，一部20多万字的新书稿《浴血中国——不应忘却的十位抗日将领》终于完成。

有朋友感到有些奇怪："李老师是教语文的，什么时候对历史感兴趣了？"

我嘴上虽没说什么，心里却想：这段并不遥远的血染的历史，难道仅仅是专业搞历史的人才应该感兴趣？

如果他们问我："您为什么突然想到写这么一本书？"这个问题我倒是很想回答。

去年和一位刚刚荣获"教坛新秀"的优秀青年教师聊天，聊到抗日的话题，我随口提到"高志航"这个名字，她睁着一双美丽的大眼睛问我："高志航是谁？"

我有些吃惊："你真的不知道高志航？"

她摇摇头。

我想了想，提醒她："前几年，有一部电视连续剧叫《远去的飞鹰》……"

"《远去的飞鹰》……"她沉吟着，突然说："朱××！对，是朱××主演的，哎呀，朱××好帅好帅！我的偶像。"

我有些哭笑不得："朱××饰演的就是高志航。"

她说："您这一说，我想起来了，那个角色好像是叫高志航，是飞行员嘛，后来抗美援朝牺牲了。"

"是抗日战争牺牲的。"我纠正道。

"哦，不好意思，"她表情真的很尴尬，"李老师，我教数学，历史学得不好。"

看《远去的飞鹰》首先记住的不是主人公高志航，而是主演。这和教数学没有关系，和历史学得好不好也没有直接关系，而与自己是否关注并记住我们国家的昨天有直接关系。

后来我问了问一位历史老师，中学历史教材里有没有"高志航"这个名字？回复是：没有。

我甚至问了好几位中学历史教师，他们竟然都不知道高志航是谁！

我一下子觉得我错怪了那位漂亮的"教坛新秀"了，连历史教师都不知道，何况教数学的她？

是的，责怪现在的年轻人不知道高志航，是不公正的。

如果我鄙夷那位不知道高志航的女教师，那我首先得鄙夷年轻时的我——我像她这年纪的时候，不也一样不知道高志航嘛！

在这里说绝大多数人不知道高志航等先烈，我只是想说明我们对抗日战争的宣传还不够全面、还不够深入。

抗日战争，是中华民族有史以来最悲壮也最伟大的一次反侵略战争。受尽帝国主义的欺凌、蹂躏与践踏的百年中国，第一次以惨胜的方式赢得了民族解放。

这里说"惨胜"，是因为为了这场战争的胜利，中国伤亡了3500万人。更令人痛心的是，由于伪军和汉奸太多，中国人民付出了本来不应该付出的那么大的代价。

在这个背景下，那些为了中华民族不被奴役、不被亡国灭种而英勇抗争、壮烈殉国的热血英雄的感人事迹，格外可歌可泣，他们没有理由被我们这些坐享太平的后人遗忘。

有时候早晨醒来，看见外面霞光满天，我会赶紧拿着无人机登上楼顶，以"上帝的视角"俯瞰成都这座美丽的城市随着冉冉升起的太阳而渐渐苏醒。

看着成都的万里晴空，我想到了 1941 年 3 月 14 日那一天，成都突然响起防空警报，当老百姓纷纷躲进防空洞时，一群年轻的中国空军飞行员却驾机飞向蓝天，迎战日军。其中一位英俊的飞行员在和敌机搏斗中，头部中弹，血洒蓝天，壮烈牺牲，年仅 25 岁。

他的名字叫林恒。如果大家对这个名字比较陌生的话，那么他姐姐的名字大家一定很熟悉：林徽因。

说今天成都上空的彩霞，像当年林恒们的热血染红的，一点儿都不夸张。

80 多年前，山河破碎，血雨腥风，"四万万人齐下泪，天涯何处是神州"。正是无数的佟麟阁、杨靖宇，以自己的七尺之躯，筑起了血肉长城，保卫着我们的家园，否则，哪有今天的岁月静好？

为了不能忘却的纪念，我写下了这本书，献给我敬仰的无数抗日烈士，也把他们的故事讲给今天的年轻人听——当然，我希望听到这些故事的，还有千千万万一代又一代中华民族的子孙。

李镇西

2023 年 10 月

目录

赵一曼：红装白马 ｜ *001*

引子　好大一棵树 ｜ *001*

一　天足·抗争 ｜ *002*

二　革命·爱情 ｜ *009*

三　拼杀·遗书 ｜ *016*

四　寻找·传人 ｜ *023*

尾声　用生命写诗 ｜ *028*

杨靖宇：气壮山河 ｜ *030*

引子　不朽 ｜ *030*

一　大任 ｜ *031*

二　酷刑 ｜ *033*

三　潜伏 ｜ *036*

四　联合 ｜ *039*

五　激战 ｜ *042*

六　严酷 ｜ *044*

七　生日 ｜ *047*

八　元宵 ｜ *050*

九　殉国 ｜ *053*

尾声　正义永存 ｜ *056*

周保中：英雄无泪 ｜ 057

引子　纵横驰骋 ｜ 057

一　军师出山 ｜ 058

二　攻打东京 ｜ 062

三　三打宁安 ｜ 065

四　割肉赏金 ｜ 069

五　八女投江 ｜ 072

六　师长叛变 ｜ 075

七　凝血日记 ｜ 078

八　死地后生 ｜ 082

尾声　战友重逢 ｜ 086

左权：血染家书 ｜ 087

引子　"这就是遗留给你的最宝贵的遗产。" ｜ 087

一　"亲爱的，别时容易见时难……" ｜ 088

二　"你们走后，确感寂寞……" ｜ 093

三　"紧紧握着你的手……" ｜ 100

四　"我牺牲了我的一切幸福，为我的事业来奋斗……" ｜ 108

五　"母亲！你好吗，家里的人都好吗？" ｜ 112

尾声　"第一次给爸爸写信……" ｜ 119

马本斋：民族之光 ｜ 121

引子　《回民支队》 ｜ 121

一　男儿壮志 ｜ 122

二　初战告捷 ｜ 126

三　百战百胜 ｜ 130

四　宁为玉碎 ｜ 134

五　英雄不死 ｜ *138*

尾声　本斋亭 ｜ *143*

张自忠：决死报国 ｜ *144*

引子　梅花上将 ｜ *144*

一　打，还是不打？ ｜ *145*

二　国人皆骂"汉奸" ｜ *146*

三　"气吞万里如虎" ｜ *148*

四　"把吴钩看了，栏杆拍遍……" ｜ *150*

五　临沂大捷 ｜ *151*

六　彻底洗清污名 ｜ *153*

七　"一定要同敌人在这条线上拼到底" ｜ *155*

八　随枣会战再扬威 ｜ *157*

九　"敌一日不去，吾必以忠之死而已。" ｜ *158*

十　被血与火染红烧烫的日子 ｜ *160*

十一　最后时刻 ｜ *162*

尾声　取义成仁，为国捐躯 ｜ *163*

戴安澜：壮志无违 ｜ *164*

引子　国共同挽 ｜ *164*

一　报考黄埔 ｜ *165*

二　浴血山河 ｜ *170*

三　挥师缅甸 ｜ *174*

四　决战同古 ｜ *179*

五　捐躯沙场 ｜ *184*

尾声　万里旌旗 ｜ *189*

佟麟阁：卢沟雄狮 | *191*

引子 "佟麟阁路" | *191*

一 生死之交 | *192*

二 长城热血 | *196*

三 生死与共 | *201*

四 血战南苑 | *205*

五 伟大女性 | *209*

尾声 将军家风永留 | *214*

王铭章：川军不朽 | *216*

引子 无名英雄 | *216*

一 壮士出川 | *218*

二 血肉长城 | *223*

三 与城同在 | *228*

四 无川不军 | *233*

尾声 铭章中学 | *238*

高志航：志在蓝天 | *240*

引子 忠烈祠里 | *240*

一 雏鹰展翅 | *241*

二 人机一体 | *245*

三 名扬国际 | *249*

四 爱情多难 | *253*

五 融入蓝天 | *257*

六 万千志航 | *262*

尾声 碑立于心 | *267*

后记 选择的艰难与突破 | *269*

附录 主要参考书目 | *272*

赵一曼：红装白马

引子　好大一棵树

蓝天如洗，阳光若瀑。

云卷云舒，云不断变换着形状，时而如苍穹上盛开着大朵大朵的白色牡丹，时而又如蓝色海洋上的波涛。初夏的阳光热烈而不毒辣，它慷慨恣肆地泼洒在大地上，而所谓大地，其实是同样如波涛般起伏的大片丘峦。

在这片丘峦中，有一处凸出的小山嘴特别苍翠。蓝天下，茂密的竹林和参天大树，掩映着山嘴上的几间明清老屋。说是掩映，其实几乎是遮蔽。从外面看，是一片绿色屏障，只有竹林和大树的缝隙间漏出的瓦房一角告诉人们，里面曾经居住着大户人家。

这个地方，是宜宾市翠屏区白花镇一曼村一曼组伯阳嘴。当年，赵一曼就出生于此，也从这里走向革命。

2022年5月10日，我专程从成都赶到这里，追寻赵一曼最初的成长足迹，感受英雄少年时的气息。

屋前庭院的岩边，有一棵即使仰望也不能见顶的巨大楠树。据说是当年赵一曼亲手种植的。一位游客看了看树，说："不可能，这棵树看上去有百余年的树龄了，怎么可能是赵一曼种植的呢？"

我和他争论起来："怎么不可能？赵一曼出生于 1905 年，如果活到现在，是 117 岁。她小时候种下的树，到现在不就是百余年吗？"

他听了我的话，便说："哦，我不知道赵一曼的年龄。你这么一说，那完全有可能。"

我久久仰望这棵巨树，然后蹲下来，想用单反相机拍下这棵树的完整形象，可是，我的广角镜头怎么也装不下树的全貌。这棵树实在是太雄壮了，树干巍峨挺拔，直指蓝天，枝繁叶茂，根植大地。

这棵树究竟是不是赵一曼手植的，我也没看到确凿的证据，仅仅据说是。我和那位游客的争论，也只是论证可能性。然而，无论这棵树是不是赵一曼所植，它似乎都成了赵一曼的标志之一。

百年前的中国风雨如磐。赵一曼的生命，如一棵小树破土而出，她在这偏僻而美丽的小山村顽强地长大。1926 年 10 月，她为报考黄埔军校而离开家乡时，这棵小树已如少女赵一曼一般亭亭玉立。从此赵一曼再也没有回到家乡，也再没有看到老屋前的这棵树。

而百年之后的今天，赵一曼以抗日英雄的崇高荣誉长眠于远离家乡的东北大地，她已经成为中华民族精神的一棵参天大树，如眼前这棵百年楠木一般，巍然屹立，不可撼动。

主人已逝 88 年，只有这棵树依然静静地矗立在主人的老屋前，无声地诉说着过去的故事。

一　天足·抗争

十岁的赵一曼①绝食好几天了。

---

① 当时赵一曼还不叫"赵一曼"，但由于她打仗厉害，所以人们都以为她是赵尚志的妹妹。她说："我和赵司令并不是亲兄妹，但我们为了抗日走到一起，同甘共苦，这不比亲兄妹还亲吗？既然大家都说我是赵司令的妹妹，那大家就叫我'赵一曼'吧！"

父母心急如焚，却手足无措。

按说，作为父母的幺女，疼爱都来不及，是什么事让幺女居然绝食抗争？

父亲李鸿绪为人善良厚道，是一名乡间医生，坐堂行医，治病救人，以自己的善良和医术赢得了乡邻的信任与尊重，也为家里带来了殷实的家底，乡下有良田，城里有商行、店铺。可以说，赵一曼出生在一个比较富庶的家庭。

李鸿旭夫妇共生有八个孩子，二男六女，老七赵一曼是最小的女儿，后面还有一个弟弟。父亲给她取乳名为淑端，昵称端女儿；后来又按族谱排行，给这个幺女取名坤泰，字淑宁，寄寓安宁和康泰的希望。

都说"皇帝爱长子，百姓爱幺儿"，何况这个幺女特别乖巧可爱、聪明伶俐。因此父母对他们的端女儿可以说是百般宠爱。应该说，李鸿旭在那个年代算是思想比较开明的人，相对来说见多识广，但再开明也很难超越那个时代。因此他们对端女儿的宠爱，必然是以那个时代的观念和方式来体现的。

比如缠足。

按那个时代的审美标准，"三寸金莲"是美女的标配，赵一曼那么标致的小美女，如果不缠足以后怎能找到一个好婆家？虽然母亲有过缠足的痛苦经历，但她认为女孩一生最重要的幸福就是嫁一个好丈夫，她必须为端女儿将来的"幸福"考虑。于是，她决定狠下心来给她缠足，为此她熬了许多夜给幺女做了一双漂亮的绣花尖尖鞋。

本来赵一曼是一个很孝顺的女儿，唯独在这件事上表现出坚决不从的态度与勇气。这让父母有些吃惊。

她先是央求母亲："妈，别给我缠足，好吗？我看你平时走路走不了几步就说脚疼，有时候晚上疼得直哼哼，为什么要我缠足呢？"

母亲叹了口气，说："女人就得缠足啊，这是祖宗的家法，不能坏了规矩。千百年来，祖祖辈辈的女人就是这么过来的，女人就得缠足啊！"

"可太疼了，我受不了啊！"赵一曼想继续说服母亲。

母亲却企图说服她:"缠足虽然有点痛,这个我知道,但这是为了将来的好生活啊,不缠足你怎么找得到好婆家啊?"

一看无法说服母亲,赵一曼开始来硬的。所谓"硬的"其实就是十岁的小女孩所表现出的大哭大闹。无论母亲怎么说,无论哥嫂们怎么劝,赵一曼就是不缠足。

最后母亲也来硬的,在家里人的配合下,强行按住赵一曼把脚缠住,穿上那双小尖鞋,然后把她关在房里,不许出门。

赵一曼一看哭闹没用,于是她决定绝食抗争,明确宣告:"我不吃不喝,宁死也不缠足!"

开始母亲以为小孩子不过是任性撒娇,是经不住饿的,闹一闹就算了。谁知赵一曼倔强得像头小毛驴,一连好几天都不吃不喝。

母亲急了,赶紧又到小屋来好言相劝,但无论怎么哄,赵一曼回答就一句话:"我坚决不缠足!"没丝毫妥协的迹象。

最后她见母亲也不让步,于是一瘸一拐地跑出房间,找来一把砍柴刀,对着脱下来的小尖鞋和解下来的裹脚布一阵乱砍猛宰,直到小尖鞋和裹脚布被剁成一堆碎片。

父亲感慨:"幺女倔强,是一个男儿性格啊!"母亲无奈,只好依了幺女。缠足的事不了了之。小小的赵一曼终于以死抗争保住自己一双天足。后来,正是凭着这一双天足,她走出了家乡,走到了东北,驰骋于抗日疆场。

赵一曼眉眼秀气,模样俊俏,个子小巧,身材柔美,看上去似乎很柔弱,但她的内心强大,个性坚毅,如她父亲所说,"是一个男儿性格"。

面对封建思想文化的压迫,赵一曼表现出惊世骇俗的叛逆精神与反抗举动。宁死不缠足,第一次让家里人和乡亲们见识了这小丫头的厉害。

而真正厉害的还在后面呢!

天资聪颖的赵一曼酷爱读书。七八岁就进了父亲开办的私塾,先生教的所有功课,她都倒背如流。渐渐地,小小私塾已经不能满足她的求知欲。几年后,父亲因病去世,大哥李席儒继承家业后成为当家人。赵一曼不顾大哥和大嫂的反对,又去了她姐夫郑佑之创办的新式学校读书。

郑佑之是我党早期的党员之一，也是四川地方党组织的创建人之一。他不断给赵一曼宣传革命思想，为她订购了许多革命书籍和进步报刊，如《新青年》《妇女周报》《向导》等。这些书刊为赵一曼打开一扇通往外面的窗，她如饥似渴地阅读着，进入一种痴迷的状态。

获取的知识越丰富，她的视野便更加开阔，她的志向也更加远大。她不满足于家乡一隅，而渴望到外面的世界，如小鸟一样希望飞翔到更广阔的天空。

然而，阻挡她飞得更远的第一道障碍，就是她那位满脑子封建思想的大哥李席儒。大哥和大嫂认为郑佑之是在用邪书诱惑妹妹，害得她到了痴狂的地步，他们早就对幺妹痴迷读书而不学女红看不惯了。大哥常说："女子无才便是德，你已经在私塾读了几年书了，足够了。你早晚要嫁人的，读那么多书有什么用？"他甚至还多次趁赵一曼不在的时候，到她房间把那些书籍报刊搜出来，一把火烧掉。

赵一曼的愤怒可想而知，她甚至想和大哥分家另过。但随着阅读越来越多的进步书刊，她逐渐意识到，她的遭遇不是特殊的个案，而是千千万万中国妇女的共同不幸，自己所感到的痛苦从根本上说，是整个封建社会的旧礼教造成的。她要反抗的，不只自己的大哥，还有整个旧世界。

她立志做中国女界的先锋斗士，同封建旧文化进行毫不妥协的抗争。

1924 年 7 月，19 岁的赵一曼根据自己的经历，以《请看我的家庭》为题目写下一篇三千字的激愤文章，控诉兄嫂对自己压制——实质上是封建礼教对妇女的迫害。

文章开篇写道："全世界的姊妹们，请看我的家庭，是何等的守旧，是何等的黑暗！我自生长在这黑暗家庭中，十数载以来，并没见过丝毫的光亮。阎王似的家长哥哥死把我关在那铁篱城中，受那黑暗之苦。"

但她认为这不是自己一个人的遭遇，她控诉道："我们女子受专制礼教之压迫，供专权男性的玩弄，已经几千年了！"

在文章中，她列数了哥嫂对自己的封建压制："唉！同胞的姊妹们呀，自我父亲去世以来，整整七年了！这七年中，我并没过一天人的生活。我的家长，还骂我不服从他，不该反抗他。骂我是无父的女子，该他管的，他管我得下，不由我乱想。又骂我不识时务。现在还有母亲，他看母亲的面，还百般地宽待我，假如母亲将来百年归世，他定要磨死我。唉！我当真不识时务吗？他用这般杀人的手段来宽待我，我都全不知痛吗？全世界的姊妹们呀，我现在似悬梁般的，上下不得。我真要屈死在无情的梁上了。唉！我实无法可施了。我的姐姐，她帮我想不出法了，不得已才求全世界的姊妹们，帮我设法！至于我现在呢，第一不要他出钱送我读书；第二不要他给我订报，单求他允许我出来读书。同胞的姊妹们呀，说到我屡次的反抗，只有失败没有成功。我今将我求他、反抗他和他磨难我的经过，细写出来，请帮我设法，看我要如何才能脱离这地狱似的家庭，才达得到完全独立？……可怜我们许多女子还深深被压迫在旧社会制度之下，受那黑暗的痛苦呵（啊）！我感觉到这个时候我极想挺身起来，实行解放，自去读书。奈何家长不承认我们女子是人，更不愿送我读书。我屡次求他送我读书，他唯不送我读书，而且还说些不堪入耳的话……"

文章措辞激烈，显然是赵一曼压抑已久的怒火喷发。

次月，这篇文章以"李一超"为笔名，几乎同时在上海向警予主办的《妇女周报》和天津邓颖超主办的《女星》杂志上发表。

用"一石激起千层浪"来形容赵一曼这篇文章引起的强烈社会反响，甚至社会震动，是一点儿都不夸张。《妇女周报》和《女星》杂志很快收到许多读者的来信，谈自己的强烈共鸣，并对"李一超"表达强烈的支持。

其中，一位北京的读者张萍英在文章中明确指出——

　　我相信处在李一超女士同等地位的女子并不止伊一人。所以我们对于伊的问题应用广义的态度来研究。……所谓广义的态度，就是要将我们的注意点放在大多数锁在家庭里不能享受教育机会的女子身上，来谋一个全盘的解决办法，要总解决这个问题是不容易的，下手的功夫在宣传大家庭的罪恶与容纳由牢狱中逃出的女子并给以一个生活的道路。

还有一位叫王文彬的朋友在信中说——

我读了你那篇自述后，不觉怒发冲冠，血气沸腾，想给你做个奋斗先锋者。虽然我们青年前途远而且大，但是站在这黑沉沉地狱似的家庭里，不奋斗，焉有光明？不破坏，焉能建设？一超！我祝你做一个毅力坚决的奋斗青年女子！

我们束缚在几千年来专制礼教强权下，度过了无涯苦海生活、无限礼教苦痛！一超呀！我愿我们青年们，兄弟姊妹们，快觉悟！快奋斗！团结起来，勇往前进！"推翻强权，打破家庭，削除资本"，"各尽所能，各取所需"便是我们将来的乐园了。

一超，你是个觉悟女子，不幸处此龌龊社会、万恶家庭之中，叫我不觉为你流泪！然而反过来说，现在一般青年，谁不是在龌龊社会、万恶家庭下讨生活啊！一超！我本不想将我这篇粗劣意思献于女士之前，但我也是一个为"家庭专制"潜逃的一个孤雁，现在我好似茫海中一个浮萍，荡来荡去，竟不知何以是我的宿立地！所以我读了女士此篇文字之后，不觉泪花纷纷乱坠！

……

现在你已处此满目荆棘，进退两难，求学不能，外出不成之境，岂能在家中受那些什么"三从四德"，什么"女子无才便是德"，什么"男女授受不亲"的礼教呢？一超，你前途光明旗帜已树了，就祝你奋斗！祝你努力！

由此可见，李一超的文章掀起了一场推动社会进步的大潮，波涛汹涌，澎湃激荡。不少人还给她提建议、出主意，甚至愿意给她提供读书费用。《女星》杂志发表了一些读者来信。

赵一曼这篇文章谈的是自己的遭遇，但她绝不仅仅是对自己命运的悲号，而是对整个妇女解放的呐喊。本文的发表，标志着赵一曼成为发现妇女尊严与权利的自觉者之一，也是那个时代妇女解放运动的先行者之一。

从这篇文章开始，赵一曼继续为中国妇女解放呼吁。次年春天，她再次以"一超"为笔名在上海《妇女周报》上发表了《青年女子与国民会议》一文。

这篇文章突破了个人际遇而将中国妇女的命运放在中国历史的大背景下审视："唉！我们女子，数千年中总是处于极卑劣的地位，近数年虽有女子参政同盟、女权运动同盟之发现，可是终不免男尊女卑的歧视，且种种束缚仍然加于我们身上，竟不能推翻那千重压制，这是何等悲伤的事！"

赵一曼明确宣告："我们以前是'事事不能过问'，我今后'非事事过问不可'！这是我们女子，我们受压迫的青年女子，根本上极正大的要求，所以全国有良心的诸君，都必赞成以下所提出的要求而指示其策略。"

然后赵一曼旗帜鲜明地提出了她的主张——

（一）废除一切束缚我们女子的东西，尤其是压死青年女子的旧礼教。

（二）社交公开：女子有通信的自由，蓄发，剪发，择业，结婚离婚，种种绝对的自由。并规定保护受痛苦逃婚女子的专条，即抱独身的女子，父母——尤其是兄嫂，亦不得强迫出阁。

（三）男女求学的机会须平等：不惟自小学以至大学，均须彻底开放，并须严定父母——尤其是兄嫂阻止青年女子求学之法则。

（四）男女身分（份）平等。女子须有继承世袭产权，不单是分产。须有执政权，不单是参政，凡应公开的更不得藉（借）口"年幼"，不使我辈青年女子参加或预闻。

（五）普及女子教育，特别要注重青年女子，并废除贤妻良母之教育，严禁宗教徒对于青年女子之诱惑与迫害。

（六）有志求学而力不足的青年女子，国家或地方，均当供给以入学的费用。

（七）禁止蓄童养媳，禁止纳妾，蓄婢。立法严惩拐卖幼女，溺女，及虐待妻妾婢媳，以振刷恶俗。

（八）禁止奖励虚伪之真（贞）节主义——如旌表节孝等，尤其是过门守节。提倡再婚妇与处女一体受社会上之待遇。

（九）不惟女工与男工作同样的工当得同样的报酬，即青年女子和做了成人一样的工作，也当得一样的工资。

（十）女工月经期内，厂主当加以优待，不得强迫作（做）工，更不得扣减工钱。

（十一）女子任（妊）娠期内，不得作（做）工；并须由国家供给以充足的生活费。

（十二）废除娼妓制度，禁止穿耳、缠足的恶习惯。取缔妖淫装饰品。

（十三）为使我们的要求有力而实现起见，国民会议须尽量参加妇女团体，尤其是青年女子的代表。

全国感受压迫的姊妹们，我这几种要求过分了么？办不到么？如其不然，就请大家努力，准备实行解放，解放的第一步，便是：大家团结起来，促成我们的国民会议！

十四年二月二十三日

于宜宾观音镇

就争取个人权利而言，赵一曼胜利了，她后来走出了小山村，来到县城宜宾读书，再后来她到武汉求学，直至远赴苏联留学；而就中国妇女乃至整个民族来说，她由此站在了整个中国的舞台，开始了自己一生为妇女翻身、为民族解放的神圣使命。

二 革命·爱情

1928 年秋，莫斯科。

赵一曼面临一个在旁人看来十分艰难的选择：是留在莫斯科继续学习，

还是回到祖国？

注意，我这里说她面临选择的是"在旁人看来十分艰难"。其实对赵一曼而言，她只有一个毫不犹豫的抉择：尽快回到祖国。

因为这是党组织的召唤。在赵一曼心中，党的需要和祖国的利益是高于一切的。

当然，如果赵一曼要"谈条件"，想继续留在莫斯科也不是没有正当理由的：她怀孕了。

这也是丈夫陈达邦特别担心她，希望她暂缓回国的原因。

从内心讲，赵一曼也舍不得离开丈夫。她和陈达邦的相识与相爱，虽说不上多么传奇，但也不乏浪漫色彩。

赵一曼冲破封建家庭，走出小山村，来到宜宾求学，先后就读于宜宾女子中学和中山中学。在学校，她一边读书，一边参加进步学生运动。后来担任了宜宾妇联和学联党团书记。

这期间，有一个人爱上了赵一曼。他就是赵一曼的大姐夫郑佑之。大姐李坤俞因病去世后，由赵一曼父亲做主，郑佑之又与赵一曼的五姐李坤舆结合，但不幸的是，后来李坤舆也因难产而去世。

对赵一曼而言，郑佑之不仅仅是姐夫，更是她的启蒙者和引路人。郑佑之宽厚仁慈，学识渊博，才华横溢，见多识广。正是他，不断给赵一曼推荐进步书籍，把她的视野引向整个中国的明天和世界的未来。在与大哥的封建专制抗争的过程中，郑佑之一直是赵一曼坚定不移的有力支持者。赵一曼那篇引起全国反响的控诉哥嫂的文章，就是郑佑之推荐给向警予和邓颖超的。

也是由于郑佑之的引领和介绍，赵一曼于1924年加入中国社会主义青年团，两年后转为中共党员。

可以说，郑佑之是赵一曼幼年和少年时代的心灵支柱和精神偶像，不但是她的姐夫，还是她的导师。但可能是年龄悬殊或思想差距的原因，赵一曼从来没有想过除了"姐夫"和"导师"之外，自己和郑佑之还会有其他情感关系。她拒绝了郑佑之的求爱。

郑佑之尊重并理解了小妹赵一曼，继续肩负起发动群众开展革命的使命，开展斗争，尤其是他领导川南农民运动，影响甚广，人称"川南农王"。他先后担任共青团宜宾特支代理书记、中共宜宾特支书记。1928年，又被选为川南特委委员并担任中共宜宾县委书记，继任自贡特支书记，合川县委书记，组织领导了一系列富有影响的工人运动和农民暴动，后被选为中共四川省委委员。

1931年12月，因叛徒出卖，郑佑之被捕。面对敌人的严刑拷打，郑佑之坚贞不屈。1931年12月29日，敌人对郑佑之进行最后一次劝降："你这样大的岁数了，还相信马克思主义？你是受了欺骗。"郑佑之响亮地回答："我就是相信马克思主义。"见郑佑之没有"回心转意"，又问："你相信马克思主义，你愿不愿意为其牺牲？"郑佑之斩钉截铁地回答："我愿意。"绝望的敌人决定处决郑佑之。临刑前，郑佑之给弟弟们写下了一封成为传之千古的遗书，要弟弟们"传布与一般人知道，以待将来的公论"。1931年12月30日，郑佑之在重庆英勇就义，时年40岁。

没有任何资料披露赵一曼得知郑佑之牺牲后的反应。但我想，她应该是很悲痛的。她虽然没有接受郑佑之的爱情，但却继承了郑佑之的革命理想和未竟使命，并且和郑佑之一样，最后为之付出了自己的生命。

让我把叙述拉回郑佑之向赵一曼表达爱意的1926年下半年，当时赵一曼已经在中山中学就读了几个月，这时，黄埔军校在武汉成立分校，并第一次面向全国招收女生。消息传来，赵一曼怦然心动。她本来就渴望去军校学习和历练，同时也想离开郑佑之，以免双方都受到感情困扰，让距离慢慢冷却这一段在赵一曼看来不应该有的爱情。于是，赵一曼立刻决定报名应试。

1927年2月，赵一曼如愿考上黄埔军校武汉分校，成了中国有史以来第一代（不是"第一个"）女兵中的一员——赵一曼当时也许没有想到，未来九年，她将以自己的热血与生命，证明自己是中国第一代女兵中杰出的代表。

当时，赵一曼已经22岁，在那个年代已属于"大龄女青年"，但她无暇顾及个人感情，而全身心地投入军校艰苦的学习和训练中。在年轻的共产党员赵一曼心目中，信仰至上，理想第一。她没有精力谈情说爱，或者说，她把爱情献给了革命。

军校训练的艰苦超出了赵一曼的体能。她个子只有一米五多一点，都还没大枪高，体质也比较弱，曾患过肺病，但她倔强坚毅的性格，让她发誓不能落后于任何一个人。在训练中，别人练一遍两遍，她练三遍五遍，包括骑马，她也以顽强的毅力坚持按最高标准训练——后来她的骑马技术，在东北战场派上了用场。

一次，赵一曼终于因劳累过度，肺病复发而住进了医院。在住院期间，局势发生了剧变，原驻守宜昌的独立第十四师夏斗寅突然叛变，偷袭武汉。军校师生奉命改编为中央独立师，配合叶挺的武昌卫戍部队讨伐夏斗寅。躺在病床上的赵一曼，闻讯后立刻离开医院，穿上军装，坚决要求参加平叛夏斗寅的战斗。她说："战斗是军人的天职！现在正是保卫革命的紧要关头，我是革命战士怎么能安卧于病床？"于是，她拖着还没完全康复的身体，参加了学校组织的西征。

西征历时一个多月，胜利归来。可中央独立师还没来得及享受胜利的喜悦，就遇上武汉的汪精卫公开叛变革命，国共两党彻底决裂，武汉军校被迫停办，学生提前毕业。在叶剑英的建议下，当时任国民革命军第二方面军总指挥张发奎将军校学生改编为第二方面军军官教导团。

7月底，赵一曼随第二方面军教导团离开武汉向江西九江进发，然后又进军南昌，"东征讨蒋"。后来军校有30名女兵参加了著名的南昌起义，打响了中国共产党武装反抗国民党反动派的第一枪。

遗憾的是，在奔赴南昌的路上，赵一曼肺病复发，不得不再次住进了医院，与"八一起义"这一伟大的历史时刻失之交臂。

病愈出院后的赵一曼，面对的是蒋介石四一二反革命政变后笼罩整个中国的白色恐怖。党组织决定派遣赵一曼赴莫斯科中山大学学习。

1927年9月，赵一曼在上海登上一艘苏联货轮离开了吴淞口，向东海进发。当年在小山村里就渴望了解世界的赵一曼，终于走向了大海。

在共产主义者云集的莫斯科中山大学，赵一曼时刻不忘自己肩负的使命。她克服了语言、气候、饮食习惯等方面的困难，发愤学习，准备将来回来报效国家。

她没有想过在这里谈情说爱，却意外地找到了自己的爱人。

赵一曼以前从没接触过俄语，因此初到莫斯科，语言不通成了她学习和生活的第一道难关。她再次表现出超乎常人的毅力，常常在别人休息时依然刻苦学习俄语。

一天，为了不打扰同学们，她一个人悄悄来到学校旁边的桦树林，专心致志地大声读背俄语单词。突然，一个中国小伙子出现在她的面前，他叫陈达邦，也是从中国来的青年共产主义者。陈达邦是湖南人。在妹弟任弼时的指引下，经湖南党组织的帮助，他于1926考进黄埔军校，成为第六期学员，并于1927年加入中国共产党。

相比赵一曼，陈达邦有较好的俄语基础，他便热情耐心地帮助赵一曼，给她讲俄语学习的各种方法与诀窍。就这样，两人经常一起交流学习，探讨问题。渐渐地，一种美好而微妙的情感在二人心中萌发了。

在此之前赵一曼没有主动追求过谁，她甚至还拒绝过别人的求爱。但当爱情突然降临时，她同样勇敢而直率。在封建传统的婚姻文化中，往往都是男子追求女子，而女子追求男子则属另类。

赵一曼再次表现出她与众不同的一面。一旦爱上了陈达邦，她就决定主动、勇敢、坦诚地向他表达爱。

4月的一天晚上，赵一曼约陈达邦来到莫斯科河畔散步。开始两人还漫无边际地聊着，可赵一曼心里却怦怦直跳，终于，她鼓起勇气对陈达邦说："达邦，我想跟你商量一件事。"

陈达邦一惊，预感她要说什么，但还是故作平静地问："什么事啊？"

赵一曼火热的眼睛直视陈达邦，急切地说："达邦，我们结婚吧！再这样下去，我会受不了的，会影响学习的。"

回答赵一曼的，是陈达邦热烈的拥抱："我早就盼着这一天了，从见到你的第一眼开始，我就爱上了你！"

于是，在1928年春天，赵一曼和陈达邦结成了夫妻，成了一对革命伴侣。几个月后，学校放暑假了，他俩去克里米亚度蜜月，疗养身体。

秋天学校开学了，赵一曼却感到了身体的不适，时不时会呕吐。经医生检查，赵一曼怀孕了。夫妇二人一方面感到了即将为人父母的喜悦，另一方面却担心，突然到来的孩子将给他们的学习、工作乃至今后的战斗带来许多不便。

随着进入冬天，天气的变化使赵一曼的妊娠反应越来越强烈，她几乎难以完成学习了，但她依然顽强地坚持上课。

就在这时，赵一曼接到了党组织的指示。由于国内革命形势发展很快，中国共产党在井冈山建立根据地后，白区非常需要干部，尤其是女干部。因此，党组织要求赵一曼立即回国。

虽然是命令，但毕竟上级党组织不知道赵一曼正在怀孕期间，如果赵一曼向组织说明情况，她完全可以等在莫斯科生下孩子后再回国。

陈达邦正是这个意思，他反复劝说妻子："你怀孕已经五六个月，身体又很差，等生完孩子再回去吧！给组织上说明情况，组织是会批准的。"

但赵一曼不同意，她认为，作为党员必须无条件服从党组织的安排。她的原话是："宁肯自己困难，也要服从分配。"陈达邦不得已退而求其次，说要不一起回国，这样夫妻俩有个照应。但赵一曼依然不同意，她认为，陈达邦的学习任务还没完成，他在莫斯科还有自己的任务，不能因为自己而影响到革命工作。

就这样，为了苦难的祖国，赵一曼克服私情，听从党的召唤，毅然告别了丈夫。临别前，陈达邦含着眼泪拿出他们结婚时的金戒指说："这个你戴着，可作为永远的纪念。"又拿出一块怀表："这表可防水，你工作时用着比较方便。"

赵一曼泪流满面接过这两样东西，说："达邦，我会珍藏的，见到它就像你在我身边。"

陈达邦把妻子送到火车站，在月台上，两人紧紧拥抱，久久不愿松开。最后，赵一曼对丈夫说："达邦，我希望有一天再来莫斯科见你，最好是将来你也回国，在革命胜利的时候，公开场合咱们再见面！"

1928年12月，刚刚回国的赵一曼，被上级安排去了党组织被破坏得很厉害的宜昌，希望她去那里重建秘密交通联络站。

赵一曼通过一个船员，在长江边的狭窄巷道里租了一间木板屋，以开小铺为掩护进行革命工作。赵一曼对外说丈夫在外面跑买卖，她一个女人家独立支撑着家庭。这里是码头搬运工人的聚居区，住的都是贫苦工人，赵一曼很快就与邻里相处得很融洽。她主要负责接待过往的交通员、购买船票、转换组织关系、传送文件等工作。

白色恐怖下的宜昌，给赵一曼的地下工作带来了极大的困难和危险。但她依然机智而勇敢地工作着。由于缺少生活经费，加上营养不良，胎儿发育不好，以致早产。

那是 1929 年 2 月 1 日，农历腊月二十二。赵一曼早晨起来就感到肚子疼得厉害，房东老太太估计她快要临产了，坚决要她搬家，说别人在自己家生孩子不吉利，会断了自家的香火。无论赵一曼怎么求她，她都要求赵一曼出去，最后竟然把赵一曼推了出去。举目无亲的赵一曼孤立无援，忍着阵阵隐痛在宜昌的街头漫无目的地走着。最后实在找不到地方，又只好回到原房东的家。可是回去一看，房东已经把门关得严严的。就在赵一曼几近绝望的时候，一位搬运工人实在看不下去了，便和妻子商量，把赵一曼请进了家里。就这天晚上，在长江边一个搬运工人的破旧屋子里，历经磨难的赵一曼生下了一个男孩。

按在莫斯科和丈夫的商定，赵一曼给这个男孩取名"宁儿"。

这可爱的男孩的确来得不是时候。为革命东奔西走的赵一曼，无力抚养自己的亲骨肉。尤其是 1931 年九一八事变以后，赵一曼奉命前往东北走上抗日前线。

国家破碎，儿子年幼。救国，还是育儿？赵一曼选择了前者，因为有国才有家。国家亡了，包括孩子在内的所有中国人都不可能有和平幸福的生活环境。

但孩子怎么办？思考再三，赵一曼不得不决定将儿子送给陈达邦的堂兄陈岳云抚养。

赵一曼知道，自己的生命都已经献给了祖国的解放事业，此次一别，何时再见? 或许将是永远的离别。于是,临走前,赵一曼特地带儿子去了一趟照相馆,留下了一生中唯一的一张母子合影。

分别时,赵一曼最后一次抱起已经一岁多、开始蹒跚走路的宁儿,不停地亲吻,眼泪止都止不住。但最后,她还是把孩子交给了陈岳云夫妇。

从此,赵一曼再也没有见到儿子。

三 拼杀·遗书

赵一曼终于醒来了。

她本能地想翻身,结果浑身剧痛。她这才意识到,自己是躺在日本人的牢房里。

自从被党组织派遣到东北,她早就想到了被捕,甚至随时献出生命。因此,对此刻的处境,她并不悲观沮丧。她只是感到遗憾,自己还有许多任务没有完成。

她一动不动躺在地上,往事历历,在脑海中回放⋯⋯

赵一曼是1932年春天受组织派遣来到已经沦陷的东北的。先是在哈尔滨做地下工作,领导了哈尔滨电车工人的反日大罢工,还多次到海伦等地,了解工人在日伪统治下的生活情况,组织他们进行各种各样的反日斗争,同时也指导地下党的工作,推动抗日运动的开展。

地下工作是在刀尖上行走,但赵一曼却走得游刃有余。虽然党团组织经常遭到敌人破坏,但赵一曼会俄语,五官又长得精致,所以她常常化装成俄罗斯妇女,一次次化险为夷。然而,她却更想拿起枪和敌人面对面地拼杀。她对组织说,自己是学军事的,在战场上更能发挥自己的作用。

1934年夏天,赵一曼如愿被组织派到珠河县开展工作。这是著名抗联将领赵尚志开辟的抗日根据地。在赵尚志的领导下,赵一曼指挥了一次次战斗,粉碎了敌人多次"大讨伐"。在冰天雪地里,川妹子赵一曼完全把自己变成了当地的游击战士。她的军事指挥才能让赵尚志十分欣赏,也让战士们格外佩服。

她解释说："我喜欢'一'字，它代表一生革命、一心一意、一贯到底。曼，有长远的意思。至于姓赵嘛，那是因为许多人说我是赵尚志的妹子，那我就姓一回赵吧，再说赵姓在百家姓里是第一大姓，'赵钱孙李'，和我们李姓也是近邻。"

赵一曼的名字从此被叫开了，而且越来越响亮，后来名垂于中华民族的英雄史册。

有一次，赵一曼战斗获胜后，敌人在报纸上称"女共党赵一曼红装白马驰骋哈东攻城略地危害治安"。寥寥数语，倒也将赵一曼飒爽英姿表述得形象生动——"红装白马""驰骋哈东""攻城略地"……的确，骑着白马，手持双枪，文武双全的女指挥赵一曼，正是她在珠河一带老百姓心目中的形象。

后来赵一曼被捕后，敌人的《满洲日日新闻》这样描述赵一曼："身穿红装，骑上白马，跨过山林，飞驰平原，宛如密林的女王……"

赵一曼被捕，缘于汉奸告密。

1934年11月14日，作为抗联第三军第二团政委（政治部主任）的赵一曼，和团长王惠同率领二团50多人，来到一个屯子，老百姓非常高兴，家家户户盛情慰劳。但混在群众中的一个汉奸却连夜去向敌人报信。

第二天清晨，敌人出动300多人扑过来将赵一曼和王惠同率领的队伍团团包围。整整一天的激战，抗联战士们连续打退了数倍于自己的敌人。为了保存实力，赵一曼让王惠同率领战士撤退，自己留下掩护。王惠同不同意，但他终究没拗过赵一曼，只好趁天黑组织战士们突围。突围过程中，他身负重伤，不幸被捕，英勇就义。

赵一曼在掩护王惠同突围时，也左臂负伤，和几个战士躲在雪坑荒草里。敌人撤退后，赵一曼忍痛从山上下来，先是藏在一个老乡的萝卜窖里，后来又转移到更远的一个老乡的窝棚里。和部队失去了联系，没有食物也没有药品，仅凭老乡送来的热汤御寒充饥，但赵一曼依然鼓励大家："只要我们坚持斗争，就一定会把小鬼子赶出中国。"

几天后，当地的一个汉奸进山拉柴，发现远处小窝棚里有烟气，估计那里潜伏着抗联的人，他立刻向敌人告密。很快赶来的敌人包围了赵一曼等人所住的窝棚。虽然敌人众多，可赵一曼四人还是顽强地和敌人持续了近两个小时的战斗。最后，赵一曼打光了子弹，想冲出去，结果刚一出去便中弹倒地，本来左臂负伤的她，左大腿又被击中。于是，赵一曼被俘。由于伤势严重，敌人抓到赵一曼时，她大腿的裤管都被血灌满了，鲜血还在不断往外渗。

可以想象，敌人是多么"重视"这个女俘；同样可以想象，赵一曼是多么顽强坚贞。她一口咬定自己不是共产党，但坦然承认自己是一名坚定不移的抗日者。

日本警佐大野泰治问："既然不是共产党，那你为什么要抗日？"

本来虚弱无力的赵一曼激动起来，惨白的脸上显出红晕，她义正辞严地高声答道："我是中国人！中国人反对你们的侵略，还需要理由吗？我们中国人除了反抗，难道还有其他的出路吗？"

大野泰治辩解说："可是日本也是为摆脱外国的压迫而发动战争啊，牺牲中国是万不得已的事，日本军也是为了保卫兄弟之邦不受他国侵略，并不是把中国人作为目标而开始进攻的。"

赵一曼怒不可遏："你不必用甜言蜜语来欺骗我，就在这过去的一年当中，你们烧毁了多少村庄，杀害了多少无辜的百姓，这都是日寇惨虐中国人的铁证。我作为中国人，不能坐视日本的惨虐行为，所有的中国人毅然拿起枪来反抗日本是理所当然的正义行为！"

说完这几句后，赵一曼紧紧地盯着翻译的嘴，生怕他翻译不全。他翻译完一段，她又继续说："你们不用多问了，我的主义就是抗日，正如你的职责是以破坏抗日逮捕我们为目的一样，反满抗日，这就是我的目的、我的主义、我的信念！"

审讯者被审判，而被审讯者成了审判官，大野泰治的恼怒可想而知，他用马鞭抽打赵一曼的伤口，赵一曼忍痛一声不吭、怒目而视。大野泰治又气急败坏地用鞭杆用力戳赵一曼的伤口，赵一曼几乎昏死过去。醒来后，她仍旧凛然不屈。

于是，敌人在赵一曼身上用尽了他们能够使用的所有酷刑。在保存至今的日军档案里，详细记载着赵一曼所受的每一项酷刑，包括日军行刑过程中的细节。

连敌人也认为赵一曼对酷刑痛苦的承受力超过了人类的极限。"赵一曼女士一直狠狠地瞪着审讯她的人，闭口不语，受过多种酷刑从没有开口喊叫一声。……无论用什么手段都无法摧垮其坚强意志，其最后的表现，真不愧为一个大人物的尊严"，日本宪兵"觉得很没面子，伤了日本军人的自尊"。

最后，日本人只好把已经被折磨得奄奄一息的赵一曼拖回牢房，扔在冰冷的地上。

但敌人并没有死心。他们觉得赵一曼不但很有文化，而且俄语水平高，便想换一种方式征服赵一曼，幻想软化她的意志，争取她为日方做对苏情报工作。

赵一曼的伤口已经溃烂化脓，尤其是大腿的枪伤，已经危及生命。敌人安排医生给赵一曼做手术，要求必须保住她的生命。那位白俄医生经过检查，发现要保住生命必须锯掉大腿。赵一曼断然拒绝，她将来还要上战场的，如果不能保住大腿宁肯死掉。

日本人又请来一位中国医生为赵一曼诊治。这位叫张柏岩的医生知道赵一曼坚决反对锯腿，但通过检查，他发现赵一曼大腿根部受的是重伤，伤后20天没有任何治疗，创面已经溃烂化脓。从腿部的 X 光片检查中看到，赵一曼的大腿是粉碎性骨折，而 24 块碎骨散乱在肉里，伤势极其严重。从被捕到受刑，身负重伤的赵一曼是何等坚强！张医生在心里暗暗敬佩这位女英雄超人的意志，他决心尽全力保住赵一曼的腿。通过精心手术，他成功了。

康复阶段，敌人没有再给赵一曼用刑，对她也温和多了。他们感到奇怪的是，赵一曼也变得沉默寡言了，很少说话。敌人产生了错觉，以为她真的在慢慢被软化，于是逐渐放松了对她的监管和防范。

其实这正是赵一曼的计谋。

从投身革命的那一天起，赵一曼就把自己的生命交给了民族的解放事业。她从不怕死，随时也愿意为理想而死，但她不愿意轻率地死，相反她会想方设法保护并尽可能延长自己的生命，以完成更多的使命。

因此，当手术成功后，面对敌人对自己的软化，她有了新的想法——

逃出去，回到根据地继续抗日！

当然，对于腿伤未好，连走路都困难的她，这无疑比登天还难。但她愿意尽最大努力去创造奇迹。

她发现照顾自己的小护士韩勇义，虽然只有 17 岁，却善良正直。和她聊天中得知，她的父亲是被日本人逼死的，对日本人也充满仇恨。在和赵一曼相处的日子里，韩勇义对赵一曼也十分崇拜。另外，赵一曼从看守自己的警察董宪勋的眼睛里也看到了他的善良与同情，尤其是自己被敌人毒打之后，董宪勋看自己的目光中充满了内疚与怜悯。从与他不多的交谈中，赵一曼得知他也是穷苦出身，身上还有着中国人的民族自尊与良知。

赵一曼判断，这两个人都是值得争取的。于是，她通过聊天，给他们浸润一些抗日道理。尤其是对董宪勋，赵一曼推心置腹地和他谈心。置身牢狱，赵一曼不可能和看守警察有太多的交谈时间，她便向他要来纸和笔，把自己的耳闻目睹和亲身经历的事，用通俗易懂的文学笔法写了出来，然后悄悄塞给董宪勋，让他回家悄悄看，看完后立即销毁。

渐渐地，董宪勋醒悟了，决心再也不能助纣为虐迫害自己的同胞了，要做一个有骨气的中国人。韩勇义也愿意帮助赵一曼逃离虎口，为了筹措路费，她甚至动用了父亲留给她的嫁妆钱。两人都表示，赵一曼脱险后，他们愿意跟着她进山参加抗日武装斗争。

经过精心的准备，1936 年 6 月 28 日晚，暴雨倾盆。董宪勋私自雇佣一辆白俄司机的汽车，将韩勇义送到医院，然后在医院门口某个秘密角落等待。韩勇义进入病房为赵一曼更换衣服，然后招呼董宪勋上楼。董宪勋背着赵一曼，韩勇义拿着衣物，走到早就看好的一个僻静处，这是医院围墙的一个木栅栏。当时风雨大作，电闪雷鸣，恶劣的天气刚好做了掩护。他们将木栅栏掀开两三块，先将衣物送上车，然后扶着一瘸一拐的赵一曼钻出板障，坐上汽车。

风雨中，他们坐上小汽车开出很远，然后又下车换上早已雇好的一顶小轿子，在风雨中艰难地向东奔去。路过一座桥时，桥已经被大水冲垮，他们只好和几名轿夫挣扎着蹚水过河。天黑路滑，他们整整走了一夜，第二天早晨走到了董宪勋叔叔董元策家里。

董元策也是有良知的中国人，他非常支持侄儿的行动。为了安全，他们白天一直躲在屋里，直到晚上，董元策找到同村好友魏玉恒，请他赶车送赵一曼三人进山。董元策告诉他，这三位客人都是赵尚志部下的，请他帮忙务必送到山里。魏玉恒当然知道这事的危险性，但他明确表示，为抗日出力不管风险多大，他都愿意。

当晚后半夜，赵一曼、董宪勋和韩勇义坐上魏玉恒的马车出发了。因为雨后道路泥泞，大车走得很慢，又怕遇到伪警察，他们便避开村庄绕道而行。次日凌晨，天刚蒙蒙亮，他们终于越来越接近目的地了。

然而，就在距游击区只有 20 里的地方，他们被敌人追上了。他们并不知晓，出卖他们行踪的竟是轿夫和司机。

赵一曼再次落入敌人的魔掌。

魏玉恒说自己是雇来的，什么都不知道，于是敌人打了他两个嘴巴，让他回家了。

董宪勋则遭到各种酷刑的折磨，却始终不屈服，表示绝不后悔帮助赵一曼，也绝不供出他们要去的具体地址，最后因受刑过重而惨死狱中。

韩勇义同样遭受各种难以想象的折磨，遍体鳞伤，多次昏死。尤其是对她使用的电刑，直接损害了她的大脑和心脏。后来被判有期徒刑四个月。出狱后，依然被监视，没有行动自由。直到抗战胜利，才获得真正的自由，并参加了革命工作。但由于狱中受刑过重，身体极差，患上多种疾病，于 1949 年 1 月病逝，年仅 29 岁。

对重新抓获的赵一曼，敌人不再抱任何幻想，他们丧心病狂地加倍用各种酷刑折磨赵一曼，但赵一曼依然表现出钢铁般的意志。她怒斥敌人："你们这些强盗可以让整座村庄变成瓦砾，可以把人剁成肉泥，可是，你们消灭不了我抗日的信仰，打败不了中国人的抗日决心！"

当时参与审讯赵一曼的山本和雄《侵华日军战犯手记》中有一些残酷细节——

登乐松和吉村二人从前川和川本那里得到命令："不管死活，想尽一切办法让她开口。"于是把赵一曼从靠近松花江畔的哈尔滨警察厅司法科拘留所拖到一间寒冷的土房审讯室，屋里一件铺的东西也没有。

赵一曼默默地盯着登乐松，她的眼神里充满了坚定和不屈的信念。感到发怵的登乐松自暴自弃地吼叫着："好，上电刑！"吉村和千田给赵一曼的双手缠上电线，在登乐松的示意下通上了电流。赵一曼上身颤抖着，身体开始僵硬。看到这些，面目狰狞的登乐松追问道："部队在哪儿？"赵一曼斩钉截铁地回答："不知道。"登乐松吼叫着："你这个浑蛋！"他抢起皮鞭抽了过去。"啪"的一声，皮鞭狠狠打在赵一曼的肩头，脖子上立刻肿起了一道淡红色的血印。但是赵一曼还是一言不发。

吉村和登乐松用尽了各种野蛮残酷的手段，最终也没能使赵一曼屈服。他们从赵一曼嘴里得到的只是"我迄今为止的行动就是因为你们这些日本强盗来到这片土地""这次的出逃是我硬逼着他们三人干的"这么两句话。

一份尘封的日本档案，记录了赵一曼牺牲前几天的遭遇，敌人将最新式的电刑首次用于赵一曼做"实验"——

七月二十六日对赵一曼女士的电刑，操作准确，新式电刑器具功能发挥正常，给了赵一曼女士超负荷的最大压力。在长时间经受高强度电刑的状态下，赵一曼女士仍没招供，确属罕见，已不能从医学生理上解释。

1936 年 8 月 2 日早晨，太阳刚刚升起的时候，伤痕累累的赵一曼被敌人执行枪决。

她 31 岁的生命因抗日而永远不朽。

"四名举枪待放的宪兵扣动扳机，赵一曼倒下了，她态度从容，毫无惧色，令人震惊……"现场监刑的伪滨江省警务亭警尉补森口作沼在事后的回忆中这样记述。

在哈尔滨开往珠河刑场的车上，赵一曼向押送她的宪兵要来纸和笔，向自己最后惦记的儿子写下遗书——

宁儿：

母亲对于你没有尽到教育的责任，实在是遗憾的事情。

母亲因为坚决地做了反满抗日的斗争，今天已经到了牺牲的前夕了！

母亲和你在生前是永远没有再见的机会了。希望你，宁儿啊！赶快成人，来安慰你地下的母亲！

我最亲爱的孩子啊！母亲不用千言万语来教育你，就用实行来教育你。

在你长大成人之后，希望你不要忘记你的母亲是为国而牺牲的！

一九三六年八月二日

你的母亲赵一曼于车中

四 寻找·传人

宁儿在哪里？他生活得怎样？

1950 年，一部叫《赵一曼》的电影火遍全国。面对银幕上的赵一曼，千千万万观众泪流满面。

在北京一家电影院，一位中年男子和一个 20 来岁的小伙子也热泪盈眶。中年男子动情地对小伙子说："要是没有这些伟大的英雄，我们要么死光，要么当亡国奴。你的母亲，估计也是这么死的，可惜没有她的音信。"

这对父子正是陈达邦和宁儿陈掖贤。他俩当时无论如何也不能想到，银幕上驰骋战场、大义凛然的赵一曼就是他们的亲人——是妻子，是母亲。

和赵一曼分别后，陈达邦继续在苏联学习，后来又被共产国际派往法国工作，负责中共中央在法国创办的海外机关报《救国时报》的印刷业务。这份报纸及时将中国人民的抗战精神和事迹传递给世界人民，其中有不少正是反映东北抗日联军的英勇事迹的文章。可陈达邦却一直不知道，自己的妻子李一超已经化名为赵一曼，成为东北抗联的指挥员，奋战在白山黑水，最后壮烈就义。

1942年，陈达邦回国参加抗战，因在兵荒马乱中与党组织失去了联系而脱党。1950年，他经中共中央组织部批准重新入党。后担任中国人民银行国外业务局印刷处处长，并作为全权代表，赴苏联处理、协调人民币代印事项。1958年，由周恩来亲自签署聘任他为国务院参事。

自从回到祖国，陈达邦就一直打听妻子的消息，但没有结果。

宁儿被母亲托付给堂叔陈岳云后，陈岳云按陈家辈分，给孩子起名陈掖贤。陈岳云是一个商人，家道殷实，这让孩子有着较为优越的生活条件。养父养母给了陈掖贤以良好的文化教育，让他在武汉和重庆的正规学校读书，家里还有大量的藏书。陈掖贤因此读了许多古代文学典籍，打下了较为坚实的文学基础。

随着年龄的增长，养父陈岳云明确告诉了陈掖贤他的身世，他知道陈岳云并不是自己的亲父亲。直到12岁时，陈掖贤才第一次见到从法国回来的穿着西装的爸爸。也是从爸爸的口中，他才知道自己的妈妈叫李一超，但不知在哪里。

中华人民共和国成立后，已经在上海光华大学读书的陈掖贤，被姑姑陈琼英（任弼时的妻子）接到北京。由于他是烈士后代（当时只知道他母亲为李一超），中央组织部便介绍他转入中国人民大学外交系学习。

当陈达邦父子在电影院为银幕上的赵一曼感动时，远在四川的赵一曼的二姐李坤杰看完电影《赵一曼》后，也想到了自己的幺妹李坤泰，不过她当时也没有想到赵一曼就是自己的幺妹李坤泰。

然而她却因此更加思念着杳无音信的幺妹。幺妹在哪里？是否还活着？

她开始通过各种渠道寻找幺妹的下落。她跑了很多部门，找了很多人，都没有明确的线索。但她依旧不停地寻找着。

1952 年，一位叫郑双璧的女士找到李坤杰，说自己是李坤泰在宜宾女中时的好友，然后拿出一张照片，说："二姐，这是淑宁在上海时托我妹妹琇石带给你的照片，这些年四处动荡，一直无法与你联系，现在将它交给你。"淑宁就是李坤泰的字。

李坤杰端详着照片，眼眶顿时湿润了，这就是她日思夜想的妹妹呀！20多年了，她第一次看到妹妹的形象，看着照片中的她怀里还抱着一个孩子，李坤杰泣不成声。

但是，淑宁在哪里？这张照片并没有答案，郑双璧也无从知道，她只是转交妹妹郑琇石托付她转交的照片。于是，李坤杰提笔给郑双璧远在陕西宝鸡工作的妹妹郑琇石写了封信。郑琇石的回信告诉李坤杰：自己曾在上海中央机关和李坤泰共事过一段时间，李坤泰有个半岁多的孩子，后来孩子被送到其父陈达邦的大哥家里寄养。1931 年后，郑琇石和李坤泰也失去了联系。

线索似乎又断了。李坤杰抹着眼泪一遍又一遍地看着来信，读到了信中透露出的一条重要的信息：淑宁在上海时曾用名李一超。于是，李坤杰又开始寻找"李一超"。她想，只要找到了李一超，就找到了李坤泰。

在一番大海捞针一般的寻找后，那张赵一曼母子的照片传到了曾任中共满洲省委组织部长、中共满洲省委代理书记的何成湘手里。他看了照片，立刻认出赵一曼就是李一超、李坤泰。他对赵一曼太熟悉了，当年正是他找赵一曼谈话，安排她去东北抗日根据地工作的。

"李一超"和"赵一曼"终于"重叠"了。

为了确凿无误，何成湘委托《工人日报》的记者带着照片前往珠河，到赵一曼曾经战斗过的地方进行核实。当地乡亲一眼就认出照片里的女子就是赵一曼。记者又找到当年赵一曼从医院出逃时所搭马车的车主魏玉恒，再次确认了赵一曼的身份。

李坤杰失声痛哭——原来，自己的幺妹就是赵一曼！

陈达邦老泪纵横——原来，自己的妻子就是赵一曼！

陈掖贤泪流满面——原来，自己的母亲就是赵一曼！

陈掖贤专程来到东北烈士纪念馆，仔细了解母亲的事迹。在参观中，他意外地发现了母亲写给自己的遗书，当场号啕大哭，几度晕厥过去。他把遗书抄了一份。回家后，他用钢针蘸着墨水在自己的手臂上虔诚无比地刺下"赵一曼"三个字，以表示对母亲刻骨铭心的爱恋和崇敬。

他把抄写有母亲遗书的笔记本，放在自己学习的案头，以时时提醒自己不要忘记，自己的身上流淌着赵一曼的热血。从此他开始全面学习马列主义理论，决心像母亲那样把自己献给祖国和人民。

民政部门按规定给烈士家属发放抚恤金，通知陈掖贤去领，可他却不肯去。他说："我不要，我怎么能领那钱？母亲赵一曼为国捐躯，是不能用金钱来衡量的，作为赵一曼的子女，继承的只能是她的精神和遗志。"

就这样，他没有烈属证，也没有享受任何的烈属待遇。

按今天的说法，陈掖贤是标准的"红二代""烈二代"，但他丝毫没有高人一等的特权思想。据说，周恩来总理、陈毅副总理见到他时，曾对他说："你妈妈是我们中华民族的大英雄，你有什么困难，尽管跟组织上提。"可是，1954年，陈掖贤从中国人民大学外交系毕业后，服从组织分配，到北京工业学校（即后来的"北京工业学院""北京工业大学"）做了一名普通教师。

在学校，陈掖贤为人正直，治学严谨，国学基础深厚，深受同事的好评和学生的欢迎，是公认的才子。

陈掖贤的学生马振予曾在报上发表文章回忆道——

1954年，我考入北京工业学校，我们的班主任陈掖贤老师也刚从中国人民大学毕业不久，他教我们政治课。陈老师个子不高，讲课声音不大，脸色有些苍白，好像有点营养不良。他略带南方口音，但讲课内容却很充实，显示出很扎实的马列主义理论基础，广博的知识和深厚的汉语基础。他的板书相当漂亮，成为许多同学学习的榜样。

对于班主任，我们许多同学都充满了好奇，很想多知道些他的背景。很快我们就惊奇地打听到，陈老师竟是赵一曼烈士的独生子——宁儿……

电影《赵一曼》上映后，这位抗日女英雄闻名全国，据说陈老师当时并不知道赵一曼就是自己的母亲。等得知事情，并到东北烈士纪念馆亲眼看到母亲的遗嘱后，几乎痛不欲生，他用钢针在自己的左臂刺上"赵一曼"三个字，来表示对母亲无尽的思念和由衷的崇敬。

陈老师暗恋着我们班的同学张友莲，1957年我们毕业参加工作后，张友莲终于接受陈老师的求爱，当年秋天他们就喜结连理。

多年后，陈掖贤的同事袁宝珊这样回忆道——

在教研组工作中，我们发现陈掖贤马列主义理论基础扎实，基本观点明确，并有广博的历史知识和很扎实的古汉语基础。在教学研究和时事政治学习时发言很有见地。他在老教师的帮助下很快就掌握了教学环节，适应了教学工作。他讲课观点清楚，内容丰富，较受同学欢迎。

"很有见地"，这看似不经意的四个字，道出了陈掖贤的思想个性。当年的赵一曼就是一个思想个性十分鲜明的新女性。正是因为她不盲从、不迷信、独立思考、唯真理是从的品格，让她走上了革命道路。而她的宁儿陈掖贤也继承了这种品格。

在袁宝珊关于陈掖贤的记忆中，陈掖贤也是一位极为正直、善良、无私的人。他曾因在政协礼堂餐厅用一张七角钱的餐券（未交肉票）吃了一餐"红烧狮子头"，感到自己享受了"特权"，羞愧难当。

陈掖贤无愧为赵一曼的传人，像他母亲一样，他也深深地爱着我们的党、我们的国家和我们的民族。他一身傲骨，满腔正气，精神独立，思想敏锐，忧国忧民。他对国家发展的独立思考从未停止。他也因直言和坦率，遭受了不被人理解的痛苦，甚至被误认为精神不正常。

1966年，他的父亲陈邦达离世。这给陈掖贤以沉重的精神打击。

1982年，53岁的陈掖贤因忧思过度而自尽。他的突然离世，让人感到意外和难过。

母亲赵一曼，在陈掖贤幼小的时候，就将生命献给了革命，壮烈牺牲。她的宁儿是她最放心不下的爱。而宁儿最终以这种方式告别人世，我想，这也是另一种坚守吧。

尾声　用生命写诗

1932年秋，刚刚到达东北的赵一曼，为当时担任哈尔滨《国际协报》编辑的文学青年方未艾辅导革命理论。

半个多世纪以后，面对记者的方未艾还回忆赵一曼对自己的帮助，说她不但性格豪爽，刚毅坚强，而且非常富有文学才华，如果她不参加革命而从事文学写作，一定会是一名诗人。

说到这里，90多岁的方未艾老人吟诵了当年赵一曼写的一首诗——

七律·滨江抒怀

誓志为人不为家，

涉江渡海走天涯。

男儿岂是全都好，

女子缘何分外差？

未惜头颅新故国，

甘将热血沃中华。

白山黑水除敌寇，

笑看旌旗红似花。

赵一曼没有走上充满风花雪月描写的文学道路，而是踏上了硝烟弥漫的抗日战场，中国的作家名录里少了一位诗人，但中国的英雄史册上却多了一位豪杰。

其实，赵一曼一直都在写诗。

"未惜头颅新故国，甘将热血沃中华。"

她以大地为纸，以刀枪为笔，以热血为墨，将自己短暂而璀璨的生命，谱写成一部壮丽的史诗。

杨靖宇：气壮山河

引子　不朽

2022 年 2 月 13 日，我在我的微信公众号镇西茶馆上推出这篇写杨靖宇的文章。巧得很，2 月 13 日刚好是将军的生日——如果杨靖宇将军活着，是他满 117 周岁的日子。

前段时间有一部叫《爱国者》的电视连续剧比较火。剧中宋烟桥的原型之一便是杨靖宇。当然，特别要说明的是，《爱国者》并非杨靖宇的传记片，不可能一一对应杨靖宇的经历和事迹，但宋烟桥身上有杨靖宇的影子。

杨靖宇这个名字，在中国几乎无人不知无人不晓，但更多的人最多就知道他是东北抗联的领袖，牺牲后日本人从他肚子里看到的只有草根、树皮和棉絮。关于这位民族英雄更多的信息似乎就不太了解。

比如，你知道吗？杨靖宇不姓杨，而姓马；他并非东北人，而是河南人；他个子有 1.93 米，还会吹口琴……

2022 年 2 月 23 日，是他壮烈殉国 82 周年纪念日。

如果真有转世一说，转世后的杨靖宇也已经 82 岁。

但，当他倒下的那一刻，他就注定了将永远 35 岁。

这就是不朽。

一 大任

1923 年，高小毕业的杨靖宇（当时他的名字叫"马尚德"）考入河南省立开封纺染工业学校时，想法很简单——学好纺织印染，让衣不蔽体、穿不暖身的穷苦人都能穿上衣服。

只是，当时这个 18 岁的小伙子无论如何想不到，他 17 年后在冰天雪地的东北森林里殉国时，身上竟没有一件完好的衣服。

很长一段时间里，我以为杨靖宇是东北人，不只是由于他长期在东北领导抗战，是抗日联军第一路军的总指挥，还因为他身高 1.93 米。那么高的个儿，应该大概率是东北人。后来读了许多有关杨靖宇的书，我才知道，杨靖宇是河南人，他的家乡为河南省确山县古城乡李湾村（今属驻马店市驿城区）。

杨靖宇的家庭，祖祖辈辈都是勤劳朴实的贫苦农民。杨靖宇的父亲因为常年从事体力劳动，积劳成疾，被疾病过早地夺去了生命，留下两个年幼的孩子——5 岁的杨靖宇和他的妹妹。从此，年幼的杨靖宇兄妹便和妈妈在饥寒交迫中相依为命。

我一直认为，人格的形成始于家庭，而理想的家庭教育源于父母良好行为的感染。杨靖宇的母亲张君就是这一理念最好的注释。可以说，母亲是杨靖宇人生的第一位教师。

张君也出身于穷苦人家，一生勤劳善良。除了在农忙时同男人一样要从事繁重的田间劳动外，她还要担负起全部家务劳动（管家、缝衣、做饭、饲养鸡鸭猪狗等）和教育子女的责任。特别是丈夫去世后，与小叔子家一起过日子，她的负担就更重了。但是，她性格豁达、乐观，与妯娌、邻居都能和睦相处。她心地慈善，富有同情心，对南来北往逃荒路过李湾村的人，总是尽量将自己家吃的东西送给他们。她任劳任怨，不计得失，通情达理，十分刚强，不畏惧任何困难。

这些优良品质对过早失去父亲的少年杨靖宇有着很深影响。杨靖宇性格温和，为人善良，同时又正直坚忍。

杨靖宇8岁开始在本村的私塾读书，他的聪明与勤奋在同学中是出了名的。尤其是他会写一手漂亮的毛笔字，不仅让先生赞赏，也让同学羡慕。在私塾，杨靖宇读完了"三百千"（即《三字经》《百家姓》《千字文》），还读了一般孩子难以理解的《大学》《中庸》《论语》《孟子》。应该说，中国传统文化的精髓对杨靖宇后来的人格形成产生了巨大而深刻的影响。

有一次，书房里只有杨靖宇和他的同学，想放松一下的小伙伴们便临时把桌子搭成"戏台"演起戏来。先生回来后看到很生气，决定惩罚这几个学生——必须在放学前将《孟子·告子下》背下来，否则要打手板心。可还没放学，杨靖宇已经拿着书来到先生跟前背诵，一气呵成："天将降大任于斯人也，必先苦其心志，劳其筋骨，饿其体肤，空乏其身，行拂乱其所为，所以动心忍性，曾益其所不能……"

多年后，在艰苦卓绝的抗日岁月里，这段话始终激励着杨靖宇。

杨靖宇对为富不仁者十分痛恨，且很有志气。在李湾村，几乎家家户户的农民逢年过节都要给地主东家送礼。这是地主在显示自己的威风，而送礼的农民也是没办法，怕不送礼地主就会收回租种的土地或遇事找别扭。

有一年端午节，杨靖宇的二叔因患病不能将买好的礼品送到地主王家，便让杨靖宇把礼品送去。本来，杨靖宇对抚养自己并供自己读书的二叔的话总是言听计从，可这次杨靖宇不仅不去，反而气愤地说："我不去，王家是人，咱家不也是人吗？为什么要给他送礼，还要叫他老爷呢？这太不公平了。"结果，这份礼硬是因杨靖宇的反对，没有给地主王家送去。

1922年，17岁的杨靖宇高小还没毕业，便依家乡早婚的习俗，由家人作主娶了比自己大一岁的农家姑娘。如果日子照这样过下去，杨靖宇或许终其一生也就是一个勤劳朴实的庄稼汉。

但第二年，高小毕业的杨靖宇考入河南省立开封纺染工业学校，从家乡到省城开封，这一步迈得并不远，却改变了杨靖宇的一生。正是在开封读书期间，杨靖宇的眼界大开。

当时，第一次大革命风起云涌。国共合作、五卅惨案、北伐战争……在风雷激荡的年代，杨靖宇接受了马克思主义，并于1926年加入中国共产主义青年团，然后受党委派回到确山组织农民运动，任确山县农民协会委员长，并成功领导了上万人参加的确山农民暴动，后来又领导了刘店武装暴动，任农民革命军总指挥。在这些武装斗争中，杨靖宇表现出突出的组织能力与非凡的军事才干。

1927年，蒋介石突然发动四一二反革命政变，向共产党人举起了屠刀，一时间血流成河。一个多月后，22岁的杨靖宇在党旗下宣誓，成为一名坚定的共产主义者。

次年，他以"张贯一"的化名任河南省信阳县委书记，在洛阳、开封等地从事党的地下工作，并三次被捕，结果因无供无证而被释放。然后他赴上海，参加中共中央举办的训练班。这个训练班是根据周恩来的决定开办的，专门培训党的干部。

动身前，杨靖宇想到了母亲、妻子和两个年幼的孩子，但时间太紧迫，他没来得及向亲人告别，便离开了家乡，远赴上海。从此，杨靖宇不但没回过家乡，而且再也没能见到家人。

在训练班，杨靖宇聆听了周恩来的课程。训练班结束后，他被党分配到全国总工会工作。但没过多久，东北形势发生了剧变，亟须能够开展地下工作的干部。于是，杨靖宇受党中央的指派，乘船到了东北。

在营口下船踏上关东大地的一刻，不知杨靖宇是否意识到，他未来的热血将染红这里的林海雪原，而他的生命将因融入这片远离家乡的土地而不朽。

二 酷刑

抚顺，有一位老矿工病了，无钱请医生也没钱买米。他不得已去找工头借钱，钱没借到反而被工头打了一巴掌，还说要开除他。正在老矿工气得不行的时候，一个大个子青年来到了他家。老矿工认出这是刚来不久的矿工。

小伙子掏出两块银圆给老矿工，说："这两块银圆你先拿去看病，剩下的或许还能买点米。过几天我再来看你！"

这个青年矿工正是杨靖宇。他到东北后见到了时任中共满洲省委书记的刘少奇。刘少奇对这位年轻人非常欣赏，便派遣他前往抚顺从事工运工作。

抚顺有东北著名的大煤矿，是东北地区工人比较集中的地方。在日本帝国主义的直接统治下，工人们深受日本资本家和中国工头的压迫与剥削，生活极为艰难。作为一个外乡人，杨靖宇最初很难融入工人之中，工人们对他怀有戒心，以为他是资本家派来的侦探。杨靖宇决定先从关心并解决工人的实际困难入手，赢得工人们的信任。

现在，满含热泪的老工人拉住杨靖宇的手："你别生气，我们大伙对你确实有些戒备。但你来这些日子，我看出你是什么人了！"

渐渐地，越来越多的工人感觉到了杨靖宇的耿直、善良、热心，他对人关怀备至，于是大家对他的态度转变了，由过去的敬而远之变成了主动靠近，把他当成了亲兄弟和主心骨，什么事都愿意找他商量。在杨靖宇的影响下，工人们团结起来向资本家和工头提出了改善劳动条件、增加工薪、缩短工时等诉求，杨靖宇领导的几次反对工头压迫和改善工人待遇的斗争都取得了胜利。

杨靖宇从事工运的活动渐渐引起了日本警察的注意。1929 年 8 月，由于叛徒的出卖，他不幸被捕，被关押在日本警察署的一个单人监号内。

几番审讯下来，敌人见杨靖宇拒不招供，便决定施展其淫威——给他上大刑，妄图用酷刑征服杨靖宇的意志，撬开他的嘴巴。在连续几天的审讯中，残暴的敌人用皮鞭抽打，让他坐"老虎凳"、往鼻子和眼里灌凉水、灌煤油……杨靖宇被皮鞭抽打得皮开肉绽、鲜血直流，他的鼻、肺被凉水灌得使其难以呼吸，多次被敌人的酷刑折磨得昏死过去。由于敌人惨无人道的酷刑和在没腰深水牢里的浸泡，遍体鳞伤的杨靖宇身上的伤口开始感染、腐烂。他发着高烧，又患了赤痢，生命危在旦夕，日本警察不得不将他送到满铁医院传染病房。

杨靖宇在凶残的日本法西斯面前经受住了严峻考验，其坚贞不屈的顽强精神竟使主审杨靖宇的抚顺日本警察署高等系主任蜂须贺重雄为之咋舌。25年后，作为战争罪犯被关押在抚顺战犯管理所的蜂须贺重雄交代在东北的侵略罪行时，仍忘不掉那位惨遭毒打的抚顺地下党负责人的意志是何等坚强。他于1954年6月2目在亲笔所书罪行供词中写道："横畑对30岁左右的被捕者进行审讯间，这人意志非常坚强，不谈抚顺组织……横畑残暴地毒打他，脊背受伤……"这里所说的"不谈抚顺组织"者、"30岁左右的被捕者"就是杨靖宇。

后来，在日本人主导的县、省法院"审理"中，杨靖宇以法庭为战场，以自身惨遭敌人酷刑而致严重伤病的事实，揭露日本帝国主义在中国土地上残害中国人民的罪行，怒斥所谓中国当局制定的"法律"不保护中国人民反而为虎作伥甘心情愿替日本人效力的可耻行径。

在抚顺地方法院检查处的法庭上，杨靖宇解开自己的上衣，露出身前背后烙铁烫、皮鞭打而留下的一道道一块块伤痕，大义凛然地说："法官先生，你们看我这满身的伤痕，我作为中国的一个老百姓，却在中国土地上被日本人严刑拷打成重伤，作为官府不仅不能保护中国人民的生命安全，反而在替日本人来审判我……你们对日本人奴颜婢膝，为虎作伥，在老百姓身上作威作福，残害自己的同胞，你们还有一点中国人的良心吗？"他大声指斥那些法官："你们枉为中国人！"一席话将法官们痛斥得张口结舌。

最后，辽宁省最高法院以"宣传共产主义"的"罪名"，以"反革命嫌疑罪"判处杨靖宇有期徒刑一年零六个月。从此，杨靖宇开始了非人的狱中生活。

但对杨靖宇来说，任何时候都能战斗，任何地点都是战场。在狱中，他首先与几位"政治犯"难友取得联系，将他们组织起来，进而团结其他难友并争取有良知的看守。

杨靖宇发现，无论是难友还是看守，大多没文化，写家书或申诉书都得花钱求人，于是他从替大家写作入手，主动为有需求的难友和看守代写书信、假条、申诉书、买卖土地的文书等。他因此很快赢得了大家的信任，也感化了一些看守。杨靖宇入狱不久便当了杂役头，渐渐成为监狱难友中的核心人物，这为他启发和团结大家开展斗争创造了条件。

当时，狱中有一个因组织学潮在吉林被逮捕的青年学生，身上被打得皮开肉绽，伤口已化脓，血把裤子和腿粘在一起。在医务所上药时，只好把裤子剪开，他从医务所回来后光着身子躺在地上。杨靖宇见后，便把自己的一件大褂拿出来，托监狱的缝纫场难友做件大裤衩给青年人穿上。杨靖宇又见这个青年发高烧，便想法搞来退烧药给他服下。伤势好转的青年人被杨靖宇感动得热泪盈眶。杨靖宇常与他在一起谈话，鼓励他走革命道路。3 个月后，这个青年被保释出狱。不久他给杨靖宇寄来 30 元大洋，并在所寄信中说一定要按杨靖宇指出的道路走下去。

1931 年 4 月，杨靖宇刑期已满，被释放出狱。但天有不测风云，出狱仅三天，他又因一位同志被捕后搜出有杨靖宇名字和住址的笔记本而再次被捕。直到 11 月，经过党组织的多方营救，杨靖宇终于结束了前后两年零三个月的牢狱生活。

三　潜伏

在哈尔滨的一辆电车上，当售票员走到一个年轻人面前时，年轻人把早已准备好的零钱给了他，同时用手接过车票。整个过程，这位年轻的乘客一言不发。

这个"哑巴"便是杨靖宇。

恢复自由后的杨靖宇，先后任全满反日总会党团书记、中共哈尔滨市道外区委书记、中共满洲省委候补委员（后为委员）、中共哈尔滨市委第一任书记、中共满洲省委军委代理书记，主要在哈尔滨从事地下工作。

然而，作为外省人，在哈尔滨工作和生活是很容易因口音而让自己与众不同的，这恰恰是地下工作者的大忌。所以，为了避免自己因外省口音而暴露，杨靖宇外出时尽量独自步行。即使非乘电车不可时，他也总是事先把零钱准备好，尽快地接过票，尽量不说话，避免特务从口音上注意他。

要在日伪统治下的哈尔滨市潜伏下来并开展工作，遇到的困难和危险远不只是外省口音引发，但杨靖宇总能机智勇敢、从容不迫地完成任务。

一次，杨靖宇身上带着秘密文件出来，途经日本领事馆时，发现前面有日本宪兵设岗检查过路行人。如果躲闪或往回走都有可能暴露，但如果走过去，身上的文件极有可能被查出。他灵机一动，干脆径直走到岗哨前，若无其事地解开大衫。就在解开大衫的那一瞬间，杨靖宇不动声色地把文件藏进衣袖内，敌人看他那么从容大方，居然就放他过去了。

一次，正当松花江开江的时候，他与团市委宣传委员姜椿芳在松花江边谈工作，同时随时警惕地观察周围的动静。突然，正在严肃谈工作的杨靖宇哈哈大笑起来，他弯腰拾起地上的一个石子向江中一个大冰块抛去，完全像是来江边闲玩的游人。这一举动，把正在聚精会神听他谈话的姜椿芳搞得莫名其妙。过了一会，杨靖宇对姜椿芳解释说："刚才发现一个人站在我们后面江岸上看着我们，我们总是板着脸谈话，会让他猜疑，所以只得用高笑把他打发走。"于是他们站起来边走边笑地谈着工作问题。多年以后，姜椿芳回忆这件事时，说："杨靖宇同志是一位相当老练的地下工作者。"

杨靖宇在哈尔滨从事地下工作期间，生活极其简朴，常穿的是一件又旧又破的灰布大褂，脚上的鞋是露脚趾的。冬天，寒风刺骨，杨靖宇却经常光着头，穿着破旧的棉袍风里来雪里去。他没有固定的住所，有时在同志家住几日，有时同别人合租一间房子。为了节省经费，屋子里再冷也只烧很少一点火。组织上每个月发给的 9 块"哈大洋"，在别人那里根本不够用，杨靖宇却能把节余下来的钱用在工作上或者帮助其他生活更困难的同志。

周保中是杨靖宇的战友，是为数不多的活到了中华人民共和国成立的著名抗联领袖之一。他这样回忆杨靖宇在哈尔滨从事地下工作时的情景："当我同靖宇同志在哈尔滨一同工作的时候，常常发现他在寒风凛冽、砭人肌骨的凌晨出现在大江中，同摆冰滑子的工人一块劳动，借此联系群众进行秘密工作。有时又出现在铁路和工厂中，同工人、青年知识分子分别接触，进行商讨。他时常深更半夜在自己住房来回踱着步，精心地准备着明天的工作，或伏案写作党的文件、宣传教育材料等。他善于使用不同的语调，向不同的人们解释和答复问题。语句明了、具体、生动，引人深思，鼓人劲头，给人们信念。他像戏剧演员一样，装扮什么就像什么，他要做什么就会做什么，或者一定学会做什么。他常常以机智的技巧动作结合大胆勇敢的行动，躲过敌探走狗的跟踪，冲破敌人的防范。的确，他是一个革命工作的艺术家。他个人生活是俭朴的，能忍受艰苦，宁可自己省吃俭用，经常洗补自己的衣服、鞋帽，节省住房燃料。他从不乱花党的一文经费，相反，常常把自己的生活费贴用到工作活动上，或其他同志身上，以帮助解决困难。他的身体是健康的，生活情调是高尚的。"

1932 年 4 月初，省委决定派周保中去吉林东部，他原担任的满洲省委军委书记由杨靖宇代理。一天深夜，周保中与杨靖宇作临别谈话。周保中对杨靖宇说："与君相处几个月，胜读马列多年书。"杨靖宇恳切回答说："我们是反对旧礼教的，但是可以这样理解，把'天将降大任于斯人也'，改作劳动人民之寄希望于共产党，党之寄希望于共产党员也。'必苦其心志，饿其体肤，劳其筋骨，行拂乱其所为'，那些在革命斗争中，经不起考验，而临阵逃脱的，有如朝露，见阳光即散失；有如秋草，经风霜即枯萎。一个普通的人都应该讲求'富贵不能淫，贫贱不能移，威武不能屈'，何况是共产党员呢？党员对党的革命事业必须具备'鞠躬尽瘁，死而后已'的精神。"杨靖宇的话使周保中深受感动。

在随时都可能牺牲生命的日子里，杨靖宇也时常思念音讯杳无的家人。多年后，原满洲省委组织部部长何成湘回忆说："我和靖宇同志是单线联系，除了研究工作，偶尔也谈到各自的家庭。他曾经告诉我，在他的家乡河南，还有母亲，年纪很大了，也有妻子和儿子、闺女。因为他参加革命，发动过豫南四望山农民起义，组织红军，反动派就对他的母亲和妻子儿女进行迫害，不知道是否还活着。说到这些事，他的笑容收敛了，凝视着天空，发出轻微的叹息。"

然而，杨靖宇不可能也来不及回到遥远的故乡看一眼母亲和妻儿了，因为他接到了新的安排。1932 年 11 月，杨靖宇根据省委的工作计划，以特派员的身份，作为省委代表前去南满磐石、海龙等地指导工作。

从此，他拉开了在东北武装抗日斗争的序幕，也开始人生中最艰苦卓绝的壮丽篇章。

四 联合

1932 年 11 月，东北大地已经进入寒冬。在磐石县境内一处山林中，一个身穿黑棉袍、黑制服裤子、黑棉鞋的商人模样的大个子在那里踱来踱去，还不时机敏而警惕地四下张望，好像是在等待着谁。

他正是刚到磐石的杨靖宇。

杨靖宇为什么来这里？他又在找谁？

当时在磐石，除了共产党所建立的工农反日义勇军，还有其他民间的抗日武装，而以穆荣山为首领的"常占"（穆荣山的化名）队，便是其中比较突出的一支山林队。而化装成买卖人的杨靖宇，就是在等待穆荣山。

突然，山林中跳出几个手持长枪的大汉将杨靖宇团团围住："干什么的？不许动！"

杨靖宇却暗自欣喜，他知道自己等待的人即将出现。他平静和善地说："别误会，我想见见常占。"

几个汉子押着杨靖宇来到穆荣山面前。穆荣山问："你究竟是谁？找我干什么？"

杨靖宇从容作答："我叫杨靖宇，是中共满洲省委特派员。听说磐石游击队投奔了你，我要找这支游击队。你说我不找你找谁呢？"

穆荣山上下打量了一下杨靖宇，再问："你真的是中共满洲省委特派员？你确实是要找磐石游击队？"

杨靖宇点头，说："是的。帮帮忙，怎么样？"

"你找对人了，"穆荣山突然沉下脸，大喝一声："把他捆上！拉出去毙了！"

"呼啦"一下子上来一帮人就把杨靖宇给绑上了。

穆荣山为什么要把杨靖宇绑起来，还要毙了他呢？

原来，在杨靖宇来之前，中共地下党领导的磐石游击队因为力量单薄，曾经投奔穆荣山的山林队，但常占队多多少少都有一点江湖气甚至匪行，因此必然为中共地下党所领导的武装力量所看不惯。有一次常占队与游击队联手攻打汉奸武装，胜利之后缴获了很多战利品，常占队要独占这些战利品，双方发生了激烈的争执。当天晚上游击队便决定离开常占队。离开之前，游击队还干掉了6个曾经残害老百姓的常占队队员，并劫走了一批战利品。这可把穆荣山气坏了，所以他一直想找机会报复游击队。现在杨靖宇出现了，他自然就把一肚子的气撒到杨靖宇身上了。

危急关头，杨靖宇却神情自若。他说："我是省委代表，这次就是受省委派遣，专为解决分家拆伙这件事而来的。我特意来与你和好，你却用绳子绑我，太不够朋友了！"

穆荣山说："你别怪我，要怪你们共产党游击队。"他把游击队对自己队伍"背信弃义"的事说了一遍，然后问杨靖宇："你们共产党的游击队走投无路的时候投奔了我，结果还恩将仇报杀了我的人，劫了我的枪，你说怎么办？既然你是他们的领导人，我先拿你开刀，有什么不对？"

"哦，原来如此！"杨靖宇说，"那好，反正我现在在你手里，也跑不了，你等我把话说完再杀不迟。好不好？"

穆荣山见杨靖宇从容沉着，气度不凡，态度变缓和了："好吧，你说。"

杨靖宇说："第一，我向你道歉，游击队这个做法确实不对，而且我保证，只要你让我找到游击队，劫走你的所有战利品，一枪一弹我都全部还给你。第二，我们的游击队不是杀掉了你的6个弟兄吗？我要告诉你，你应该知道我们中国共产党对老百姓是什么态度，应该知道中国共产党对那些残害老百姓的匪徒是什么态度，如果他们真的有匪行的话，一定为我们共产党的战士所不容，希望你能谅解。第三，国难当头，咱们应该以民族大义为重，这个时候中国人不要再打中国人了，咱们作为男子汉大丈夫，应该联起手来做一点精忠报国的事。"

不卑不亢，有理有节。听完杨靖宇一席话，穆荣山觉得眼前这个大个子与众不同，绝非等闲之辈，值得尊重，更值得结交。于是他不但亲自给杨靖宇松绑，而且还豪放地说："备酒！我要跟这位共产党好汉交个朋友！"

就这样，杨靖宇与差点杀掉自己的穆荣山成了很好的朋友。穆荣山表示愿意和游击队化干戈为玉帛，过去的事情不再提了，而且答应杨靖宇："我一定能够帮你找到游击队，因为这一带我太熟悉了。"

在团结、联合抗日义勇军、山林队与敌人进行艰苦斗争中，杨靖宇逐渐积累了许多对于不同敌人采取不同政策的经验。甚至对伪满军那些民族自尊心尚未泯灭的中下级军官，他也尽最大努力进行教育争取工作。

比如，驻在安双岔间的伪满军三旅一团三营六连连长林进忠，在一次战斗中曾亲自释放一名被俘虏的第一军战士。杨靖宇认为林连长有民族意识，便亲自给他写了封信，说那名被释放的战士已回到部队，对其正义行动表示感谢。信中，杨靖宇对林连长进行抗日爱国教育，让其保持中国人应有的良心，要有民族气节，并希望他能与红军保持联系。林连长收到信后，受到教育启发，对杨靖宇产生敬意。此后这位林连长与杨靖宇领导的部队建立了联系，曾多次递送敌人"讨伐"行动的情报，救护红军伤员，为红军送子弹和衣物。一次，杨靖宇派人对林连长说这一阶段部队缺乏匣子枪和机关枪子弹。林连长得悉后，派其可靠的联络员为杨靖宇部队送匣子枪子弹 150 发，机关枪子弹 1500 发。

当时，杨靖宇在南满的使命，就是尽可能把一切抗日力量都拉到党的旗帜下，形成以中国共产党为领导核心的抗日力量。在这方面，杨靖宇表现出他杰出的统战工作才能，并且成绩卓越。正是在他的努力下，他先后组建或领导了中国工农红军第三十二军南满游击队（任政委），成立东北人民革命军第一军独立师（任师长兼政委）、东北抗日联军总指挥部（任总指挥）、东北抗日联军第一军（任军长兼政委）、东北抗日联军第一路军（任总司令兼政委）……

五 激战

1938 年 12 月的一天夜里，当杨靖宇率队来到桦甸大柳树河子时，日军菊池部队及伪军 500 余人已闻讯扑来，沿着柳树河沟搭起 12 座帐篷。每座帐篷前还燃起一堆篝火，开始宿营，准备第二天继续搜寻杨靖宇所率部队。

本来看似处于被动地位的杨靖宇，却临时决定主动出击。当夜，他对连以上干部们说："敌人远道而来，走了一天的路程，他们支上帐篷就放心睡大觉，还没有发现我们，一定很麻痹。在他们没有防备的情况下，我们采取夜间突然袭击的办法，可以打他个措手不及。"

根据他的决定，从警卫旅一、三团及三师、少年铁血队中抽调部分身强力壮的战士组成夜袭突击队，10 人一组，共 12 组，兵分两路，一路顺柳树河沟往下，一路往上。每组配备一挺机关枪，各负责攻打一座帐篷。杨靖宇要求作战中要迅速出击，猛打猛攻，速战速决。

夜半，杨靖宇和警卫旅政委韩仁和分别率领夜袭突击部队发起攻击。当突击部队接近敌人帐篷时，杨靖宇指挥部队跳上河堤，指挥战士们冲着篝火向敌人帐篷猛攻。顿时，枪声大作，一些敌人在睡梦中就一命呜呼。一些醒来的敌人拿枪拼命抵抗。杨靖宇部队在暗处，敌军在明处，许多敌人当场被击毙。战至天将亮时，残敌扔下轻重武器，狼狈逃跑。杨靖宇命令警卫旅一团派两个连乘胜追击。抗联战士追击七八里地，敌人又扔下一些伤兵，留下一些尸体，落荒而逃。

这次夜战，100 多名敌军被击毙击伤，12 座帐篷被烧毁，并缴获机枪 1 挺、步枪 10 余支及大批军需品。我军牺牲、受伤 15 人。应该说，此次战斗，杨靖宇大获全胜。

但天刚亮，两架敌机飞来，在抗联营地上空盘旋。因战士们隐蔽在树林里，敌机没有发现抗联部队踪影，盘旋一阵便飞走了。杨靖宇对战士们说："敌机可能还会飞回来，大家把机枪准备好，敌机再回来就打，我们不能等被发现了再打，这样会造成很大损失。"

果然，不一会两架敌机又飞了回来，越飞越近，越飞越低，杨靖宇一声令下："打！"十几挺机枪一齐向敌机进行交叉射击，敌机也进行低空扫射。战斗中，一架敌机中弹起火，拖着长长的黑烟一头栽入松花江里；另一架敌机则向东北方逃走。

这是在没有高射武器情况下打下的敌机，这在抗联历史上是少有的，不能不说是一个奇迹。

早在1935年6月30日，法国巴黎出版的《救国时报》就刊文赞颂杨靖宇是"东北第一个执行游击战术的人"。

其实，与同为抗联领袖人物的赵尚志和周保中等人相比，杨靖宇没读过一天军校，却有着杰出的军事才能。他在战争中学习战争，尤其是在游击战方面，成果卓著。

臭名昭著的日本靖国神社中，有所谓的"肉弹十勇士"，而这"十勇士"便是被杨靖宇将军送进去的。只是这10个炮灰，并非如日军宣传的那么"神勇"。真实的情况是怎样的呢？

根据抗联第一军战史记载，1936年1月的一天，杨靖宇率领的第一军司令部与第一师主力1000余人从桓仁出发转移。战士们于转移途中想"方便方便"，在山坡上撒尿时居然尿着了埋伏在下面的伪军。

两军"邂逅"，一触即发，但伪军见抗联人多，便强忍着不发作，淋了一脑袋尿也一声不吭。抗联战士呢，考虑到一旦枪响就会招来大股日军，也就没开枪。于是双方"就此别过"。

但伪军回去后立即向日军报告了抗联的动向，日军立即派出携带火炮的一个中队与伪军向杨靖宇部追了上来。

杨靖宇临危不惧，派出小分队绕到追兵背后偷袭敌人。随后，游击大师杨靖宇带着部队在山里和日军玩起了捉迷藏，日军被转得头晕脑涨，晚上就在快大茂子村休息。就在日军放松喘息之际，杨靖宇神兵一般从天而降，向日伪军发起了突袭。激战一夜，日军损失惨重，少数人趁乱逃跑。杨靖宇的部队缴获了一门火炮两挺机枪，还抓了几个俘虏。

当晚战斗时，在后方留守的十几名日军带着20多个伪军前去增援。他们还没到达战场，被包围的日军已经被击溃。可这十来个鬼子居然傻乎乎地还不知情，结果被抗联战士又打了伏击。伪军跑得无影无踪，13个鬼子被抗联战士包围后打成蜂窝。只有3个鬼子躲在灌木丛里侥幸逃生。

后来日军称"歼灭十勇士的'匪团'，是被称为东边道匪贼之王的红军第一军司令官杨靖宇麾下"。本来此役日军一败涂地，但日军实在丢不起这个人，就把那10个援军包装成"肉弹十勇士"。日本《朝日新闻》以《全身被打成蜂窝（煤），为他们壮烈的末日垂泪》予以夸张而煽情地报道："高呼'现在是死亡之花盛开的时候了，展现一下帝国军人的魂魄吧！杀，杀，杀……'军曹被打成蜂窝煤状之后向东方遥拜，高呼'天皇陛下万岁'遂成令人泪下之牺牲。"日本把这10个炮灰送进了靖国神社。

杨靖宇指挥东北抗联取得的举世公认的辉煌战绩，使他的敌人也不得不承认："第一军总司令杨靖宇有才干，是真正具有将才的人物。"

从1937年七七事变开始，中国开始了全面抗战；而杨靖宇从1932年到1940年，则早已进入艰苦卓绝的抗战。杨靖宇任总司令兼政委的抗联第一路军，人数最多的时候也不过6000人，却孤军奋战牵制了30万日军，为配合关内抗战做出了不可磨灭的贡献。

正如毛泽东在《抗日游击战争的战略问题》中谈到东北抗日时所说："那里的游击队多打死一个敌兵，多消耗一个敌弹，多钳制一个敌兵使之不能入关南下，就算对整个抗战增加了力量。"

也就是说，杨靖宇率领部队不但顽强地打击东北日军，而且有力地支持了全国的抗战。

六　严酷

杨靖宇和他的抗联战友当时所处的环境究竟有多严酷？

现在，冬天的东北以其冰雪特色成为许多人眼中的"热点景区"。然而在抗联时代，东北零下四十多摄氏度的严寒，夺去了无数抗联战士的生命。

幸存的战士，在这样恶劣的自然环境中，连最基本的生存条件都没有，更别说吃饭睡觉和行军打仗了。对此，今天的我们无法想象。

雪地行军，战士们的上衣全被树枝扯开花，白天黑夜都挂着厚厚的霜，而裤子总是湿的，寒风一吹便冻成盔甲，迈步都吃力。鞋子跑烂了，就把棉衣揪下一块包脚，割几根柔软的榆树条子绑上。入睡更是困难，遇到下雨，就用破被子挂在树棍上，支撑成棚，人在底下睡，雨大时就睡在泥水之中；遇到下雪，就睡在雪地上，用破树叶、树枝铺在身下，冻得难以入睡。

比恶劣的自然条件更严酷的，是日本人为了隔绝抗日联军与老百姓的联系而建立的"集团部落"。为断绝东北抗日联军的后勤补给，将抗联根据地与村民隔绝开，日军设计出"集团部落"，强制将中国村民迁至其中，定量供给村民粮食，并设置严密的封锁线。在部落周围修有高墙、壕沟，东南西北四个门均有敌人把守，百姓进出要出示"良民证"。敌人这狠毒的一招，彻底切断了抗联重要的补给线。可以说，除了战斗牺牲，饥饿和严寒是抗联部队持续减员的主要原因。

杨靖宇的警卫员黄生发回忆说："更难的是吃的，不要说是粮食啊，连草也找不到啊，枝枝叶叶被霜打枯了让雪埋上。能吃的草根儿冻在土里没法找，只好吃那难以下咽的树皮。先把老皮刮掉，把那泛绿的嫩皮一片片削下来，放在嘴里嚼啊嚼啊，但就是咽下去了，肚子也不好受。"

在如此严酷的形势下，抗联部队便建立密营，以此来解决部队的生存问题。所谓密营，就是抗联的秘密营地，通常设立在密林之中，有的也在山洞中。这些秘密营地内存储有收集来的粮食、柴火、盐巴、药品、衣物，除了物资储备外，密营也有一定的居住设施和防御设施。一般每支抗联部队均有多个密营，即便某个密营被摧毁了，依然还有下一个可供休整。

因为有了密营，抗联便能够在极端恶劣的环境下，战胜日伪军的严密封锁，依然保持了相对较强的持续作战能力。

在这样严酷的环境中，杨靖宇以各种方式给战士们以乐观主义的鼓舞。他很有文艺天赋。他会吹口琴，曾在寒夜的篝火前吹奏口琴，给战士们带来欢乐，还教战士们吹口琴。他善于写诗，曾写下《西征胜利歌》鼓舞士气：

"红旗招展刀枪闪烁我军向西征，大军浩荡人人英勇日匪心胆惊……"

杨靖宇曾亲自创作了一个剧本，叫《王小二放牛》，并由抗联战士亲自演出，内容主要是说在东北某地的一个山村，住着一户姓王的穷苦人家，老两口领着两个孩子艰苦度日。男孩叫王小二，给地主家放牛，女孩只有17岁。这家人受尽日伪军警的欺压迫害。抗联部队深夜出击，捣毁了伪警察署，消灭了日本讨伐队。最后王小二参加了抗联的队伍。该剧在一次篝火晚会上演出时，当演到日本指导官欲强奸姐姐时，一位战士竟在愤怒之下，冲"日本指导官"开了两枪，足见该剧对战士产生的强烈的震撼力量。

杨靖宇不但以自己坚强乐观的精神感染大家，而且不放过每一个机会关心战士。读杨靖宇的有关资料，我多次感慨，杨靖宇的人格十分完美。他对日寇和汉奸切齿痛恨，但对同胞和抗联战友却充满深深的爱。

他性格温和，从不像有的干部那样发火骂人，有时碰到"不讲道理"的战士，实在气急了，他最多说一句："你真糟糕！""岂有此理！"这是他批评人说得最重的一句话。即使对于伪满军队，他最严厉的骂人，也只是"这群狗崽子"这么一句话。在组织大家讨论时，杨靖宇从不将自己的意见强加于人，更不以势压人，而是让大家充分讨论，反复沟通，直到达成共识。

杨靖宇将战士视为情同手足的兄弟。一次，少年营战士王文清去探听敌人消息，六七天都没回来，杨靖宇时常挂念说："小王这些天还没回来，一定是没有了。"他脸上呈现出哀戚的表情。后来小王被一位与其相遇的战士背回部队，原来他在执行任务中不幸被敌人抓住，受尽酷刑却依然不承认自己的真实身份，最后敌人没办法只有把他放了。杨靖宇见到小王十分高兴。他看到小王屁股上被烙铁烫的尚未愈合的伤口，竟心疼得流下眼泪。小王在部队养伤期间，杨靖宇亲自为他上药，有时还给他端屎、揩屁股。

意志坚强、爱憎分明、情感丰富的杨靖宇正是在这样严酷的环境中，以惊人的毅力坚持战斗，而且不断取得了一个又一个令人不可思议的胜利。据日伪档案记载，在1939年1月至5月，抗联第一路军与日伪军交战次数为：1月37次，2月63次，3月62次，4月51次，5月51次，总计264次，敌人（指抗联战士）战死111人，负伤162人。另一则日伪档案资料显示，仅生命最后的 100 天里，杨靖宇在后援断绝的情况下，与日军血战 47 次。仅 1 月 9 日这天上午的 8 点 30 分到 18 点 30 分，他就和日军激战 7 次。他成了日本人眼中的"治安之癌""最挥之不去的心腹大患"。

到了 1939 年底，东北抗联的其他部队，几乎已经被打散，只有杨靖宇所部还在顽强战斗。于是，敌人决定全力"围剿"杨靖宇，并制定作战原则：同时遇上抗日山林队和抗联，其他放过，专打抗联；同时遇见杨靖宇的部队和其他抗联部队，其他放过，专打杨靖宇的部队；同时遇见杨靖宇部队，其他放过，专打杨靖宇。

七 生日

1940 年 1 月，杨靖宇不幸被敌人重兵包围了。

从 1939 年下半年开始，敌人集中兵力 7.5 万人，专门对付杨靖宇所率抗联第一路军司令部及直属部队 200 余人。为了"剿灭"杨靖宇部，敌人甚至出动了飞机进行轰炸、扫射、侦察。

杨靖宇似乎走投无路了。

而杨靖宇本来不至于身陷绝境的。

从 1932 年领导抗战起，8 年中，杨靖宇率部以机动灵活的游击战术，声东击西，打得敌人晕头转向，让敌人一直觉得杨靖宇近在咫尺却摸不着其踪影。如果不是出现令人心痛的意外，杨靖宇完全可以像孙悟空一样将敌人甩掉，继续出其不意地和敌人周旋。

这个"令人心痛的意外"，就是杨靖宇身边出现了叛徒！

自 1937 年冬到 1938 年夏，抗联第一军出现了投敌叛变分子，其中为害最烈的是抗联第一军原军需部部长胡国臣、抗联第一军原参谋长兼政治部主任安光勋和抗联第一军第一师原师长程斌。

尤其是程斌带领 100 多人叛变，给杨靖宇造成致命的一击。他是杨靖宇一手培养起来的得力干将，因打仗勇猛且足智多谋而被称作"小杨靖宇"。

他熟悉杨靖宇所有的战术,对杨靖宇的思路了如指掌,甚至一听对方枪响,便知道有没有杨靖宇。他投敌后做的第一件最毒辣的事,就是带领敌人捣毁了杨靖宇建立的 70 多个密营,彻底摧毁了杨靖宇部队的全部粮食供给和弹药储备。

1940 年 1 月 21 日,在杨靖宇被敌人围追之际,警卫旅一团参谋丁守龙也投降了。他供出了杨靖宇的最近行动,并准确地推测了杨靖宇的下一步走向,敌人很快便掌握了杨靖宇的行动路线,对抗联进行疯狂"围剿"。这让杨靖宇进一步陷入困境。几天后,当杨靖宇奋力突围成功后,身边只剩下特卫排、少年铁血队、机枪连的 60 多个战士了。

10 天后的 2 月 1 日,司令部特卫排的排长张秀峰,带着部队的机密文件、大量现金,和许多枪支弹药也投敌了。张秀峰的叛变,是杨靖宇完全没有想到的。张秀峰是一个孤儿,参加了抗联后有幸成为杨靖宇的警卫排长。杨靖宇曾经对他说:"你是孤儿,没有爹妈,我也没有儿女,你就和我儿子一样。"他不会写字,连自己名字都不会写。杨靖宇手把手教他认字,学会写自己的名字,教他唱歌吹口琴,还送他一把口琴。可这么一个被杨靖宇视为儿子的张秀峰,居然就背叛了对自己恩重如山的杨靖宇。张秀峰这次叛变,更精确地暴露了杨靖宇的行踪,敌人缩小了包围圈,杨靖宇进一步被逼上了绝境。

2 月 2 日清晨,叛徒程斌率领"讨伐队"和大批日伪军,在飞机的配合下,向杨靖宇及司令部发动进攻。经过惨烈激战,突围后的杨靖宇身边仅剩下 30 名战士。本来应该好好休整,但为了解决给养,两天后杨靖宇不得不率部攻打新开河林场。2 月 7 日,又与程斌"讨伐队"相遇,激战之后,他身边只剩下 15 名战士了。

那天,是农历除夕日。

人越打越少,没有任何队伍来援救,但杨靖宇依然丝毫没有动摇自己的坚定意志,决心冒死突围。

然而雪上加霜的是,在 2 月 8 日这一天,杨靖宇患上重感冒,走路都摇摇晃晃的。几名警卫员用随身携带的斧子砍些树枝在地上搭铺,把一张狗皮褥子铺在树枝上，又找来一块木头当枕头，让杨靖宇躺下休息。后来，杨靖宇又找到另一个山窝住了下来。

那天，是农历大年初一。杨靖宇和几个战士在同暴虐荒野的刺骨寒风的对抗中，度过了春节。

而这时，叛徒程斌带领的"讨伐队"又追上来了。杨靖宇只好将身边的15名战士兵分两路进行突围，自己只留7名战士。突围战斗中，跟随杨靖宇的警卫员黄生发、朱文范等人被冲散了。

到了晚上，黄生发和朱文范等人终于在另一片山林里找到杨靖宇。他们生火取暖。他信心十足地激励大家说："别泄气，敌人是打不过我们的，就算我们这几个人都没了，还有人继承我们的事业，革命总是要成功的。"

夜间，大家轮流值班站岗，每班两小时。病中的杨靖宇为了让大家多休息一会儿，他也参加值班。

2月12日，天刚亮，敌人的飞机又来了，在低空盘旋。叛徒率领的"讨伐队"也追了上来，一边追一边叫："快投降吧，投降了有粳米洋面吃……"杨靖宇和7名战士一边抵抗一边迅速转移，打死打伤了不少敌人，但在战斗中，黄生发等战士都受了伤。

晚上，敌人虽然停止了追击，但危险并没过去。杨靖宇做出了一个重要的决定，对大家说："我们最好分开走！分别冲出去。"

可没有一个战士愿意在这时候离开他们敬爱的总司令，都哭着说："我们要活，活在一起；要死，死在一起。"

杨靖宇耐心地解释："死在一起有什么好处？多冲出去一个人，就多一分抗日的力量！"最后他命令，由黄生发带3名伤员顺着来时的路往回撤退，自己带着朱文范和聂华东两名警卫员继续向前突围。大家都很清楚，往回走是比较安全的，因为敌人都到前面去了，越往前走越危险。可是，在这生死关头，杨靖宇再一次把生路留给了受伤的战士。

临别时，黄生发把剩下的半个苞米饼子交给了朱文范说："半块干粮留给司令吧！我们分开以后你要好好照顾司令。"

杨靖宇说："还有半块大饼子？好啊，好，好，快拿过来，拿来！"

他让人把这半个大饼子一点一点掰碎，煮了一茶缸苞米水。苞米水煮沸了，杨靖宇招呼大家趁热喝，算作是"辞别宴"。

半夜，杨靖宇送走了黄生发和 3 位受伤的战士。凛冽的寒风中，时间走进了 1940 年 2 月 13 日。

那一天，是杨靖宇 35 周岁生日。

八　元宵

夜色中，大雪依然纷纷扬扬。

杨靖宇躺在一个破窝棚里。

那一天是 1940 年 2 月 22 日，农历正月十五，恰逢中国的元宵节，正是家家户户团圆的日子。

此刻的杨靖宇，却孤身一人。

但他并不孤独，因为他心里装着整个中国。

只是，又冷又饿的他可能没有意识到，这是他生命的最后一个晚上。

10 天前，送走黄生发等 4 个战士后，杨靖宇带着朱文范、聂东华两个警卫员在密林中继续艰难前行。当时，他们面临 3 大敌人——追兵、寒冷和饥饿。在踏着没过膝盖深的积雪缓慢地行走了很久之后，他们终于暂时摆脱了敌人的追击。

刺骨的寒冷和难耐的饥饿，比日伪军更难对付。他们已经好几天没吃东西了。实在是太饿了，杨靖宇等人竟将棉衣露出的棉絮撕下，就着山坳里的白雪强行吞到肚子里去，或将土崖上已经冻硬的草根用手抠下用以充饥。

然而，敌人一直穷追不舍。2 月 15 日，叛徒程斌和另一名叛徒崔胄峰（他曾是抗日名将王凤阁的部下）认出了杨靖宇他们留在山林间的足迹，便追寻而去。

杨靖宇等 3 人察觉后便迅速转移。当时，敌人已经看到林子中的杨靖宇了。饥寒交加的杨靖宇和两名警卫员依然朝山上跑去，最后居然摆脱了敌人。据日伪资料记载，"他（按，指杨靖宇）已经饿了好几天肚子，但是跑的速度却很快。两手摆动得越过头顶，大腿的姿势，像鸵鸟跑得那样"。

但是，杨靖宇等人毕竟好几天没有吃东西了，实在缺乏力气。下午 3 时许，600 余名敌人终于追上山顶。敌人一步步逼近，杨靖宇在距敌人 300 米的地方，利用有利地势向敌人连续射击，敌人不得不暂时停止前进，在远处射击。

这时，日伪"讨伐队"队副伊藤向杨靖宇喊话："你的跑不了啦，归顺吧！"杨靖宇佯称："要归顺也可以，但必须停止射击。我有话要说，你一个人过来吧。"

伊藤听罢窃喜，以为杨靖宇真"想通了"，便站了起来准备朝杨靖宇走去。就在他起身的一瞬间，杨靖宇对准伊藤举枪就射，伊藤应声倒下，接着杨靖宇又连射三枪："啪！啪！啪！"伊藤重伤倒地。伊藤被击倒后，叛徒崔胄峰为表现效忠主子，便挺身向杨靖宇追去，只见杨靖宇甩手一枪，击伤这个叛徒的大腿。

此次战斗，杨靖宇 3 人对抗日伪 600 余人，后者在杨靖宇的毛瑟手枪之下死 1 人，伤 6 人。杨靖宇乘敌人混乱之机，在左臂受伤的情况下再次甩掉了紧追不舍的日伪"讨伐队"，进入密林之中。

夜色降临，敌人没有手电，便划着一根一根的火柴，借助这鬼火似的光亮在雪地循着血迹向前追寻。

说起来，600 余人的伪警察真是可笑而又可怜——从清晨起经过一天激战，他们被杨靖宇和两位警卫员拖得人仰马翻，被打死，打伤，冻伤和因冻伤疲惫掉队者竟有 500 余人。到 16 日深夜两点钟，"讨伐队"仅剩下 50 名队员坐在雪地上喘气。

杨靖宇就是如此强大！

杨靖宇应该为自己感到自豪。今天的我写到这里也不禁热泪盈眶，为杨靖宇而骄傲！

因为从 1932 年建立领导南满游击队到后来组建抗日联军第一路军，整整 8 年来，杨靖宇先后与日本关东军四任司令官斗智斗勇，一次又一次地粉碎了敌人的重兵"围剿",同时给敌人以沉重打击,杨靖宇成为日军的第一号心腹大患。1939年夏天,关东军司令部下令悬赏2万元收买杨靖宇的人头,同时计划召集伪满洲国所有能动用的机动部队,决定派重兵给杨靖宇和他领导的抗联第一路军进行一次彻底的打击。

当时日军提出一个口号:"举全国之力剿灭杨靖宇!"根据日伪当局留下的档案资料记载,从1939年到1940年这段时间,驻扎东北的关东军是70万人左右,还有十几万的伪军。这些兵力全都是用来对付杨靖宇的,而在1939年夏,杨靖宇所率警卫旅一团、少年铁血队和机关枪连,总人数也不足200人。

到了1939年,当时东北战场上的主要抗日部队已经相继失去战斗力,只有杨靖宇还在战斗。面对敌人重兵,从1939年的夏天起,杨靖宇一直和敌人周旋到1940年的春天,长达几个月的时间,敌人拿杨靖宇还是没有办法。

所以,现在杨靖宇3人和人数多于自己200倍的"讨伐队"周旋,最后不但摆脱了追击,而且还将600敌人耗得只剩下50人!这对杨靖宇来说,是常态。

然而,敌人被暂时击退了,饥饿和寒冷却随时可能夺去他们3人的生命。18日,朱文范和聂华东不得不冒险寻找吃的。他俩在濛江县东南6千米的大东沟部落购买食物时被敌人发现,交战30分钟,朱文范和聂华东壮烈牺牲。敌人从他们身上搜出手枪、现金、口琴和钢笔,还有一枚杨靖宇的印章。

正是这枚印章,让敌人断定杨靖宇就在附近,于是进一步缩小了包围圈,并再次警告村民"进山打柴决不许携带午饭",更加严密地切断了一切食物来源。

这一切杨靖宇当然不知道,但两位警卫员迟迟未归,凭着敏锐和机警,杨靖宇估计他们很可能回不来了。此时的杨靖宇已经5天5夜没有吃到一粒粮食了,被树枝划破的棉衣,几乎没有了棉絮;脚上的破布根本就抵挡不了这种零下40多摄氏度的严寒,杨靖宇的脚已经被严重地冻伤了。然而,杨靖宇依然以惊人的毅力强忍饥寒，辗转于濛江一区山林中。

几天后的 22 日农历元宵节的傍晚，他摇摇晃晃地来到了濛江县城西南方向 6 千米处保安村三道崴子，看到一处农民为收割庄稼而临时搭建的窝棚，他终于躺下了。

迷迷糊糊地，不知躺了多久，饥寒交迫使他醒来。天上的一轮满月孤独而惨白，将凄凉的光洒在他的身上。

此刻，同样孤独的杨靖宇却毫不畏惧，决意战斗到最后一刻。

九　殉国

天亮了，杨靖宇挣扎着走出了窝棚。

1940 年 2 月 23 日，那天上午，杨靖宇出现在三道崴子。

杨靖宇为什么要冒险出来？

我想，那天晚上躺在窝棚里的杨靖宇一定有过激烈的思想斗争。摆在他面前的只有两条路：一是藏在茫茫山林里，这样可以最大限度地避免暴露，但结局只有一个——饿死或冻死；二是走出山林去寻找御寒的衣物和充饥的食物，但极有可能被敌人发现，结局也是一死。

不出去，肯定死；走出去，生存下去还有一线希望。这个"一线希望"就是不要被日伪汉奸发现。杨靖宇还是决定冒险走出去。他决定尽量只和普通老百姓接触，请他们帮帮自己。

他看到 4 个打柴模样的人，便走了上去："老乡，能不能给我一点吃的，我实在太饿了。"那几个农民都说："我们没有多带粮食，也不敢多带啊！"从杨靖宇高大的体格和衰弱的神态，几个人已经猜出他很可能便是日军"追剿"的杨靖宇。他们便说："你还是投降吧，现在满洲国都优待俘虏，不杀投降的人。"杨靖宇对他们说："不行啊，我是中国人啊，怎么能够投降日本人呢？我的良心也不允许我这样做。如果我们都投降了日本人，中国不就亡了吗？"

那4人不说话了，看上去被杨靖宇"说服"了，杨靖宇再次请他们去帮自己买点食物和一双棉鞋。他们答应了，请杨靖宇等着他们，杨靖宇掏出了远高于所买食物和棉鞋实际价值的钱给了他们。

读到资料上这个细节时，我特别感动：在这种情况下，杨靖宇还严格遵守人民军队"不拿群众一针一线"的铁律，维护人民的利益，不侵犯老百姓。

机智过人的杨靖宇何尝没想到他们可能去告密？但毕竟只是"可能"。杨靖宇当时别无选择。他可能还有源于善良的一丝侥幸：我是为了这些老百姓而浴血战斗的，他们即使不帮我，至少也不会出卖我吧！

但残酷的现实击碎了杨靖宇这一丝侥幸的希望。他们害怕日本人知道后全家性命不保，强烈的恐惧压倒了或许本来尚存的良知。何况四个农民模样的人中，有一个叫赵廷喜的，是伪牌长。所谓"牌长"，是旧时地方基层组织"牌"（10户）的头领。在下山的路上，四个人遇到了特务李正新，他们便合伙向保安村伪警察分驻所告密。随后，在伪通化省警务厅长岸谷隆一郎的部署下，日伪军倾巢出动，展开了对杨靖宇的精准包围。

当杨靖宇发现包围上来的敌人时，知道最后的时刻到了。他把自己身上带的文件点火烧了，然后双手持枪准确地向涌上来的敌人射击，并向后方的高地退却。带队的日军警佐西谷喜代人下令："不许开枪，活捉他！"然后他向杨靖宇喊话劝降，然而回答他的是杨靖宇的射击。

抗战胜利后缴获的伪通化省对抗联作战的内部档案《东边道治安肃正工作》中，记载了当时西谷喜代人和杨靖宇的对话——

"君是杨司令吗？"

"是的，我就是杨司令。"

"我们是通化的警察队。在我们的部队里面，曾经是君之同志的程（程斌）、崔（崔胄峰），都担任着警察队的指挥。安参谋（指叛变的原抗联第一路军参谋长安光勋，此时在通化警务厅讨伐队总部下属政治工作班担任班长）也在总部工作。若是君能归顺，岸谷厅长必会热切相迎。现在这个地方，要逃脱是不可能的了，何必急着去死呢？考虑一下归顺可好？"

"我珍惜自己的生命，但不可能如你所愿。很多部下都牺牲了，我如今只剩了自己一个人。虽临难，但我的同志们在各地转战，帝国主义灭亡之日必将到来。我将抵抗到底，无须多说，开枪吧！"

气壮山河！

西谷喜代人知道杨靖宇绝不会投降，活捉已经不可能，于是下令："干掉他！"

在生命的最后时刻，杨靖宇厉声喝道："对面谁是抗联投降过去的，滚出来，我有话说！"几个叛徒吓得龟缩在一旁，不敢吭声。

敌人一步步向杨靖宇逼近，双方最近距离仅20米。敌人从左右两面同时向杨靖宇疯狂射击，杨靖宇毫无畏惧，拖着虚弱的身体，顽强地与敌人交火。突然，杨靖宇的左腕被击中了，他右手举枪继续射击。就在敌我力量如此悬殊，敌我双方如此近距离的情况下，居然还交战了20分钟！

下午4点半，杨靖宇被叛徒的子弹击中胸部——机枪手张奚若扣动扳机，杨靖宇那如大山一般的高大身躯，轰然倒下。

英雄的心脏停止了跳动，殷红的鲜血渗透了洁白的雪地。

事后查明：杨靖宇中弹6发，胸3腿2手1。

英雄牺牲后，日军下令割下了他的头颅，而用铡刀将杨靖宇头颅铡下来的，正是由叛徒程斌安排手下的人完成的。

面对杨靖宇的遗体，日本人怎么也想不通：零下40多摄氏度低温的极端严寒天气下，患了重感冒，双脚又严重冻伤，断粮5天的杨司令是靠什么支撑下来的？

于是，他们对杨靖宇进行剖腹检查，结果发现，在英雄的肠胃里，只有尚未消化的草根、树皮和棉絮。

面对已经失去生命的杨靖宇，在场的所有日本人竟然都情不自禁肃然挺立。他们明白，这才是真正的中国人。

5 年后，日本战败投降。最后"追剿"杨靖宇的总指挥官岸谷隆一郎剖腹自尽。他在遗书里写道——

"中国有杨靖宇这样的军人，是不会灭亡的。"

尾声　正义永存

在当时严峻的形势下，杨靖宇将军不仅要对付抗联时期日伪的疯狂"围剿"，还要提防自己队伍中的叛节分子。他们意志力薄弱，一旦受到了外界的诱惑，就背离自己的信仰和初心，走向叛变的歧途。如程斌、赵廷喜、张秀峰、张奚若等，就是导致杨靖宇将军牺牲的败类和罪魁祸首。

虽然这些叛徒侥幸逃过了正义的审判，可他们苟活一时，但最终却被永远钉在中华民族历史的耻辱柱上。

而我们不朽的杨靖宇，却永远活在中国的大地上。

周保中：英雄无泪

引子　纵横驰骋

我喜欢旅游，几乎已经走遍祖国大地，特别喜欢有水的风景。比如，我已去过多次的云南大理的洱海。但还有一些著名湖泊我正在憧憬中，比如，吉林牡丹江市宁安市的镜泊湖。

从地图上看，地处大西南的大理和位于大东北的牡丹江，遥距几千千米，但因为一个人的名字，这两个地方在我心中便有了某种关联。这个人是白族，在大理出生成长，成年后在牡丹江一带率部抗日。

他叫周保中。

当时，在东北抗联中有3位赫赫有名的抗联领袖，令日军咬牙切齿：杨靖宇、赵尚志和周保中。而只有周保中看到了抗战胜利，并在中华人民共和国开国大典的那一天，登上了天安门城楼。

当时毛主席握着周保中的手，幽默地说："白族兄弟，辛苦了！"

比起杨靖宇、赵尚志、赵一曼等东北抗日英雄，周保中似乎名气不够响亮。其实，按世俗的眼光，当年周保中在党内和军中的职务在杨靖宇和赵尚志之上。他担任过中共满洲省委军委书记、吉东省委书记。在担任抗联第二路军总指挥时，金日成、崔庸健都曾在他的部队战斗，而金日成和崔庸健抗战胜利后回到朝鲜，分别担任了一把手（朝鲜劳动党总书记）和二把手（朝鲜民主主义人民共和国副主席）。

毛泽东对周保中的评价是："保中同志在东北十四年抗日救国斗争中写下了可歌可泣的诗篇。"

1934 年春天，镜泊湖尚在大风雪的覆盖之下，在一场与日伪军的激战之后，回望破碎山河，32 岁的周保中将军激情满怀，挥笔写下了这样的诗句：

> 黑水白山悲蹂躏，汉奸傀儡喜承祧。
>
> 群黎振臂呼自救，吾党率先献英韬。

两年前，他正是受"吾党"派遣，来到东北为抗日斗争"献英韬"的。

一 军师出山

1932 年 5 月 10 日。吉林省宁安县花脸沟。

在一个屯子的老乡家里，一位 30 来岁的高个子青年正在激动地给老乡们讲着抗日救国的道理。当时，九一八事变已经大半年，他希望大家别做亡国奴，抱成团和日本人斗。

突然，外面一阵狗叫，大家还没反应过来，门已经被踹开，一群端着枪的士兵冲了进来。

当时，吉林有好些民间的抗日武装，比较有影响的有李杜的自卫军、王德林的救国军和丁超的护路军。进来的正是自卫军的巡逻兵。他们走到这里时，发现门关着，里面好像有人聚会，感觉有些不对劲，便突然闯了进来。

当地人都是朝鲜族，穿着大裤腿的裤子，而那个年轻人则头戴礼帽，身着长袍，一副商人打扮，再加上是外地口音，于是，士兵们重点对他进行搜身，结果只搜出他随身带的一点药棉花，但这却成了"证据"。士兵们用枪指着他："你是日本探子！带走！"

年轻人哭笑不得："这药棉是我用来擦眼睛的，你们看我这眼睛不是不好吗？我是关内来的买卖人，就是想做点人参生意。"

这个年轻人就是周保中，他当时的身份是中共满洲省委委员、军委书记。1932年春天，他接受党的指示，来到自卫军与日寇作战的东北重镇之一——宁安。当时，东北人民自发组织许多抗日武装，没有统一的领导，各自独立，局面比较混乱。周保中的任务，便是尽可能与各抗日武装建立联系，逐步建立一支真正的抗日革命队伍。

没想到，现在却被他本来想接近的抗日武装力量当作"日本探子"给抓了起来。

几个士兵闹着说："拉出去，枪毙了算了！"

周保中一听，急了："听我说，听我说，我有要紧事见你们长官。就算我是日本探子，现在也跑不了，让我把要紧事告诉了你们长官，再枪毙也不迟啊！"

几个士兵一听，觉得也有道理，万一耽误了他说的"要紧事"，责任也担待不起。于是，便拿出粗大的绳索，把周保中捆得结结实实，然后押着他到了排长那里。

当时排长正在一边喝着小酒，一边搓着麻将，输了不少钱，心里窝着火呢，一听说逮住了一个日本探子，头也不抬，就挥了一下手，说："杀！"

周保中再次大声说："我真不是日本探子，我急着要见你们长官，有要紧事！"

排长一听，转口说："送到连部去。"到了连部，周保中又把那番话重说了一遍，连长便说："送营部。"营长又说："送旅部。"

其实，周保中看到他们把自己当皮球踢，心里暗自高兴，因为他正愁没法接触到抗日武装的领导人，他就是希望能够与高级军事指挥机关接触。这样被他们"护送"不正好吗？

就这样，一级送一级，最后送到了旅部。周保中见到了一位少将参谋长，他以标准的军人姿势，两脚一并，后脚跟一碰："报告！我不是日本探子！"

这个动作让少将参谋长眼睛一亮："哟，原来你还是标准的军人啊！"

周保中说："是的，我不但是标准的军人，还带过几千人的部队呢！"

周保中原名奚李元，出身于云南大理的一个贫苦农民家庭。为了生活，15 岁便报名进了云南陆军第一师士官教导队，后随军经贵州、四川、鄂西和陕南，参加"靖国、护法"战争，由中士、上士升任少尉排长、中尉代理连长。1923 年，周保中被选送进云南陆军讲武学校工兵科学习。他的学长有朱德和叶剑英。

1924 年，周保中从云南讲武学校毕业后，先后加入在广州的滇军杨希闵部和在河南的冯玉祥的国民军。国民军退回西北后，他又回到广州，在国民革命军第六军第十九师第五十六团任上尉军官。1926 年，他认识了在国民革命军第六军中担任党代表的林伯渠，参加了北伐战争。1927 年 3 月，周保中担任第六军第五十六团副团长，在追击号称孙传芳残部时，奇袭了南京雨花台。7 月，他在武汉经郭德昭介绍加入中国共产党。到了 12 月，他已经是国民革命军第六军第十八师少将副师长兼第五十二团团长，驻防湘东重镇醴陵，兼任湘东警备司令。

一个著名军校毕业，带兵打仗多年的少将师长，共产党的省委军委书记，怎么不是"标准的军人"呢？

参谋长对周保中油然而生敬意，觉得此人不凡，便把他带到了高级军事会议的会场上。

面对满屋腰挎军刀、肩扛将校军衔标志的高级官员，周保中不卑不亢，开始作自我介绍。他着重谈了自己带兵打仗尤其是北伐战争的经历，大家对他刮目相看了。

但他隐去了自己共产党人的身份。他没有说的是，1928 年 5 月，他到上海中共中央工作。11 月，受中共中央派遣赴苏联莫斯科，先后入东方劳动者共产主义大学和国际列宁学院学习。临行前，为了工作方便，他接受周恩来的建议，改名为"周保中"。"保中"之意不言而喻，表示为保卫中华奋斗，而"周"则表达他对周恩来的敬仰。1931 年，九一八事变后，周保中从苏联回国，党中央派他到东北任中共满洲省委军委书记，并赴吉东参加当地抗日武装，并推动民间抗日部队的联合，最后建立由中国共产党领导的抗日武装。

最后他说："我来到大东北，就是为了来抗战的。"

一番谈吐，很快赢得了大家的好感和信任，那位参谋长连忙给周保中让座、敬茶。一位军官问道："你对东北局势有什么看法？"

周保中显然是有备而来，他先分析了当时东北的形势以及日军与各抗日武装的对比情况，然后提出了七点救国方案：

一、目前自卫军与救国军在牡丹江以东，与日本隔河对峙，时间久了，对自卫军不利，应立即改变战术，袭击敌人后方，破坏其交通，夺取其给养，再前后夹击，迫使日军撤退。

二、自卫军士气高昂，但纪律不好，造成民众不满必须迅速整顿纪律，清洗不纯分子，选好部队骨干。

三、在城市和农村普遍组织抗日救国会，发动群众抗日。

四、在牡丹江地区建立根据地，制造枪支弹药，设立被服厂、野战医院。

五、财政经济方面要有长期打算，要减轻人民负担，解除人民痛苦。

六、不要幻想南京政府派兵出关打日本。

七、要与其他抗日军队联合，一致行动。

宛如诸葛亮当年的隆中对。一席话，让在座的自卫军高级将领大有醍醐灌顶之感，尤其是自卫军副总司令兼暂编第一师师长邢占清，赶紧端来白酒为周保中压惊，再次表示对不起。他说："原来我们的部下为李杜将军绑来了一个军师啊！"

刚才的阶下囚，一下就变成了座上宾。

邢占清亲自把周保中带到了自卫军总部，介绍给了自卫军总司令李杜。李杜听了周保中的救国方略，对周保中十分敬重，便将他留在自卫军做宣传工作。

多年以后，周保中回忆起这件事，说："这次有惊无险的经历，成为我抗日新阶段的起点。"

从此，周保中开始书写他在东北领导抗战的传奇史诗。

二 攻打东京

周保中在自卫军将领们面前的侃侃而谈，从容陈词，展示了他的雄才大略，而真正体现他杰出的军事指挥才能的，是他在吉东抗日战场上的出奇兵、打胜仗。

周保中是带着任务来吉东的。当时，中共满洲省委书记罗登贤起草了《东北义勇军抗日救国游击运动提纲》，提出："我党必须发动群众，创建党直接领导的抗日武装，将抗日救国斗争进行到底。"作为满洲省委委员、军委书记，周保中正是按照这一精神深入吉东各非党抗日武装部队，团结一切力量抗日。

由于种种错综复杂的原因，他在李杜的东北抗日自卫军待的时间不长。更重要的是，他又把目光投向了另一支很有影响但可以争取和改造的抗日力量——王德林的抗日救国军。但怎么才能接近王德林呢？他想起来救国军的参谋长是共产党员李延禄——他后来担任抗日联军第四军军长。于是经过李延禄的推荐，周保中来到了救国军军部。

王德林对周保中早有耳闻，所以一见他便喜笑颜开。他风趣地给部下介绍说："这是李杜用绳子绑来的军师啊，今天竟然让我挖墙脚给挖了来！"他任命周保中为司令部总参议，对周保中说："以后，所有军事会议你都可以也必须参加。"这正是周保中的心愿。

于是，他利用一切机会给王德林宣传团结抗日的道理，反复强调东北的抗日队伍不能各自为战，救国军一定要与李杜等吉东地区其他抗日武装联合起来，共同对敌。经过他的积极宣传和努力工作，终于有一天，李杜将自己的自卫军、王德林的救国军和丁超的护路军及相关将领召集起来，开了一个联席会议。会议决定，正式成立联合军，由李杜任联合军总司令兼自卫军总司令，王德林任抗日救国军总司令，丁超任护路军总司令，而周保中任联合军总参谋长。

至此，各路人马抱团聚集，共同抗日，义勇军的发展进入鼎盛时期。这正是周保中的使命。

周保中为王德林打的第一次胜仗，是攻打东京城——这个东京不是日本的那个东京，而是宁安所辖的一个重镇。

最初听到周保中主动提出由他带一支队伍，先打宁安南部重镇东京城，然后集中兵力攻打宁安时，王德林有些不放心。尽管他对周保中战略谋划能力大为佩服，但这位军师是否真能打仗，他心里没底，于是就只派出了一支力量不强的队伍交给周保中指挥，去攻打东京城。反正即使打败了，损失也不大。

当时，东京城中驻有日伪军三四百人，而周保中手下的队伍不过数百人，且武器装备也十分低劣，如果强攻很难取胜。

看着周保中自信满满，王德林忍不住问周保中："你是否觉得兵力有些单薄？"周保中微笑地说："司令，兵不在多，关键是会用。打一个东京城嘛，这点部队足够了。"

因为周保中已经决定智取。

为了智取，周保中通过党的秘密关系与宁安县委取得联系，请东京城内的地下党员帮助他打探日伪军的驻防情况和每日动向，一旦敌人倾巢外出"讨伐"，就火速告诉自己。同时，周保中派了一个侦察小组去东京城外埋伏观察，摸清敌人出城回城线路以及别的行动规律。然后，他又亲自带几个人到东京城四周查看地形，研究和选择阵地。最后，他回到营中与王德林一起喝茶下棋，静候战机。

一天晚上，东京城的内线传来情报，说日伪军主力第二天早上要出城进山"讨伐"，城内兵力空虚，随信还报告了日军司令部的位置及留守兵力的部署。

周保中当晚便率队出发，马不停蹄一路夜行，天刚亮便来到东京城外埋伏下来。看着一队队日伪军从城中出来，在眼前走过，周保中一律放过。他们静静埋伏，一直等到中午，估计敌人已远远地进了山，周保中才开始行动。

他先让一个装成老百姓的本地籍战士去和伪军哨兵套近乎，骗他打开了城门。周保中见城门一开，便毅然打了一个手势，部队就从隐蔽的林子里一拥而出，直接冲进了东京城，三下五除二便缴了守城伪军一个班的械，把城占领了。然后周保中率领部队迅速向城中心的日军司令部发起攻击。

一阵激烈的枪战之后，全歼了20多名留守日军，一个连的伪军弃城而逃。就这样，不到一个小时，周保中这支小小的队伍便捣毁了日军司令部，占领了东京全城，且无一伤亡。

战士们无比喜悦，欢呼着胜利。周保中却想到了一定会前来反攻的日军，因为出逃的伪军肯定会去报信。周保中想，就怕你不来！他决定摆个迷魂阵，打个伏击战。他先派出一支小部队封闭了四道城门，又在城头竖起救国军的旗帜；然后下令所有官兵撤出城外，在日军回城必经的一条山谷两侧的高处埋伏下来，设下口袋阵，等待着日军。

但从来没跟周保中打过仗的战士们却有些忐忑，他们问周保中："周总参，小鬼子真的会从这条道上来吗？难道他们会听你的指挥？"

周保中再次自信地笑了，说："放心吧，大家等着，敌人肯定会来的，他们会听我的指挥的。"

有个士兵说："那得等到什么时候啊？"

周保中耐心地说："我算了一下路程和日军行军的速度，如果我的计算不差，那么估计敌人还要走3个小时左右才能到来。这段时间，弟兄们可以稍事休息，积蓄力量。"

可大家依然半信半疑，还有人说周保中在吹牛。

周保中毫不在意，装作没听见这些议论。他安排了一个潜伏哨之后，自己便躺下睡了。

一个小时过去了，不见一个敌人来；两个小时过去了，仍然不见鬼子的任何动静。

就在还差 10 分钟就到 3 个小时的时候，潜伏哨回来报告："周总参，敌人来了！"

所有的士兵一听，都忍不住赞叹："周总参简直是神啊！"

大概过了 10 分钟，一支 200 多人的日军大摇大摆地进了山谷。周保中一枪令下，救国军的官兵们举枪齐发。顿时，排山倒海，弹如雨下，带队的一名日军大佐中弹倒下，当场毙命，其余日军惊慌失措，豕突狼奔，朝沟外逃跑。可等待着他们的，是周保中事先安排在两端沟口的机枪无情的扫射。

这一仗真是漂亮！除了几个侥幸逃脱者，200 多名日军几乎被全歼。另一路伪军回到东京城下，看见城头上救国军的旗帜招展，以为城里有救国军主力，又听说日军遭到埋伏，他们顿时吓坏了，哪敢攻城？便一路退往宁安去了。

周保中第一次率王德林的救国军打仗，便出手不凡，打了一个漂亮的连环战，将东京城收复。王德林对周保中更加敬佩不已，他任命周保中为救国军前方指挥部参谋长，周保中一跃而成为救国军最重要的军事领导人。

其实，对周保中来说，攻打东京城，仅仅是牛刀小试而已。

三 三打宁安

王德林将攻打宁安的重任放心地交给了周保中。

其实，这次攻打宁安的前方总指挥是吴义成，王德林这样安排显然是想给吴义成配个高参，增加胜算。后来证明，王德林这样安排是英明的。

宁安是牡丹江下面的一座县城。一天傍晚，吴义成和周保中指挥救国军各部开始向宁安方向进发。不久，宁安的日军很快便获悉了救国军要进攻安宁的情况，慌忙向牡丹江发出求援信号，牡丹江日军指挥部急忙派出了 1000 余人火速来援。

当时，吴义成和周保中刚刚将部队带到宁安城下，得知牡丹江日军正在赶来增援的情报时,周保中十分镇定,他果断地向吴义成建议:"临时改变战斗计划,我们来个围点打援。你率领部队佯攻宁安,我火速赶往城北的一个山隘口,伏击敌人的援兵。"

吴义成当时同意周保中率部去迎击牡丹江前来增援的日军,却不愿把攻打宁安的计划变成佯攻,他想真正拿下宁安,把"围点打援"变成"围攻打援"。所以周保中率部走以后,他立即部署部队将宁安城四面包围,开始攻城战斗。

宁安响起了激烈的枪声,必然惊动驻守在中东路海林车站的日军,他们紧急出动向宁安方向增援,赶在牡丹江方向的日军之前到达了宁安城外,可他们钻进了周保中在城北设下的伏击圈。这伏击圈是一条峡谷,周保中用两挺机枪堵住两端谷口,600多支步枪分布在山谷两侧,严阵以待。

但日军十分狡猾,远远地看见前面有一个山隘口就停住了。因为他们对救国军的伏击战十分警惕,他们架起机枪,朝前面的山隘口胡乱射击,假装已经看到了救国军的埋伏。

当时有些战士就有点沉不住气了,悄声议论起来:"是不是发现我们了?"

周保中听了听,感觉其中有诈,便说:"敌人是在进行试探射击,沉住气。传我命令,不准开枪!继续埋伏。"战士们很快镇定下来,一动不动,继续注视着敌人。果然,日本士兵胡乱放了一阵枪,看没有动静,便放心大胆地继续前行。

敌人开始进入山谷了,周保中一声不发,继续等待。等200多个鬼子全部进入山谷,周保中挺身鸣枪发号,顿时枪声四起,子弹向敌人倾泻而去。最后,只有十分之一的敌人侥幸逃了出去。

然而,这逃出去的十分之一,反而帮了救国军的大忙。他们向后退去与来援的牡丹江日军相遇,其听到前面有埋伏就停止了前进,向牡丹江日军指挥部请求炮兵增援。

周保中就利用牡丹江日军还没赶到的时间差,火速率领部队挥师南下,与吴义成率领的部队合并攻打宁安。这场强攻打得十分激烈,过了中午仍没能破城。这时候侦察员火速来报说，牡丹江日军 1000 余人已得到炮兵增援，正越过城北的山隘口向宁安城逼近，眼下离城不过数里。

如果坚持下去，显然对救国军不利。于是周保中当机立断向吴义成建议，为了避免被敌人里外夹击，建议全军迅速撤离。

虽然救国军这次攻打宁安并没破城，却以极小的伤亡代价消灭了日军 200 多人，伪军数十名。这在当时产生了很大的影响。周保中的军事才能再一次得到展示，王德林、吴义成对他更加佩服了。

8 月底，周保中再次向王德林、吴义成提出攻打宁安的要求。周保中的理由是，宁安是一个重要的城镇，地处图们—佳木斯铁路线西侧，距铁路只有 4 华里，那里驻有日本重兵，防守很严。如果打击了这个县城的敌人，必然引起牡丹江的敌人出动，救国军就可以在半路上歼灭日军，缴获一批武器弹药。这样，不但在军事上打击了敌人，而且还能唤醒东北民众的抗日热情，增强他们的抗日信心。

王德林不但同意了周保中的意见，而且认为吴义成上次指挥有失误，所以这次干脆命令周保中直接做了攻城总指挥。

那天深夜，周保中率部出发了。他指挥的这支队伍主要由 3 部分组成——救国军 3000 余人、共产党领导下的吉东抗日游击队 400 余人以及部分抗日山林队 "八大队" 1000 余人。周保中带着他们渡过尚未封冻的牡丹江，朝宁安城下奔去。

午夜 11 时，周保中下达了进攻的命令。顿时，震耳欲聋的枪弹声和战士们的喊杀声，将宁安城内的敌人从睡梦中惊醒。一时间，像炸了锅似的，敌军兵营大乱，有的敌人连衣服都顾不上穿就逃到街上。跑出来的一些日军聚集到一起，准备组织抵抗，但因杀声四起，他们完全晕头转向，摸不清情况，只好胡乱放枪，但很快就被冲上来的救国军勇士们 "包了饺子"——围歼了。

战斗延续到黎明。到天蒙蒙亮时，城内的枪声已经渐渐稀疏，救国军缴获了大批的武器弹药和军用物资，周保中组织队伍清剿残敌、收拾战利品。正准备撤退时，刘副官匆匆跑来向他报告，说有几股残敌聚在一起，开始组织反扑。他大吃一惊，深知如果贻误战机，城中敌人消灭不掉，那将拖住整个部队，而牡丹江日本的援军一到，敌人很可能里外夹击，救国军就有全军覆灭的危险。

周保中当即命令救国军带着战利品迅速出城，自己留下来指挥八大队反击日军。这时，一发子弹击中了周保中的左腿，弹头夹在两块腿骨之间，鲜血直流。但在这紧急关头，周保中怎么肯撤？于是他忍着剧痛，紧咬牙关，拖着伤腿，坚持指挥作战，直到将这股敌人击退，他才和战士们一起出城。

第二次攻打宁安，周保中独立指挥，取得了重大的胜利。

养伤期间，周保中认真思考了抗战时局的变化，他决定再攻打一次宁安。因为他坚定地认为应该继续鼓舞民众的抗日斗志，让队伍在战斗中得到锻炼，进一步打掉日军的嚣张气焰。

虽然前两次攻打宁安都取得了胜利，但周保中并不满意，觉得多少还是留有一些遗憾。于是，周保中反复总结了前两次攻打宁安的经验教训。他发现前两次战前他制订的方案正规化程度较强，有些脱离救国军、山林队等部队的素质。这一次，他重新整编了攻城部队，并派人去现场进行了详细侦察，又与城内地下党组织取得了联系，掌握了到城内敌军的火力部署情况。于是他提出，先用火力开辟道路的作战方案。所谓"用火力开辟道路"，就是他决定用骑兵和炮兵。他命令救国军的炮兵和骑兵的火力必须造成奇袭的态势，然后密集火力突破，争取速战速决撤出战斗。

深夜，第三次攻打宁安的枪声打响了。周保中拖着没有痊愈的伤腿，按照既定作战方案指挥攻城。他一声令下开炮，两门炮同时怒吼，几十发炮弹落下去，东南角城墙就被轰出了一个缺口，骑兵就迅速出击，从城墙的缺口冲进了城中，步兵随后跟进城内，不给守城的日伪军留下投入战斗的时间。在地下党的帮助下，经过 3 个小时的激战，将 1000 余名日伪军全部歼灭，缴获大批物资。

周保中指挥救国军三打宁安，这次终于获得了完全的胜利。

四 割肉赏金

多年后，周保中将军曾在《忆东北抗日游击战争》一文中这样写道——

在露营的日子里，部队除武器外，帐幕、小火炉、小锅、碗筷、锹、镐、斧、锯、针线、药品等一切都要携带。生活正像当时流行的一支歌中所说的那样："天大的房子，地大的炕，火是生命，森林是家乡，野菜野兽是食粮。"冬天，地上冰雪三尺，有的部队还穿着单衣。篝火，成了野营生活中绝不可少的东西。一首《露营歌》里，生动而逼真地描绘了这种生活："火烤胸前暖，风吹背后寒"，"烟火冲空起，蚊吮血透衫"。在粮食最困难的时候，山果、野菜、树皮、草根以至靴鞡鞋底，都成了食物。偶尔猎取到一只野兽，那是上等食品了。至于医药，更是奇缺，战士们负了伤，连一条白布绷带也没有，从身上撕下一片衣服，包扎起来继续战斗。医务人员的药包里，除了少量的红汞药水，唯一的内服药就是一点鸦片。更严重的是，日寇还经常以"篦梳式""踩踏式"围攻山林，到处纵火、施放毒药。同时他们还无耻地把女人画片、女人服装挂在树上，甚至到处留下酒食和"亲恩书""招降书"，企图从精神上瓦解我军。然而，这一切都不能动摇我军的坚强意志。战士们说：头可断，血可流，革命的意志不可摧。

这是周保中率领东北抗日联军第二路军时的真实生活。

日伪军的不断"讨伐"，东北每一块抗日根据地的生存都越来越艰难，但每一支抗日部队却愈战愈勇。经过周保中和他战友们的不懈努力，到了1935年，吉东地区由中国共产党直接领导的抗日武装已近千人。

那年2月，东北反日联合军第五军正式成立，周保中任军长。1936年，为统一军队建制，东北抗日联军正式组建，周保中任抗联第五军军长。1937年10月，抗联第四、五、七、八、十军改编为第二路军，周保中任东北抗日联军第二路军总指挥兼政委，同时还兼着中共吉东省委书记。而他所率部队的主要游击区包括乌苏里江左岸、沿松花江和松花江流域 20 余个县。这样，周保中为首的吉东抗日游击根据地与杨靖宇为首的南满抗日游击根据地、以赵尚志为首的北满游击根据地，便成了互为依托的"品"字阵势。

1938 年春天开始，日本关东军总部调集 35000 多日伪军，大规模"围剿"抗联第二路军，企图将周保中的部队包围在牡丹江下游山区聚而歼之。为了粉碎敌人的阴谋，周保中决定以第二路军的第四军和第五军为主力进行西征，这样既可以与汪雅臣军长的抗联十军会合，又能与杨靖宇为首的南满抗联第一路军取得联系。

抗日联军的西征历尽艰辛。敌人的围追堵截无一日停歇，行军途中的困苦与危急一言难尽。

有一次，周保中和警卫人员连夜急行军，实在太困，天亮后便隐蔽在森林中露宿，由乔树贵站岗放哨。突然乔树贵听到背后传来"咔"的一声，他转身定睛一看，发现日军摸上来了，来不及请示，他拔枪便射。顿时敌我枪声一片。周保中当机立断："马上撤退，到西北山集合！"随后迅速带领人马奔向西北山集合点暂时隐蔽起来。

因为是早晨，森林里雾蒙蒙的，从不同方向赶来的日军和伪军转着转着转晕了，居然把对方当作抗联，互相打死了不少自己人。直到傍晚，他们也没发现周保中的部队。但敌人依然没撤回，他们认定周保中没有走远，就藏在附近。

周保中率领教导队、指挥部、秘书处、警卫团等继续隐蔽着。可一天天过去，敌人依然没有撤走的迹象。周保中和大家一样，饿了就用野果、树皮和草根充饥。

有一天，乔树贵等人设法搞到许多萝卜分给大家吃。由于大家太长时间吃的都是野果、树皮之类，肠胃已经无法接受这种带有辣味的食品了，所以每人吃完两三个萝卜后，便出现肚子痛、口吐白沫等症状。周保中也是，他额上滚着豆大的汗珠。

周保中觉得这样躲下去也不是个办法，越往后饿肚子的问题就越难解决，最后只能饿死。于是他决定带几个身体稍强壮的同志换上便衣，出去弄点吃的。出发前，他对大家说："我今天带着你们下一趟山，打敌人一个伏击，但愿我和你们一起创造出奇迹来。"大家一再要求总指挥不要去。他们都说："您要相信我们，我们一定能完成任务！"

但周保中没听他们的劝告，和同志们一起下了山。到了山下，他们在一个适合隐蔽的路旁埋伏了3天，等待着机会。终于，他们等来了一个给日军拉货物的大车队。当车队完全进入埋伏圈后，周保中指挥战士们如猛虎扑向敌人。虽然饿了好几天，可战士们竟然斗志不减，消灭了押车的敌人，截获了几大车物资。

有了给养，吃饱了肚子，周保中的队伍在与敌人的频繁交火中，终于冲出了敌人的包围，顺利转移。

但进入冬季以后，除了饥饿，还有寒冷，更有日伪军的步步紧逼。有一次，周保中率领的第二路军总部和直属队共80余人，在莲花泡夹皮沟一块直径只有20里的弹丸之地被敌人严密包围了。敌人在地面上层层缩小包围圈，空中每天都有飞机低空飞行，到处搜寻。

周保中沉着地指挥这80多人全部转入事先筑好的密营。这种密营相当于一个地道或地下室，在里面锯柴、烧炕、开会、谈话，外面都听不见的。有一次，周保中他们正在密营里休息，听见附近有日军经过，可直到敌人走过了，都没有发现他们。

然而，虽然隐蔽严密，但却躲不过寒冷和饥饿对整个部队的威胁。于是，有战士提出像上次那样下山再打一次伏击，搞点给养。但周保中这次没同意，他给大家详细地分析了敌情，说："这一次地势的特点和上次不同，这里下山很不容易，我们决不能冒这个险，否则可能全军覆没。"

为了稳定大家的情绪，周保中又正确地分析了敌情："和我们相比，敌人虽然粮草充足，但这是暂时的，因为敌人围兵有900人，他们的给养也难以持续。目前，敌人已经有不少冻僵的尸体埋在大雪中，他们肯定熬不过我们，一定会撤兵。我们一定要坚持下去！"

果然不出所料，敌人在深山中转了40多天，一无所获，只好缩着脖子撤回大本营去了。而在敌人撤退之际，周保中则抓住机会率领战士们闪电出击，截击敌人的后路，一举击毙了日军30多人，并缴获了一些余粮和枪械。

就这样，周保中以他卓越的统帅智慧和出色的军事才能，率领着抗联第二路军出生入死，转战吉东，在与敌人周旋中，给日伪军以沉重的打击。日本关东军宪兵司令部编印的绝密文件《满洲共产抗日运动概况》中，甚至将周保中和杨靖宇并称为"中共东北两大支柱"。敌人为了抓住周保中，悬赏10万元买他的人头；后来又将赏格提高到"一两肉换一两黄金"，声称如果谁割下周保中身上一两肉，就赏一两黄金。

五 八女投江

1938年11月4日，抗联第五军第一师参谋、第二路军总指挥部秘书长金世峰，终于回到了抗联第二路军总部，见到总指挥周保中。

几个月不见，周保中激动地握着他的手，焦急地问："关书范师长他们在哪里？"

6月，抗联第五军西征部队在师长关书范带领下踏上了征程。5个多月一直没有音讯，周保中焦急万分。现在突然看到金世峰回来了，他怎能不激动？

但金世峰低着头泣不成声，只是握着周保中的手紧紧不放。待情绪渐渐平静之后，他含泪向周保中讲述了关书范师长带着他们转战突围的经过，重点说了最近在乌斯浑河畔与敌人的激战。

10月中旬一天傍晚，师长关书范率部来到乌斯浑河畔。本来打算渡河，可渡船都被日伪军毁掉，部队只得露营在柞木岗山下乌斯浑河西岸的老道沟草甸子的柳毛丛中。

关书范认为自己终于找到了一个相对比较安全的地方。这柞木岗是牡丹江与其支流乌斯浑河的分水岭，越过这条河向北就是第五军密营。而他们所露营的老道沟草甸子，比较僻静，处于抗联秘密交通线上。估计第二天早晨河水会浅一些，即使没有船，他也可以率部徒步涉河。所以关书范手下的每一个战士都松了一口气。

其实，关书范所率之"部"，经过几个月的征战，或牺牲，或饿死，或被打散，这时只剩下 100 人了，其中还有 8 名是女战士。这 8 名女战士是参加西征的第四、五军妇女团的余部。这个妇女团西征出发时有 30 多人，经过几个月的长途行军和战斗，现在就剩下她们 8 人了。她们是第五军妇女团政治指导员冷云（23 岁），班长杨贵珍（20 岁），班长胡秀芝（20 岁），原第四军被服厂厂长安福顺（23 岁，朝鲜族）及战士郭桂琴（17 岁），黄桂清（20 岁），李凤善（21 岁，朝鲜族），王惠民（13 岁）。在艰苦转战的征途上，她们自成一队，一直坚定地跟随着男同志前进，从不掉队。

天色渐渐暗了下来，时值深秋，寒风刺骨。由于几个月的激战和攀山穿林，大家都已经衣衫破烂。既然都快到家了，又是在比较安全的偏僻山坡上，周围几十里渺无人烟，为什么不生火取取暖呢？关书范思想麻痹了，解除了行军途中一条严格的禁令：宿营时不能生火。

大家在附近捡来干柴，燃起了篝火。有的烤衣服，有的弄热水，有的擦枪械……大家围坐在篝火旁畅谈着。冷云等几个女同志抓紧时间为男同志缝补衣服，能歌善舞的 13 岁小姑娘王惠民为大家表演了几段舞蹈，金世峰还从作战的图囊里取出了纸和铅笔，给 8 名战士各画一幅肖像……

一时间，荒寂的乌斯浑河岸边充满了蓬勃的生机。

谁都没想到，黑暗中，远远的一双眼睛却发现了河谷岸边的火光。发现者是汉奸特务葛海禄。他以前曾是抗联第九军军长李华堂的副官，后随李华堂叛变投敌。他凭着自己曾在抗联生活的经历，便知道这些火光意味着什么。他立刻跑去报告了附近的日军守备队，并带着日伪军 1000 多人向我军奔来，然后潜伏在抗联宿营地周围的高处，伺机进攻。

黎明时分，抗联第五军第一师和妇女团的队伍已经开始行动。金世峰率先走向汹涌的河流测试水的深浅，看是否可以徒涉。而冷云和姐妹们收拾好行装，也向江边走来。

金石峰走进江流很快被江水吞没，他呛了一口水赶紧游上了岸，回头向岸上的冷云等人喊道："这里不能徒涉，向别的地方试试！"

冷云和姐妹们听到他的话转身往回走，打算将情况报告给师长关书范。这时，枪声响起了。

敌人正沿着山边从两侧包围过来，但他们首先发现的是正沿山坡而下的关书范和他的队伍，全体朝山坡冲过去，并没有看见冷云八姐妹。冷云及时命令大家躲进江边的柳毛树丛，隐蔽起来。如果她们一直躲在柳毛树丛里，敌人是发现不了她们的。

但是冷云首先想到的不是自己，而是山坡上陷入重围的师长和男抗联战士们。当她发现敌人正在围追关师长一行时，果断做了一个决定：将敌人引向自己，帮助师长和男同志们突围。她立即将女战士组成了一个战斗小组，从柳毛树丛爬到江岸上。

冷云毅然命令道："同志们，快！向敌人开火！把敌人引过来，让师长带着大队撤退！"她们突然从背后向敌人发起了袭击，江岸上射来的子弹击中了一个又一个的敌人。山坡上的关书范等人趁机一阵猛冲杀出了重围，冲进了西面的密林，可冷云八姐妹却完全暴露了。

1000多个敌人全部都向这8名女战士转过头来，每一个敌人都在哇哇地叫着一步一步向她们逼近。

这时候，一小队抗联战士受命折回，居高临下向敌人发起反冲锋，试图杀开一条血路，将冷云等人接应出来。但日伪军已经占领了各险要处和制高点，他们以凶猛的火力扫射着，抗联反冲锋的队伍伤亡加重。

身处绝地的8名女战士看得清清楚楚，她们知道，再这样打下去，很可能全军覆没。于是八姐妹一起喊道："同志们不要管我们，快冲出去！"

可是，解救他们的抗联战士却没有停下，而是发起了第二次反冲锋。在这千钧一发的时刻，冷云果断下令："渡江！"只有渡江，才能牵制敌人的火力，让营救自己的同志们放弃营救，奋力突围。

女战士们向敌人射出了最后的子弹，投去了最后的手榴弹，然后转身向乌斯浑河走去。这时最小的王惠民倒下了，左胸涌出鲜血。当冷云去抱她时，又一颗子弹射来，击中冷云的左腕。郭桂琴赶紧扶住冷云。冷云用右手捂着伤口，坚定地说："走！"这时候，主动担任掩护任务的胡秀芝也追了上来，臂膀负伤的她和安福顺一起架着年仅13岁的王惠民前行。

敌人意识到女战士们枪里已经没有了子弹，决定活捉这些女抗联，可是——

弹尽粮绝之际，8名女战士从她们隐身的地方站立起来，回头用蔑视的目光看了一眼敌人，然后转身，手拉着手一步一步，坚定地向滚滚的乌斯浑河走去。没有口号，没有歌声，也没有眼泪，有的只是刚毅的眼神和视死如归的决心。

一切都很平静，却让敌人目瞪口呆。

8名女战士没有停步，走进了江水，江流淹没了她们的双腿，她们没有停步。江流吞没了走在最前面的人，她们仍然没有停住，一个接着一个，义无反顾地扑向了滔滔的江水。

日军指挥官歇斯底里地叫喊："打！统统地打！"罪恶的子弹从女战士们的身后射来，从她们的头上和身边呼啸而过。她们忽而倒下，忽而又顽强地站了起来。她们的鲜血染红了乌斯浑河水……

周保中听到这里，极少流泪的他，忍不住落泪了。

当晚，他在日记里记下了冷云等8名女战士的事迹。最后一句是："乌斯浑河畔的牡丹江，将来应有烈女标芳。"

几天后，被冷云等8名女战士用生命掩护突围的师长关书范，带着余下的二十几人安全回到了第二路军总部。

六　师长叛变

周保中没有想到的是，关书范已经对抗日前途感到悲观，内心的信念已经开始动摇。

渐渐地，他原来对抗战胜利所持的所有信心开始崩溃。他开始在部队中散布"抗战胜利遥远""目前客观形势严峻，不能硬拼"等言论，还说什么应该"灵活运用马列主义原则",可以"和敌人暂时妥协,以保存实力",等等。1938年12月上旬,他偷偷带着四个随从下了山,前往敌人据点三道通会见日寇特务工作班的头子小林。

关书范是吉东抗联的著名将领之一,多年来一直名列日寇悬赏捉拿的布告之中,如今主动前来投降,小林自然喜出望外。经过"协商",关书范和小林达成抗联第五军投降的协定,并立即换穿日军军服,还与日军约好了受降的时间、地点和条件。

但这还只是一个意向性协定,最后敲定还得靠更重要的上峰。于是关书范又同小林一起到佳木斯,会见了日寇北部顾问,最终签订了投降协定。"协定"的内容是:接受抗联第五军投降,以第五军为中心收编牡丹江抗联部队为独立旅,划定刁翎及土城子为特别地区,由独立旅驻防。

关书范的诡秘行动,被我军的内线获知,随即报告给了第五军军部。军长柴世荣大惊,连忙向周保中报告。周保中立即召集吉东省委干部会议,他义愤填膺地说:"敌人在战场上得不到的,休想在这些民族败类身上得到!"会议一致决定:肃清部队中的动摇分子,开除关书范的党籍并撤销其党内外一切职务,判处关书范死刑。随处捕捉,就地枪决。

此刻,关书范却自以为是,蛮有把握地回来带兵了。

他以为自己"假投降"的"妙计"会打动周保中,进而同意他把部队带到"特别区域"。而关书范离开日军后,日军也满以为"讨伐"即将大功告成,"共匪全灭"指日可待。

关书范和他的4个随从全部换上了日军的新军服,还刮干净了脸上的胡子。当初下山时他还有一点心虚,而此刻返回部队,他已经自信满满。他认为一定能够说服第五军军长柴世荣,同意将第五军军部和第一师交给自己,一同下山的。

他没想到,在他预定从佳木斯归来的前一天,抗联第五军又召开了一次党员紧急会议,决定建立军事法庭,等待着关书范的到来。

1939年1月16日,关书范等5人身着日军军服、乘坐日军小汽车直抵山下。下车后,他们满不在乎地向山上走去。

当喘着粗气爬上山头，走进指挥部密营时，关书范立刻愣住了，他看到的是正襟危坐的周保中，目光严峻，满脸杀气。没等关书范开口，周保中大声下令："给我绑起来，送交临时审判委员会审判！"

关书范扑通一声跪下，连声喊："总指挥，你，你听我说……"

"你诱骗第五军投敌，你要葬送第二路军，你死有余辜！"周保中怒发冲冠，一步步地逼近关书范，厉声痛斥叛徒。

看到周保中震怒中包含着强烈的痛苦，关书范有一丝后悔了，他不得不一一交代自己下山后与日寇进行的全部交易。他还告诉周保中，日本人已经从他这里了解到了第五军大部分密营的地点，建议第五军和第二路军总部尽快转移。他还痛哭流涕地向周保中表示忏悔，希望党原谅他这一次的过错，他说自己还年轻，愿意做一个普通的抗联战士死在战场。如果总指挥不能答应他的请求，就给他一个痛快，他不会有一句怨言。

但在周保中看来，关书范的叛变是不可饶恕的。他想到为了救他而宁死不屈、毅然投江的冷云八姐妹，更是怒不可遏。周保中当众宣布了关书范叛变投敌的罪行，然后下令执行枪决。

关书范，这个曾经为抗日救国出生入死却没能保持信念与气节的叛徒，就这样结束了他本来应该很光荣最后却很不光彩的生命，当时的他还不到27岁。令人痛心！

当时抗联正处于最严酷的时刻，哪怕一点点动摇都不能纵容，任何人的叛变都不可宽恕，哪怕他曾经为抗日立下过赫赫战功。周保中的果断处置，使抗联第五军和第二路军避免了一次大崩溃。他在危急时刻，挽狂澜于既倒。

在关书范被枪决的那一刻，周保中内心非常痛苦，他甚至流泪了，毕竟曾经是自己的爱将。但抗日大业和民族利益高于一切。当晚，他写了一篇2000多字的日记，记录了关书范的生平，包括他的战功和罪恶。这篇长长的日记是这样结尾的："抗日救国不可侮，政治立场不能变，军事纪律不能苟且，将关书范就地执行枪决，翌日集合第五军刁翎部队全体宣布罪状，并竭力整顿内部意志，为党和中华民族解放事业效忠到底。"

七　凝血日记

1938年3月18日，东北抗日联军第五军第三师第八团第一连的16名战士，为保卫东北抗日联军第二路军总部及第五军第三师密营，与在蓝棒山麓的小孤山日伪军进行了一场遭遇战。

这16名战士面对的，是300多名伪军和100多名日军，这400多人均为异常凶悍的骑兵。面对数十倍于己的凶恶敌人，战士们决心死战到底。经过一天的战斗，他们共击毙日军25名，重伤日军10名，打死伪军70名，打伤伪军15名，打死军马90余匹，有力地阻击了日伪军。

最后，除4名战士突围，连长李海峰、指导员班路遗及战士朱雨亭、魏希林、陈凤山、李芳邻、夏魁武、王仁志、张全富、杨德才、王发、李才几人全部壮烈牺牲。这就是著名的抗联十二烈士。

消息传到抗联第二路军总部，周保中不胜悲痛。他在小孤山阵地组织了一个追悼会，并将小孤山改为"十二烈士山"。

周保中还在日记中写下纪念十二烈士的一首诗——

蓝棒山顶云雾垂，宝石河边雪花飞。
寇贼凶焰犹未尽，十二烈士陷重围。
神枪纵横扫射处，倭奴伪狗血肉堆。
竟日鏖战惊天地，胆壮气豪动神鬼。
不惜捐躯为革命，但愿失土早归回。
他年民族全解放，指点沙场吊忠魂。

周保中，是众多东北抗联将领中唯一留下一本滴血日记的将军。

1939年春，东北抗日联军秘书处遭到日军突然袭击，秘书处的姚新一等抗联中的中高级知识分子全部牺牲，他们随身带着的周保中写于1931年至1936年2月的日记落入敌人之手，至今下落不明。但周保中从1936年3月至 1945 年 10 月在战火纷飞的岁月里写下的约 70 万字的日记被保存了下来。

周保中可谓文武全才，他不仅带兵打仗厉害，具有战略眼光，视野极为开阔，而且文学才华也很突出，文字功底深厚。这些都在他的日记中得以体现。

与一般历史教科书或者个人回忆录不同，这部日记是周保中对东北抗联生活原汁原味的记录。或洋洋几千字，或寥寥几句话，读来都会让我们有一种强烈的现场感。

虽然是私人日记，所记所写都是作者个人的生活、战斗和思考，但我们可以从中看到周保中在那么艰苦的环境下，依然关注着国际风云激荡和国内局势变幻，看到抗联战士英勇顽强、宁死不屈的苦战，看到一些战役或战斗的具体经过，看到周保中一些直抒胸臆的诗文。

请读这样的日记——

一九三七年三月二十日

进攻依兰。自夜半十二时攻入依兰，五、八两军部队首先攻入城西北厢，南方面攻击部队追击南城及围攻南大营，东攻击部队占领倭肯河岸，抑制城东之日贼。战至天明七时，因敌兵力较厚，坚守抵抗，久战不利，我军遂全撤退，转为支援伏击日寇援兵。是役，敌方有死伤百余名，我方安全无恙，夺获敌械一百三十余支，弹药三万粒及战利品甚多。我各部作战消耗弹药近一万八千粒，迫击炮弹二十五发。

一九三七年四月十二日　天晴

午前五时，日贼自徐家码头向我军部密营方向南进，我监视队伏于隐蔽地，拟袭击敌之后续本队。但尖兵携带之军用犬似已觉我之伏兵，我监视队乃猛烈射击敌之侦探群，击毙日贼二名，尔后撤走，敌人复向我军部包围前进，经我布置之散兵线开枪射击。因敌未从我下面攻入，而自右侧背攻入，我方以无支持战之必要，乃全线撤退。敌人进至军部，将房焚去，并向我退却方向追击。

类似语言简洁的日记，却不失生动地记录了当时的战斗。今天读起来，宛如看一部黑白纪录片。

再读这样的日记——

一九三六年十一月十四日　风加紧　气候加寒

邓分队长吉显，年二十三岁，宁安牛厂人。去秋参加抗日联军，服务于第一师第一团第一连第二排。为人勤谨、忠实而勇敢，抗日救国意志甚坚决。后改第一教导队充任班长，并加入中国共产党。旋升分队长。今秋军部东移时，在榆树沟，邓同志之父母兄弟妻子均迎见。弟亦拟入队，母强之归，谓邓同志及诸同伍曰："努力杀贼，救得国家太平，可即归。幼子无知，我率归。"邓同志之妻虽敏慧，然表示愿夫妇归田图暂时之安乐，而邓同志一笑付之，落落不语。吾辈正期其在斗争中锻炼成为中华民族解放运动之英雄，担荷将来艰巨之责任，不幸马革裹尸，为时过早，伤哉！

一位英雄的形象跃然纸上。这样的烈士小传，在周保中日记中有很多。有了周保中的日记，许多本来很可能被人遗忘的英雄，被有名有姓地载入史册。

还有这样的记录——

一九三九年三月十八日　风大

露营于锅盔山北麓谷地，得前祁家西方农民窖藏的山芋及遗弃于田中之黄豆以充饥，并捡拾五军军部旧宿营地遗弃的苞米粒稍许。派人赴锅盔山视察五军军部密留地疗养人员五名，发现不久以前为日贼搜查破坏，受伤害而死者一人，浅葬该地，余或被停。

李钟植，年二十八岁，高丽人，第二军第五师第十五团第九连队员（二师四团九连）。一九三八年十二月拨入第二路军总部警卫队，一九三九年二月十日在大罗勒密山元木营袭击夜战时阵亡，同时有第五军二师五团二连队员崔玉林。

金助一，高丽人，九军政治部科长。于一九三八年二月由第五军第一师第三团政委任职改调九军，亦于此次战役中重伤牺牲于四道河子西北上沟庙岭东。

挽　歌
（牡丹江西岸葫芦葳子半拉窝集）

日寇猖狂、侵我海宇，狼烟遍地起，
工农兵学商齐奋力，抗日旗帜高高举。
为伟大祖国光荣，为民族自由独立。
黄帝子孙好儿女，前仆后继争杀敌。
哪管饥饿疲乏，断指裂肤。
不顾暴风烈日，雷电雪雨。
捐躯轻鸿毛，荡寇志不渝。
倭奴罪恶须清除，索还血债一笔笔。
同志们！安息！
踏着你们洒下的血迹，誓将民族解放进行到底。
前面就是胜利！
前面就是胜利！
那是你们伟大光辉永不褪色的业绩。

一九三九年三月二十日

80多年过去了，今天读这些文字，我依然能够听到白山黑水之间的枪声和抗联战士们冲锋时的呐喊。

可以想象，在饥饿、寒冷和日军"围剿"的重重困境中，写下这样的文字有多艰难。

有时候，时间紧迫，但又有值得记载的战斗，周保中便用凝练的诗句记录下来——

夜 歌
（记古城镇北沟日寇守备阵地袭击）

紧急传令，四方八面步骑兵奔来会合，

狂飙乍起，乌云遮盖了天上星河。

大地漆黑，寇贼入穴，狗兵进窝，有光景消灭敌人真难。

喏，时机不可放过，何况士气高昂难驳回。

出机智，轻巧动作，

手挽手，脚顶脚，

结成条条锁链，千难万难地往前摸，

迫近寇巢狗窝，深沟高垒被突破；

几阵阵雨张网罗，纵然倭贼逞顽强，

一个个小鬼见阎王，好像扑火灯蛾。

这一场猛勇奇袭的经过，

唱起来是一支胜利凯歌。

一九三六年九月三日于林口西军次

如果哪天战况激烈，实在无暇长篇大论，周保中便在日记本上豪迈地写下七个字——

"今天，五军在战斗！"

八 死地后生

周保中所率领的抗联第二路军面临的形势越来越严峻。

1940 年 2 月，抗联第一路军总指挥杨靖宇壮烈牺牲后，日军把目光重点对准了周保中为总指挥、赵尚志为副总指挥的抗联第二路军，他们集中兵力，企图彻底消灭抗联。

除了兵力悬殊，给抗联部队造成巨大威胁的还有严酷的自然环境。不停行军、不懈苦战、酷暑和劳碌在周保中和他战友们的身上留下了印记。在1940年8月2日的日记中，周保中记载了抗联战士的形象和精神——

归还本部人员，悉数坏脚，有浮肿者。暑期行动，远距离跋涉水甸，无适当之休息与替换鞋袜，脚底脚面易起溃烂、浮肿，甚有延伸至胫腿者，痛楚异常，失却行动可能。游击队员虽在夏季不受僵冻，而酷暑流汗，腿足溃烂浮肿，身体又易由潮湿而起病症，在所难免，为时甚长，身体健康遭受损害。再加以经常缺充足之给养，营养恶劣，忍苦耐劳，备尝劳碌艰辛，实无有加于我东北抗日游击战士者。虽如是之苦楚，我部队官兵尚能安之如常，为国家民族争生存，为人生志节而反抗日寇，固应如此。

然而，在周保中的率领下，抗联第二路军的将士们依然继续战斗在吉东大地。仅在周保中日记中记载的战斗就有——

5月1日柳毛河战斗，击毙日寇"屯垦军"（即武装移民团）八名，缴获枪支七支、弹药六百发、粮食二石及部分日军文件和军用品；5月25日和6月1日，袭扰宝清兰花顶子青龙山附近日寇交通运输线，击毙日寇一名，没收牛马二十四、粮食二石，解放劳工一批；7月28日，夜袭富锦区兴隆镇杨甲长"集团部落"，缴获枪二十六支、马二十八匹、牛八头、粮食三石，并毁坏伪甲长办事处；8月19日夜11时，第二支队勃利南方派遣队袭击图佳铁路护山站附近列车，炸毁火车头一个、车厢近二十节和桥梁一座；8月24日夜9时，第二支队依东派遣队袭击图佳铁路堆丰站南方十五公里之敌列车，炸毁敌车十辆、车头一个、桥梁一座，毙日军一人，缴获粮食一石、军需品和文件若干……而在所有这些战斗中，抗联部队仅一人负轻伤、二人失踪。

但毕竟敌我力量过于悬殊，还因作战、饥饿、疾病和装备、给养的不足，我军不断减员。东北天寒地冻，原本战士就缺衣少粮，补给严重不足。在日军强大的攻势下，部队只好往更偏僻、更隐蔽的地方撤。这些地方往往也没有足够的粮食，这就使得形势非常严峻。抗联总人数最多的时候达到3万人，可到了1940年冬，已经锐减到700余人，而"围剿"他们的日本关东军的人数则增加至60万人。

为了保存实力、留下火种，1940年11月7日，周保中率领抗联官兵向北撤退，进入苏联。

抗战胜利后，毛主席曾经问周保中："如果当时不去苏联，抗联会怎么样？"

周保中沉思了一会儿，诚实答道："可能一个人也不剩了。"

可见当时抗联所面临的艰辛与困窘。

苏联之所以答应让东北抗联撤入苏联，并提供各种帮助，有两个原因。

一是源于国际共产主义运动的使命。作为当时唯一的社会主义国家，又是共产国际所在地，苏联有责任履行国际主义义务，理当支援全世界共产党领导的革命斗争。二是苏联出于自身安全的考虑。1939年，德国在苏联边境集结了百万大军。当年5月，日军开始向苏联进行军事试探，在中蒙边境挑起了"诺门坎事件"。在这样复杂的国际形势下，苏联开始认识到东北抗日联军具有牵制远东日军的重大作用。于是，苏军与东北抗日联军的合作更加紧密了。所以，苏联接受抗日联军，有对他们自身国家利益的考量。

因此，从1940年中旬开始到1941年，东北抗联的主力分批全部撤到苏联，分两个营驻扎。这些营地森林密布，人烟稀少，十分隐蔽，很安全。在苏联境内，东北抗联得到了休整，同时在苏联红军的帮助下，进行一系列的军事训练，为日后反攻积蓄力量。

但周保中和抗联队部进入苏联并非一帆风顺。苏方代表曾向周保中提出，抗日联军和中共党组织分开而直接受苏联党组织领导，同时把中国抗联并入苏联军队，成为苏军的一支侦察部队。

周保中拒绝了。他不卑不亢地说："抗日联军是中国共产党领导的抗日武装，没有了中共就没有抗联，这是不可分割的，我们东北抗日联军必须保持自己的独立性。"

他还说："苏联是社会主义国家，对各国的解放斗争负有国际主义的援助义务，而且现在还有共产国际这个组织的存在，中国共产党是共产国际的支部。所以，在抗日联军上不着天（指中共中央）、下不着地（指人民群众）的极端困难情况下，得到苏联党和人民的援助与指导，我们是非常感谢的。但这不等于我们从此就归附于你们苏联党，而失去了我们的独立性。我们中国共产党所领导的抗日联军必须保持独立性。要想取消中共的领导，那是绝对办不到的。"

周保中的精神感染了其他抗日官兵，他们纷纷表示："宁为玉碎，不为瓦全。"

周保中说："对，我们死也要脚朝西！"

结果，苏方不得不尊重周保中的意见。后来，在保证中共抗联党委领导权、指挥权的前提下，进入苏联的抗联被整编为东北抗日联军教导旅，又称"国际八十八旅"。周保中为旅长。

在教导旅的抗联战士们接受苏军现代化训练期间，周保中一刻也没有忘记抗联的使命，他一直惦记着东北的土地。他不失时机地派出游击小部队，深入东北的林海雪原之中，开展游击活动，或搜集情报。

在抗日战争的最后3年中，东北抗日战场上，任何时候都保持了有15支以上的抗联小部队活动在北满、吉东、东满与吉辽边界和中朝边界。在当地地下党组织和群众的协助下，他们不断地袭击着敌人，破坏日军的军事设施，并侦察敌人情报、宣传鼓动群众的抗日热情，使人民实实在在地感到抗日联军并未被"剿灭"，仍然在战斗。这就使东北人民对抗日战争充满着必胜的信心。

赵尚志就是在这时期率领小部队潜回东北开展游击活动时，被混入自己队伍的特务暗地击伤，后又被日军所俘。赵尚志在日军的残酷审讯中，宁死不屈，壮烈牺牲。

然而，英雄的倒下，只能激起战友们更高昂的斗志。所有的抗联战士，都等待着重返东北，抗日复仇的一天。

尾声 战友重逢

1945 年 8 月 9 日，苏联红军对日宣战，百万苏联红军向日本关东军发起攻势。在排山倒海、摧枯拉朽的磅礴气势中，行进着一支中国部队，这支部队叫"东北抗日联军教导旅"，旅长是抗日联军第二路军总指挥周保中。

1945 年 8 月 15 日，日本天皇宣布无条件投降。

中国人民 14 年抗战终获胜利。

8 月底，周保中专程赶到长春，来到伪满的军政地下室，去瞻仰两件日军特殊的"战利品"——泡在防腐液中的两颗头颅。

这是被日军割下的杨靖宇和赵尚志的头颅。

曾经叱咤东北大地令敌人闻风丧胆的 3 位战友，终于重逢了。

"我们胜利了！"周保中在心里对战友说。

枪林弹雨中浴血奋战的周保中，极少流泪，此刻的他却热泪滚滚……

左权：血染家书

引子 "这就是遗留给你的最宝贵的遗产。"

1982 年 5 月 25 日，是左权将军壮烈殉国整整 40 周年的纪念日。

已经 65 岁的左权夫人刘志兰，怀着对丈夫的无尽思念，做出了一个庄严的决定：将左权在战火纷飞的日子里写给自己的 11 封信作为遗产寄给女儿，让女儿珍藏。

几天后，她给女儿左太北写了一封信，信中说：

> 你爸爸给我的 11 封信（另外还有一封在半路上遗失了）充满了和我们分别 21 个月里的想念之情，特别想念你，和担心我的身体和情绪。饱含着深厚的爱和将来团聚的渴望。信更主要的是讲了他的战斗生活。在当时我也是很珍视的，以至保存了几十年，现在看来则更是十分珍贵的历史文献了。
>
> ……
>
> 如果说留遗产，这就是遗留给你的最宝贵的遗产。

现在，左权这 11 封信，连同他分别写给母亲和叔父的信，纸张已经泛黄，字迹已经模糊，但左权在战斗间隙、行军途中写下的这些文字，依然向后来的人们无声地诉说着昨天血与火的历史，展示着一代名将崇高的理想、丰富的情感与宽广的胸襟。

一 "亲爱的，别时容易见时难……"

1942 年 5 月底，在延安保育院工作的刘志兰收到了丈夫左权的来信。

志兰：

就江明同志回延安之便，再带给你几个字。

乔迁同志那批过路的人，在几天前已安全通过敌之封锁线了，很快可以到达延安，想不久你可看到我的信。

希特勒"春季攻势"作战已爆发，这将影响日寇行动及我国国内局势。国内局势将如何变迁，不久或可明朗化了。

我担心着你及北北，你入学后望能好好的恢复身体。有暇时多去看看太北，小孩子极须人照顾的。

此间一切正常，惟生活则较前艰难多了。部队如不生产，则简直不能维持。我也种了四五十棵洋疆（姜），还有廿棵西红柿，长得还不坏。今年没有种花，也很少打球。每日除照常工作外，休息时玩玩扑克与斗牛。志林很爱玩排（牌），晚饭后经常找我去打扑克。他的身体很好，工作也不坏。

想来太北长得更高了，懂得很多事了。她在保育院情形如何，你是否能经常去看她，来信时希多报导（道）太北的一切。在闲游与独坐中，有时总仿佛有你及北北与我在一块玩着、谈着。特别是北北非常调皮，一时在地下，一时爬着（趴在）妈妈怀里，又由妈妈怀里转到爸爸怀里来，闹个不休，真是快乐。可惜三个人分在三起，假如在一块的话，真痛快极了。

重复说，我虽如此爱太北，但如时局有变，你可大胆的按情处理太北的问题，不必顾及我，一切以不再多给你受累、不再多妨碍你的学习及妨碍必要时之行动为原则。

志兰！亲爱的，别时容易见时难。分离廿一个月了，何日相聚，念念、念念。愿在党的整顿三风下各自努力力求进步吧！以进步来安慰自己，以进步来酬报别后衷情。

不多谈了，祝你

好！

叔仁

五月廿二日晚

有便多写信给我。

敌人又自本区开始扫荡，明日准备搬家了。拟托孙仪之同志带之信未交出，一同付你。

落款"叔仁"，即左权。左权，字孳麟（自林、字林），号叔仁。

这是刘志兰和左权分别 21 个月后，收到丈夫的第十二封信。

1940 年 8 月 30 日，百团大战第一阶段刚刚打响。因日军疯狂进攻，位于山西省长治市武乡县蟠龙镇砖壁村的八路军总部需要经常转移，家属随行不但不方便，还很不安全。于是，左权决定把妻子和不满百天的女儿送往延安。

分别之后便是激烈的战斗，但连天的炮火并不能阻断左权对美丽的妻子和可爱女儿的无比思念，他时不时在战斗的间隙给妻子写信。

"烽火连三月，家书抵万金。"在抗战艰苦卓绝的 1942 年，尤其是左权参与指挥的百团大战中，给亲人写信是多么的困难，送信更是艰辛。

"就江明同志回延安之便，再带给你几个字。"左权不放过任何一个可以给妻子联系的机会，本想只顺便"带给你几个字"，最后却写了满满四页。

左权牵挂着妻子，也特别惦记离开时不满百天、现在却已两岁的女儿左太北："我担心着你及北北，你入学后望能好好的恢复身体。有暇时多去看看太北，小孩子极须人照顾的。"

左权向妻子说明了他的近况："此间一切正常，惟（唯）生活则较前艰难多了。"从中我们可以看出当时八路军物质生活的艰难。"部队如不生产，则简直不能维持。"连作为八路军高级将领的左权也不得不拿起了锄头，自力更生，以求丰衣足食。

刘志林是刘志兰的弟弟，当时还是一个十四五岁的少年。左权把妻弟带在身边，和自己一起生活，帮助他学习成长。所以在信中左权给妻子介绍说："志林很爱玩排（牌），晚饭后经常找我去打扑克。他的身体很好，工作也不坏。"

左权在信中想象着还没听见过叫自己爸爸的女儿："想来太北长得更高了，懂得很多事了。她在保育院情形如何，你是否能经常去看她，来信时希多报导太北的一切。"

为了把日寇赶出中国，为了千千万万中国老百姓的家庭，左权不得不牺牲自己本应享受的家庭幸福，与妻女长期分离。

左权甚至做了最坏的打算，为了伟大的民族解放战争，在必要时失去女儿："我虽如此爱太北，但如时局有变，你可大胆的按情处理太北的问题，不必顾及我，一切以不再多给你受累、不再多妨碍你的学习及妨碍必要时之行动为原则。"

在战争年代，许多革命者的儿女失散在炮火硝烟中，有的不得不把孩子送给乡亲们抚养。左权也做好了这个思想准备。

"志兰！亲爱的，别时容易见时难。分离廿一个月了，何日相聚，念念念念。"四个"念"字，情透纸背。

刘志兰与左权的相识与结合，是偶然中的必然。

刘志兰1917年出身于北京一个家境殷实的家庭，父亲是个头脑灵活的商人，在古老的北京买下了几所房屋，衣食无忧。刘志兰一家有7个姐妹一个兄弟，刘家姐妹长得都很漂亮，被邻居称为"七仙女"。而这"七仙女"中，刘志兰最为漂亮，在北师大附中时，她就被叫作"校花"了。

刘志兰从小便十分聪慧，博览群书，成绩非常好，文采极佳，还写得一手好书法。她思想进步，在一二·九运动中十分活跃，是北师大女附中民先队队长。

　　和当时许多进步青年一样，刘志兰也向往并最后投奔了延安。先是在中共北方局妇委工作，并任陕北公学分校教导员。

　　1939 年 2 月，刘志兰随中央巡视团一起来到太行山视察、做宣传。驻扎在太行山的八路军听说从延安来了一个大美女，纷纷跑去迎接这位美女的到来。当时的刘志兰面容俊秀、身材玲珑，戴着一副眼镜，留着一头短发，显得干净利落。不过，看到热情的战士和首长们时，刘志兰显得有些腼腆，于是更显得妩媚。

　　她完全没有想到，正是这次太行山之行，她与左权人生轨迹会渐渐重叠。

　　按说，一个是北京大户人家的女学生，一个是太行山八路军的参谋长，似乎没有相识的"必然"。是的，如果刘志兰不到延安，如果她到了延安不参加那次视察宣传活动，她和左权的生命不可能相融。

　　但因为有了朱德总司令，所有的偶然便成了必然，所有的不可能便成了可能。

　　当时，刘志兰走到朱德面前，行军礼道："报告首长，刘志兰前来报到！"姑娘柔美中的英武之气，给朱德留下了印象。

　　随后，刘志兰在宣传大会上慷慨激昂的发言，更引起了台下朱德的注意，他不由自主地想到了自己的亲密战友左权。

　　左权年过 30，还独身一人，朱德深感焦虑。现在看到刘志兰气质出众，相貌端庄，与左权实在相配——一个是文武兼备的高级将领，一个是才貌双全的知识分子，延安战区少有的才子佳人，如果能够喜结连理，岂不美好？

　　统率千军万马的八路军总司令，做媒人时却有一颗极为细腻的心。他先去找了左权，向他仔仔细细介绍了刘志兰。当时左权却只是笑了笑，并不说话。朱德太了解左权的性格了，他心里有底了：左权不表态，就已经是最好的表态了。

　　接下来，朱老总又亲自找刘志兰去了。

　　面对总司令的"随便聊聊"，刘志兰自然有问必答，坦诚相待。得知刘志兰还没有对象，朱德马上就向她介绍左权的情况，并暗示左权对她也很有好感。

左权的大名早已如雷贯耳，刘志兰对他自然十分仰慕。听了朱总司令的话，刘志兰既吃惊，又有点儿莫名期待，她羞涩地低头回答："一切听朱老总安排。"

朱德看着她满脸绯红，哈哈大笑："打仗，我是总司令，你听我的；找对象，你是总司令，我听你的。不要以为是总司令介绍，就委屈求'权'了。"刘志兰立马被逗笑了，在这样轻松的气氛下，刘志兰点头同意了下来。

偶然就这样成了必然，一切水到渠成。1939年4月16日，高等学历的英武将领左权与貌美如花的知识女性刘志兰在山西潞城县举办婚礼。

当天晚上，当战友散去时，左权深情地望着刘志兰，用俄语说："亲爱的，你是沐浴在革命风暴中最美的花。"

这一年，左权34岁，刘志兰22岁。

第二年，他们的女儿出生了。左权请彭德怀给自己女儿取一个名字，彭德怀说："太行山北面出生的姑娘嘛，就叫太北吧！"

这本来是一个多么美满幸福的小家庭啊！然而，国难当头，左权无法给妻子更多温存的陪伴与浪漫的闲暇，不得不将妻女送到安全的延安。

满打满算，从1939年4月16日结婚，到1940年8月30日分别，左权和妻子一起生活的时间只有一年零四个月。

民族危亡之际，左权别无选择。

他能够做到，就是在戎马倥偬之际，给妻子写信。

刘志兰现在读到的便是分别21个月以来，丈夫给自己写的第十二封信。

当时，延安正在举行整风运动，所以，在信的末尾，左权勉励妻子："愿在党的整顿三风下各自努力力求进步吧！以进步来安慰自己，以进步来酬报别后衷情。"

信写完了，意犹未尽。左权又嘱咐妻子："有便多写信给我。"他是多么渴望能够尽可能多地收到来自妻子的信息啊！最后，左权又匆匆补了一句："敌人又自本区开始扫荡，明日准备搬家了。"敌情骤然紧张，严酷的战斗即将打响。

80多年后，我们读到这封信的最后一句，仿佛还能听到抗日战场上激烈的枪炮声。

是的，左权把这封信交给去延安的同志后，便投入严酷的战斗，组织八路军总部撤退突围，即他信上所说的"搬家"。

可以想象，当刘志兰读到这封信时，对丈夫是多么的牵挂和担心！

当时她万万没想到，这封信还在路上的时候，她的丈夫左权已于5月25日，即写完这封信3天后，便壮烈殉国。

这是她收到的丈夫最后一封信。左权写信时也没想到，这是他留给妻子的绝笔。

二 "你们走后，确感寂寞……"

连续好几天，刘志兰都不相信丈夫已经永远地离开了自己。

她翻出丈夫写给自己的每一封信，泪流满面。

分别后收到丈夫的第一封信，是他于1940年11月12日写的。

志兰：

接何廷英同志上月廿六日电，知道你们已平安地到达延安。带着太北小鬼长途跋涉真是辛苦你了。当你们离开时，首先是担心着你们通过封锁线的困难，更怕意外的遭遇。你们到达洛阳、西安后，当时反共潮流恰趋严重，又担心着由西安到延安途中的反共分子的留难与可能的危险。今竟安然的到达了老家——延安。我对你及太北在征途中的一切悬念当然也就冰释了。现在念着的就是不知道你在征途中及"长征"结束后，身体怎样？太北身体好吗？没有病吗？长大些了没有？更活泼些了没有？有便时请一一告我。

你们走后，确感寂寞，幸不久即开始了北局高干会议，开会人员极多，热闹了十多天，寂寞的生活也就少感觉了。现在一切都好，身体也好，希勿担心。

你们走时正是百团大战第一阶段胜利开展之时，不久结束第一阶段又开始了第二阶段，也获得了预定之战果，连克了数十个据点，尤以辽县以西直至榆社一带据点全部克服，缴获极多。缴获的食品吃了很久的时候，可惜你不在没尝到了。在晋察冀方面收复了涞源、灵丘周围不少据点，战果也是很美满的。其他各线也有不少战绩，恕不详摆，想在延安方面也能知道。但是大战发展到第三阶段就有些老（恼）火了。敌寇为加强诱降阴谋，以其军事行动配合其政治阴谋，向我各根据地开始了大规模的连续"扫荡"，因此"扫荡"与反"扫荡"便构成了百团大战第三阶段的全部。这次扫荡首先是以晋东南及平西为目标。经上月六日开始向晋东南进攻，连续来了三次"扫荡"，每次均以七八天为期。每次"扫荡"均打到砖壁周围，我们也连续的跑了三次，直至今日大体已经结束，我们也离开砖壁。敌人这几次的连续"扫荡"，虽一般的在意料之中，但还没有估计得这样严重，一次与另一次的期间这样短促。在反"扫荡"中虽是分别给了敌人一些打击，尤其是关家垴（石门附近）歼灭敌人一个大队的打击，但我根据地遭受敌寇之摧残是空前的。敌人的政策是企图变我根据地为一片焦土，见人便杀，见屋便烧，见粮食便毁，见牲畜便打，虽僻野山沟都遭受了损失，整个太北除冀西一角较好外，统均烧毁，其状极惨。但砖壁尚依然如故，其他如上河、东田、韩壁等烧得片瓦无存，烟口石门均遭烧毁过。在几次的反"扫荡"中，敌人打到砖壁附近时我们才离开，因直属机关之笨重，行动实在麻烦，虽没有吃亏，但有些单位有些个人吃苦确不少。尤以最后一次移动时下大雨翻大山，彻夜摸黑，天气骤冷，不少的人变成了泥鬼，真是有点老（恼）火。小宋小吴，汪明唐苏，抱着小孩跑反，颇称狼狈与可怜，假使你还没走的话，不免又要多辛苦一场呢！

此间反"扫荡"刚结束，敌寇对晋察冀之大"扫荡"又开始了，估计敌寇对该区的"扫荡"将更残苦（酷）。总之在国内投降妥协危机更加严重发展，日寇对华北我军的进攻必更加严重，以遂其反共阴谋，今后华北之严重局势也就大大的加重了。过去虽然艰苦，但一般的还不太严重，生活一般的还是安静的，今后恐怕就不然了，跑反逃难的事将愈来愈多，这将是无疑的了。生活愈来愈困难，没饭吃，没钱用，也是不可免的。当然，这也只是战争发展一定时期内之必然过程，渡（度）过了这个时期就会好的。不管这种形势在一定时期内如何严重地发展，对我个人说来是没有什么的，你总可放心。

志兰：你到达延安后，应即把太北送到托儿所去，你能很快进学校，这是我的愿望，想你也同感。太北到托儿所后一定没有亲自养育的好，但想来也不会坏的，你应放手些。你是爱求进步也能进步的人，应趁此难得的机会进学校学习一期。

志林对现有工作不甚愿意，曾向我要求调换工作或到延安学习，我已安慰了他，也就没有什么了。他的一切我当关心，我不时叫他到我这边玩，他与一般同志也搞得很好，身体也不坏，你可放心。

志兰：有不少的同志很惊奇我俩真能够分别，你真的去延安了。本来分别是感痛苦的，但为了工作，为了进步，为了于党有益，分别也就没有什么了。回想我俩相处一年多以来，是很好的，感情是深厚的，分别后不免同相怀念着。聪敏活泼的太北小家伙很远的离开，长久的不能看到她，当然更增加我的悬念。我只希望你一方面照顾着太北，同时又能很好安心学习，有便时多写几封信给我。志兰亲爱的，最近的期间内恐难见面的，相互努力工作与学习吧！不写了。

志兰亲爱的，祝你安心学习。希望太北健康！

叔仁
十一月十二晚

看落款时间，这是左权 1940 年 8 月和妻子分别近 3 个月后写的。以今天习惯于每天发微信的我们看来，夫妻分别近 3 个月居然未通音讯，实在不可思议。

但我们从信中看出，"才下眉头，却上心头"。妻子带着女儿刚走，左权就"首先是担心着你们通过封锁线的困难，更怕意外的遭遇。你们到达洛阳、西安后，当时反共潮流恰趋严重，又担心着由西安到延安途中的反共分子的留难与可能的危险"。虽然后来得知妻女安全到达延安，但左权又思念妻子"身体怎样、太北身体好吗、没有病吗"，这才 3 个月不到，他便急着问妻子，太北"长大些了没有？更活泼些了没有"……

左权和妻子结婚才一年多，又刚有了孩子，可以说还处于感情蜜月期。如左权信中所写，"回想我俩相处一年多以来，是很好的，感情是深厚的，分别后不免同相怀念着"，所以左权说"有不少同志很惊奇我俩真能够分别"。因此可以理解左权所说的"本来分别是感痛苦的"，这痛苦却是为了战争的胜利所必须承受的。"但为了工作，为了进步，为了于党有益，分别也就没有什么了。"这就是左权，这就是当年为了挽救民族而牺牲一切的中国共产党人。

刘志兰当然会理解丈夫的，因为她和女儿正是在百团大战刚开始不久时离开的。从左权信中可知，当时面对敌人的进攻，机关后勤人员转移过程中遇到的危险、艰辛与狼狈，所以左权在信中对妻子说："假使你还没走的话，不免又要多辛苦一场呢！"

左权写这封信的时候，作为八路军副参谋长，他正协助彭德怀指挥百团大战——这是抗日战争时期，八路军在华北敌后发动的一次大规模进攻和反"扫荡"的战役。这不是一次性的大规模进攻，而是由大的和小的、同时发起的无数战斗构成。由于参战兵力达 105 个团，左权提议将这次战役命名为"百团大战"。

百团大战是日本逼出来的。1940 年 7 月 22 日，日本近卫内阁登场之后，出台《适应世界形势演变的时局处理纲要》，决定了日、德、意三国协作方针，并决定迅速结束中国战事，挥兵南进。为此，他们对国民党政府除政治诱降之外，又配合军事逼降，以华南方面军向法属安南北部地区进军，欲切断国际援蒋补给线，增派近卫、第四两师团进驻武汉地区，扬言由宜昌攻重庆；华北方面军将由洛阳攻西安、兰州。

其实，在那半年前的 1939 年冬，日军便开始推行"以铁路为柱，公路为链，碉堡为锁"的"囚笼政策"，而以正太铁路作为施行这一政策的重要支柱之一。为此，日军在铁路沿线大小城镇、车站和桥梁、隧道附近，均筑有坚固据点，各以数十至数百人的兵力守备，并派装甲火车巡逻。日军称正太铁路沿线是"不可接近"的地区，用它隔绝八路军总部、第一二九师活动的太行抗日根据地与晋察冀边区的联系，并以它为依托进攻抗日根据地。

面对岌岌可危的形势，左权提出了现阶段华北抗战的基本任务："保卫抗日根据地，粉碎敌人的军事"扫荡"，粉碎敌人'以华制华'的政治阴谋、'以战养战'的经济侵略，以坚持华北之持久抗战。"八路军总部决定变被动为主动，把酝酿成熟的破袭正太路设想付诸实施，出击敌后交通线，给敌华北方面军以有力打击，粉碎日本的企图，以利全国局势好转。

当时作为八路军参谋长的叶剑英主要时间是在重庆协助周恩来做统战工作，因此这次破袭战役是作为副参谋长的左权与副总司令彭德怀一起谋划的，他们确定进攻的目标包括：正太路、同蒲路（大同到临汾段）、平汉路（平定到安阳段）、白晋路、沧石路、德石路、津浦路（天津到德州段）、平绥路、北宁路（平津段）、平承路、胶济路、平辽路、代蔚路。破击的主要目标为正太路。战线长约 2800 千米，在地域上包括河北和山西的大部及热河、察哈尔、绥远、山东各一部。所有交通线上驻有日军共 9 个独立混成旅团、5 个师团，约 15 万人以上。

百团大战的第一枪是 8 月 20 日夜晚打响的。当夜八路军冒雨通过山谷河流，避开日军外围据点，直接运动到正太路两侧，向正太路全线突然发起攻击。八路军以十倍于敌的优势，很快取得了战场上的主动权。当八路军各部队如潮水一般扑向正太路时，敌人尚在睡梦中。

各交通线上的部队在攻占敌军车站、据点，切断通信线路，趁敌人不能互相救援的时候，除一部分部队担任警戒外，其余部队、地方武装、游击队、自卫队、民工、铁路员工和当地民众，一齐扑向铁路、公路沿线，炸桥梁、毁隧道、拆铁轨、烧枕木、平路基、砍电杆、收电线，在华北大地上摆开了 2500 余千米的长蛇阵。

左权协助彭德怀在总部运筹帷幄，指挥全局。所有从前线回到总部的指战员，都兴奋地向左权描述全民皆兵、协同作战的壮丽图景——

战士们将装有硫黄的手榴弹，投进碉堡里、岗楼里，把碉堡和岗楼炸得像一支支燃烧的蜡烛一样；

老百姓和战士们把枕木堆成"井"字形，将钢轨搁在上面，烧起火来，枕木烧完了，钢轨也烧弯了；

在正太路上的芦家庄以西185公里处和61公里处的两座铁桥，前者被烟火抬上半空，一头扎进水里；后者在桥身的各焊接部位装上炸药，一身钢筋铁骨也散架了。

铁路变成了一条火龙，华北变成了一片火海……

威武雄壮，气势磅礴。中华民族第一次以这么浩大的声势向入侵者发起进攻。

百团大战从1940年8月20日起，经历了两个主动进攻阶段和一个反"扫荡"阶段，历时5个月，于1941年1月24日以八路军的胜利宣告结束。此役，给侵华日军以沉重打击，增强了抗战必胜的信心。

在左权这封写给刘志兰的信中，我们也可以闻到百团大战的硝烟味："你们走时正是百团大战第一阶段胜利开展之时，不久结束第一阶段又开始了第二阶段，也获得了预定之战果，连克了数十个据点，尤以辽县以西直至榆社一带据点全部克服，缴获极多。缴获的食品吃了很久的时候，可惜你不在没尝到了。在晋察冀方面收复了涞源、灵丘周围不少据点，战果也是很美满的。其他各线也有不少战绩，恕不详摆……"

他也写到了战争的严酷，尤其是第三阶段的反"扫荡"："大战发展到第三阶段就有些老（恼）火了。敌寇为加强诱降阴谋，以其军事行动配合其政治阴谋，向我各根据地开始了大规模的连续'扫荡'，因此'扫荡'与反'扫荡'便构成了百团大战第三阶段的全部。"

在左权对妻子的描述中，我们可以感到日寇的野蛮与残酷："敌人的政策是企图变我根据地为一片焦土，见人便杀，见屋便烧，见粮食便毁，见牲畜便打，虽僻野山沟都遭受了损失，整个太北除冀西一角较好外，统均烧毁，其状极惨。"

但左权对未来充满信心："当然，这也只是战争发展一定时期内之必然过程，渡（度）过了这个时期就会好的。不管这种形势在一定时期内如何严重的发展，对我个人说来是没有什么的，你总可放心。"

百团大战的成功，证明了左权的信心绝非盲目乐观。

百团大战从 1940 年 8 月至 1941 年 1 月的 3 个半月中，八路军共进行大小战斗 1800 余次，歼灭日伪军 4.6 万余人，攻克据点 2900 余个，破坏铁路 470 余千米、公路 1500 余千米，破坏桥梁、车站、隧道 260 多处，缴获枪 5800 余支、火炮 53 门。此役，给日伪军以沉重打击，提高了中国共产党和八路军的威望，鼓舞了中国军民抗战的斗志，增强了必胜的信心。

有人评价说，百团大战是左权短暂一生中的大手笔。的确如此，仅左权遗留的文字而言，他在百团大战时期留下的文稿最多。除了《关于破击正太路战役的预备命令》《关于进行正太路战役中之侦察重点》《战役行动命令》《破坏战术之一般指示》《关于"扩大宣传百团大战成果"的命令》，还在战争间歇为媒体写了《论百团大战的伟大胜利》《百团大战第三阶段的新胜利》。

左权这么多关于百团大战的文章当然不是纸上谈兵，而是他基于实战的思考与谋略。在此基础上，左权协助彭德怀全力投入作战指挥，将战役的整个部署安排得井井有条，可谓"运筹于帷幄之中，决胜于千里之外"。连北平日军的报纸也说，"此次华军出动之情形，实有精密之组织"。

左权不仅谋划整个战役的组织、参谋工作，而且还亲临第一线指挥作战。在百团大战的第三阶段，他协助彭德怀出色地指挥了一些具体的战役，如关家垴战役。在最紧急关头，他命令说："指挥所的同志全部向前推进，犹豫等于死亡！"左权的魄力和勇气极大地鼓舞了指挥部的士气，结果歼灭日军第三十六师团冈崎大队 400 余人。

作为这一伟大战役的主要指挥者之一，左权的名字从此与百团大战连在了一起，并载入中国人民抗日战争的不朽史册。

这封给妻子的信，写于百团大战最艰苦卓绝的第三阶段。左权，是一名爱国的将军，也是一位忠诚的丈夫。他有山一般的意志，也有水一样的柔情。

字里句外刀枪闪烁，尺牍之间玫瑰芬芳。

三 "紧紧握着你的手……"

1941年12月，刘志兰又收到了丈夫当月18日写的信。

志兰：

很久没接到你的信，时刻担心着你的一切，近况如何？今年——一九四一年又快过去了，真是快。与你分离已一年半了，太北已一岁半多了。想来北北一定能走路也走得很好，左右摇摆的步法是过去了，定能讲得很多话，懂得很多事了，定能更多的给人喜欢与爱抚。在你妥善养育之下，她是很幸福的，如无疾病的话，我是很放心的。

接张慕尧同志电知道托他带你的东西都交你了。可惜他在途中耽搁太久，未能及时把东西交你解决你及时的需要。张走后又托去延的学生寄你一信，收到没有？

在本区今年总算是"太平"的一年，在一地住上一年多不搬家，这在我十余年来的从戎生活中算是第一次。不久前敌人向本区的"扫荡"仅廿二天就结束了，且尽（仅）是本区的一角，水腰的保卫战打了八天八夜，距我住地尽（仅）一二十里远，我们始终未动。不少人替我们担心，但也安然地过去了。在那八天八夜的战斗中，虽把我今年来费了一部精力与时间搞起来的防御工作打毁了一些，水腰被他打进去了，工厂又被他烧了，但确给了敌人以极大牺牲，总算是不是白费精力。

日美战争爆发了，世界侵略与反侵略阵线更为明朗无疑的。敌寇必葬身于这一大战之中。在华北在未把敌人打出去以前，我们并不作过多的乐观的估计，严重的局势、严重的困难仍然存在着的。

罗斯托夫大捷，莫斯科附近最近之胜利，实使人兴奋，终结希特勒的寿命也就更为接近了。

今年确是最丰富的一年。

延安的一切想来都是很好，可惜很久没看到延安的出版物了。精兵简政政策此间也要作某些部分的实施。

每一想到太北给你的牵累，使你学习与工作都受阻挠，使你身体瘦弱，实在难过。的确在分别时把一切问题看得太容易了。你何时可以离开太北呢？

我完全赞成你在延学习一时期，增多马列主义理论的修养，以便将来的工作。中国社会是个极复杂的，处理任何一个革命问题，没有马列主义理论知识是易犯错误的。在我俩分别的过程中，我并非不感寂寞、孤单，有时更极想有人安慰，但我决不以满足我之私欲来处理你的问题，我想这是夫妻间应有的态度。

我的一切仍然如故，身体也好，生活也较简单，每天除有来往的同志谈谈工作外，总是在固有的工作内转来转去，也很少出门，很少赶热闹，一切你都可放心。

对于你的身体，我时刻担心着，近来如何？太北断乳没有？急躁的性情应改掉一些，急躁没有好处。在严冬的时候更希注意身体，记得小家伙是很怕冷的，现在怎样，有衣服穿吗？不要冻坏了手脚。

延安一切都很好，你的生活应活泼一些，不要怕见人，养成孤僻是不好的。此间最近时期已不及夏秋时候的热闹，景象也很凄凉，但还不甚冷，下雪很少，每天还可晒太阳。

你何时可以入学，可能进什么学校，能预定吗？望告我。延安学校都更正规化了，对学习当更好得多。

有便时希多写信给我，告诉你的一切，告诉北北的一切，这是我最所乐闻的。

不多谈了，紧紧握着你的手。

兰，亲爱的，祝你快乐的生活与健康。

叔仁
十二月十八日晚

这封信，左权一如既往地表达了对妻子和女儿的惦念与关心："与你分离已一年半了，太北已一岁半多了。想来北北一定能走路也走得很好，左右摇摆的步法是过去了，定能讲得很多话，懂得很多事了，定能更多的给人喜欢与爱抚。在你妥善养育之下，她是很幸福的，如无疾病的话，我是很放心的。"

这些话，是左权每封信都忍不住要向妻子倾诉的。

左权还给妻子介绍了最近的一次胜仗："水腰的保卫战打了八天八夜，距我住地尽（仅）一二十里远，我们始终未动。不少人们替我们担心，但也安然的过去了。在那八天八夜的战斗中，虽把我今年来费了一部精力与时间搞起来的防御工作打毁了一些，水腰被他打进去了，工厂又被他烧了，但确给了敌人以极大牺牲，总算是不是白费精力。"

左权谈到了这次保卫战所付出的代价，也说"确给了敌人以极大牺牲"。

左权这里给妻子提到的"水腰的保卫战"，史称"黄崖洞保卫战"，这是左权亲自指挥的一次战斗。

1941年11月9日，日本侵略军4000余人进犯山西黎城以北黄崖洞、水腰地区，企图摧毁八路军兵工厂。八路军总部特务团凭借山险和工厂防御工事，连续打退敌人数十次冲击，浴血奋战八昼夜，在一二九师部队配合下，取得胜利。

这次战役，敌人进攻部队换班3次，陆续增援达5000余人。而特务团以不足1000人的兵力，与日军激战8昼夜，毙敌近1000人，其中大队以上军官5名，而我方伤亡166名。注意，抗日战争时期，由于中日两国军队在装备上的差距，所以在绝大部分的战役之中，中国军队都是众不敌寡，双方6:1的伤亡比例已经是人所共识，即打死一个日本兵，中国得付出6名士兵的生命。而在黄崖洞保卫战中，拥有绝对优势的日军，不仅没有达到摧毁黄崖洞兵工厂的战役目标，反而诞生了一项中日战场上的伤亡对比的新纪录——1:6的战绩，也开创了中日战场上前所未有之纪录。

为此，八路军总部通电表扬特务团，并授予"黄崖洞保卫战英雄团"光荣称号，彭德怀代表总部亲自授予特务团"保卫水窖立战功"的锦旗。

所以，左权在信中提到自己指挥的这次保卫战，显然是想同妻子分享胜利的喜悦。

和以往的信略有不同的是，左权写了国际局势的重大变化，以及这变化对中国抗战的影响："日美战争爆发了，世界侵略与反侵略阵线更为明朗无疑的。敌寇必葬身于这一大战之中。"

这里指的是 11 天前发生的珍珠港事件。1941 年 12 月 7 日晨，日本未经宣战，突然袭击美国在太平洋地区的主要海空军基地珍珠港。次日，美国对日宣战。太平洋战争由此爆发。

从此，中国的抗日战争成了世界反法西斯战争的重要组成部分，中国人民赢得了更广泛的支持。但左权也告诉妻子，在短时间内，中国战场的形势却更加严峻："在华北在未把敌人打出去以前，我们并不作过多的乐观的估计，严重的局势、严重的困难仍然存在着的。"

形势虽然严峻，左权却依然保持着战斗的勇气与胜利的信心。作为八路军的著名战将，左权面对眼下"严重的局势、严重的困难"有资格拥有这份勇气与信心。

左权从红军时期起，便身经百战，且战功赫赫——

强渡大渡河：1934 年 10 月开始，作为红一军团参谋长的左权一直跟随中央红军主力长征，并随先头部队指挥作战。现在我们都知道红军"强渡大渡河"的传奇，其实在强渡大渡河的作战中，离不开左权的"巧攻"和"佯渡"。他先是率部队在崎岖的小路中轻装疾行，出其不意地直取小相岭隘口，攻下越巂（后更名为越西）县城。然后又带着部队以一天急行 140 华里的速度越过晒经关，并攻占了大树堡渡口。这一切都是以佯渡之态势迷惑敌人，转移了敌军对安顺场方向的注意，成功地掩护了红一师从安顺场渡过大渡河。最后为中央红军主力全部通过泸定桥，进而甩掉国民党"追剿"军的穷追不舍立下了汗马功劳。

山城堡战役：这不是左权独立的"作品"，但左权参与指挥了这长征的最后一战。1936 年 10 月，红军三个方面军胜利会师，但依然面临国民党军的"围剿"。蒋介石趁红军艰苦长征后新到陕甘而立足未稳之际，急调 260

个团的兵力，企图一举将红军消灭。11 月中旬，在甘陕宁三省交界处的山城堡，左权、聂荣臻指挥红一军团与红十五军团一部完成了对胡宗南第七十八师的包围。21 日发起总攻，经过一昼夜激战，歼敌两个团。山城堡战役是中国工农红军在逆境中以少胜多、以弱胜强的经典战例。

长乐之战：1938 年春，日军分九路进犯我晋东南地区。八路军总部决定灵活机动地消灭敌人。左权提议先打最狡猾的苫米地旅团，他利用武乡县长乐滩的地形优势，将有限兵力分作三部分，利用地形布成包围。敌人来势汹汹，却不知已经进入八路军的"口袋"，待全部日军被"包裹"之后，左权一声令下，如长蛇般蠕动的日军队伍顿时被斩成数段，虽拼死挣扎，但终被八路军用火力和肉搏歼灭。旅团长苫米地四楼亲率精锐前来救援，却被左权安排的部队截击。长乐之战歼敌 2000 多人，缴获日军大批辎重。

太行反击战：1939 年年底到 1940 年初，在蒋介石发动第一次反共高潮的背景下，国民党第九十七军朱怀冰部与冀察战区鹿钟麟、石友三部纠集在一起，向八路军太行抗日根据地猛扑过来。1940 年 3 月上旬，身兼八路军第二纵队司令的左权，指挥部队在平汉路东西两侧发起自卫反击战，经四天四夜激战，击溃了石友三的进攻，全歼朱怀冰等部 10 个团，保卫住了太行抗日根据地。

......

左权并非只会打仗，用毛泽东的话来说："左权吃的洋面包都消化了，这个人硬是个'两杆子'都硬的将才啊！"这里的"两杆子"，指的是"枪杆子"和"笔杆子"。毛泽东在这里是夸左权"文武双全"。

的确，左权跃马打胜仗，伏案撰雄文。除了战功赫赫，1939 年至 1941 年，左权撰写了《论坚持华北抗战》《埋伏战术》《袭击战术》《战术问题》《论军事思想的原理》等 40 多篇文章。另外，1942 年左权与刘伯承合译的《苏联工农红军的步兵战斗条令》被八路军总司令部列为步兵战术教育的基本教材。

毛泽东说"左权吃的洋面包"指的是他曾留学苏联。

左权是中国共产党少有的喝过洋墨水的科班出身的军事家。1924 年 3

月，他考入孙中山大元帅府军政部在广州主办的陆军讲武学校，同年 11 月转入黄埔陆军军官学校，编为第一期第六队。1925 年 1 月，经陈赓介绍加入中国共产党。同年，被党组织派往苏联留学，先入莫斯科中山大学学习。1927 年 9 月入伏龙芝军事学院深造，与刘伯承同学，是八路军中学历最高的将领之一。

所以，左权对苏联有着某种特殊的感情。在这封信给妻子的信中，他还把眼光投向苏德战场："罗斯托夫大捷，莫斯科附近最近之胜利，实使人兴奋，终结希特勒的寿命也就更为接近了。"这里指的是苏德双方在罗斯托夫以北地区进行攻防战役。该战役从 1941 年 11 月 5 日开始至 12 月 2 日结束，苏军取得胜利。此役，苏军稳定了苏德战场南翼的局势。所以左权说"终结希特勒的寿命也就更为接近了"。

莫斯科曾经是左权深造的地方，他充满感激；但同样是在莫斯科，他受到过精神重创，这创伤一直到他牺牲都没愈合。

在这封给妻子的信中，他轻松地写道："我的一切仍然如故，身体也好，生活也较简单，每天除有来往的同志谈谈工作外，总是在固有的工作内转来转去，也很少出门，很少赶热闹，一切你都可放心。"

左权这样写，就是想减少妻子对自己的牵挂与担心。

但他写的不完全是事实，因为那一段时间，他的心依然为当年在莫斯科受到的打击而疼痛。只是这种压抑郁闷的心情，他丝毫没有表露在给妻子的信中。

写完这封信之后不久的 1941 年 12 月 29 日，左权在太行山前线给中共中央写了一封信：

　　我在 1932 年时曾受过党的留党察看的处罚一次，是因为当时在肃反当中被反革命托派的陷害及调阅工作时遗落托陈取消派文件一件，那文件是希林铎在外面带来后，（他从施简箱中拿出）为不使反革命文件传播故而收藏。但不久我就和项英同志去江西了，该文件究不知落到哪里去了。直到现在虽不断回忆，总没有证明出来。这是个错误，也是个疏忽，愿受应有的处分。唯被托派陷害一事，痛感为我党的生活中最大的耻辱，实不甘心。但当时中央书记处他们未发觉，虽是曾一再向党声明，亦无法为党相信，故不能不忍受党对我的处罚决定，在工作中斗争中去表白自己。迄今已将10年了，不白之冤仍未洗去，我实无时不处于极端的痛苦过程之中。回溯我1925年2月在广州入党，那年冬即赴莫斯科。1930年6月回国，同年9月入苏区，直到现在已将近17年了，在这过程中，我未离党一步，一贯受党的教育与培养，在党内生活，做党内工作。

......

其中没有犯过有损于党的过失，也没有在任何斗争情况下动摇过，也没有在艰难困苦面前低过头。我没有苟安，也没有消极，我一切为党工作，为党的路线斗争。虽由于我之能力低微，无所建树，在工作中还有不少的弱点，但自问对党是真实的，对工作是负责的积极的……我没有灰心与气馁……总以真金不怕火炼，党有工作给我做，在斗争中工作中去表白这不白之冤，自有水落日出之一日来安慰自己。现在我觉得不应再忍受下去了，故向党提出要求，请将我的问题作结论，洗涤这一不白之冤，取消对我留党察看的处分。我再以坦白的布尔什维克的真诚坦白向党声明：我没有参加过小组织活动，我与反革命托派无论在政治上、组织上均无任何相同之点与任何组织关系。我并且可以以我的全部政治生活向党担保，我是一个好的中国共产党党员，希中央讨论答复。

要说清楚这封信中所说内容的背景得费些笔墨。这里只能简要交代一下。

当左权在莫斯科中山大学留学时，王明手握大权，一面重用心腹亲信，一面又疯狂打压"异己"，这引起了中国赴苏留学生的不满，左权就是其中比较突出的一位，王明自然怀恨在心。他寻找着打击左权的机会。

到1927年暑假的一天，左权与好友朱茂臻、陈启科等人在孙冶方的宿舍聚餐，突然来了一位不速之客，就是王明的党羽、中山大学学生公社主席王长熙。因为在场的大多是江浙人，王长熙就回去向王明告密说，他们"江浙同乡会"正在密谋开会，而左权就是该组织的"骨干"。本来这是明显的诬告，因为左权是湖南人而并非江浙人，但王明听后，便以"江浙同乡会"密谋造反为借口，大肆造谣攻击左权，并提请中央展开调查。

调查的结果证明，"江浙同乡会"只是普通的同乡聚会，并没有那些"造反"的事，左权等人也躲过了一劫。

然而王明没有善罢甘休，到了1929年底，他又重提旧事，声称左权与"托派分子"来往密切，妄图借刀杀人。在当时的背景下，左权虽然极力争辩，但终究还是没能斗得过王明，结果被扣上了"托派分子"的大帽子，受到了处分。

左权遭受的打击并没结束。1932年5月，时任红十五军军长兼政委的左权，刚准备在福建龙岩一带发起水口战役，突然收到了来自中革军委的急电：撤销左权当前一切职务，速回中央苏区接受相关调查。

原来，左权之所以会在苏区的"肃反"中被撤职调查，除了与王明昔日的宿怨之外，还有人举报他曾收藏过有关"托派"的文件。

早在左权担任红十二军军长期间，红十二军政委施简曾收到过一份托派组织从上海寄来的文件，当时他看过文件后，便放在了口袋里。此事被一团政委刘梦槐发现后，刘梦槐觉得这事重大，于是就将文件交给了左权。左权拿到那份文件后，因为战事紧急，简单看了一遍，就匆匆放在了口袋里，没来得及向中央报告。

就是因为这件事，左权被人举报了。中央经过调查后，认为左权确实是无心之失，没有"托派"的嫌疑，再加上他在革命斗争中功勋卓著，就从轻处罚，给了他留党察看8个月的处分。

这个处分一直压在左权的心上。直到9年后的1941年11月，左权还把这段陈年往事告诉了彭老总，并感慨地说："王明在中央一天，我就永远翻不了身。"

这也就是左权给妻子刘志兰写信10天后，又向中央写信申诉的背景。

可见他那段时间的精神世界，并非如给妻子所写："一切仍然如故""一切你都可放心。"

彭老总当时义愤填膺，专门向中央致电——

> 几年来，对于左权同志的处分，虽在事实上早已撤销了，但在党的党规上从未作出明确结论，致左权对此事时存苦闷不释。根据我对左权同志的了解，不论在中央苏区及长征时期，他对党的路线是忠实的，对于工作是积极的，负责任的。多年来在政治上已有较高的进步，过去的问题应该清理一下，建议中央撤销对他的处分，使其安心。

中央接到电文后，随即展开复查，并由中组部部长陈云负责此事。陈云随后向曾任中央保卫局局长的邓发了解情况，邓发回信称："左权同志绝非托派分子，所谓的收藏托派文件，仅仅只是一个误会，充其量不过是左权同志犯错误而已。"

但非常令人遗憾的是，左权直到牺牲，都没能看到自己平反的消息。

中华人民共和国成立后，左权的夫人刘志兰对这件事仍然非常牵挂，多方奔走，希望中央能出一份正式的书面说明，为左权平反。

可是因种种原因，这件事一直没有得到落实。

直到 1982 年，中央作出决定，对左权当年的冤案给予平反，并撤销"留党察看"的处分。

左权的冤案终于得到了全面彻底的平反，而此时，距左权牺牲已经整整四十周年。

四　"我牺牲了我的一切幸福，为我的事业来奋斗……"

1937 年 8 月 25 日，中共中央发布命令，宣布中国工农红军改编为国民革命军第八路军。9 月，左权随总部开赴华北抗日前线。

途中，他收到叔父左铭三早在 6 月 1 日给自己写的信，才知道大哥育林已经在 4 年前患病去世。想到叔父对自己的恩情，想到大哥对自己的护爱，再想到现在国难当头自己实在无法脱身回家，感恩与愧疚交织于心。

于是，9 月 18 日晚上，左权在山西省稷山县给叔父左铭三写了一封信。

叔父：

你六月一日的手谕及匡家美君与燕如信均于近日收到，因我近几月来在外东跑西跑，值近日始归。从你的信中已敬悉一切，短短十余年变化确大，不幸林哥作古，家失柱石，使我悲痛万分。我以己任不能不在外奔走，家中所恃者全系林哥，而今林哥又与世长辞，实使我不安，使我心痛。

叔父！我虽一时不能回家，我牺牲了我的一切幸福，为我的事业来奋斗，请相信这一道路是光明的、伟大的，愿以我的成功的事业，报你与我母亲对我的恩爱，报我林哥对我的培养。

叔父！承提及你我两家重新统一问题，实给我极大的兴奋，我极望早日成功，能使我年高的母亲及我的嫂嫂与侄儿女等，与你家共聚一堂，度些愉快舒适的日子。有蒙垂爱，我不仅不能忘记，自当以一切力量报与之。

卢沟桥事件后，迄今已两个多月了。日本已动员全国力量来灭亡中国。中国政府为自卫应战亦已摆开了阵势，全面的战争已打成了。这一战争必然要持久下去，也只有持久才能取得抗战的胜利。红军已改名为国民革命军，并改编为第八路军，现又改编为第十八集团军。我们的先头部队早已进到抗日的前线，并与日寇接触。后续部队正在继续运送，我今日即在上前线途中。我们将以游击运动战的姿势，出动于敌人之前后左右各个方面，配合友军粉碎日敌的进攻。我军已准备着以最大艰苦斗争来与日军周旋。因为在抗战中，中国的财政经济日益穷困，生产日益低落，在持久的战争中必须能够吃苦，没有坚持的持久艰苦斗争的精神，抗日胜利是无保障的。

拟到达目的地后，再告通讯处。

专此敬请

福安！

佢　字林

九月十八日晚于山西之稷山县

左权一岁多，父亲就因病去世。如果说，养育他成长的是他含辛茹苦的母亲，那么，给他以文化启蒙和精神引领的，便是他的叔父左铭三。

左铭三先生是当时醴陵学界名流所倚重的学者。辛亥革命后，他是家乡一带第一个剪去头上辫子、拥护共和的人。他认为，中国人背后这条拖了两个多世纪的辫子，是捆绑失败者的绳索，中国人真正要在精神上站起来，必须剪去这条绳索。在共和的旗帜下，他出任县立模范小学校长、劝学所所长、渌江中学教员。《醴陵县志》说他任教"诱掖多方，门下多知名士"。

虽然饱读诗书，但左铭三先生并不热心经史子集。他认为，当时贫弱的中国要真正复兴，必须办新学，把蒙童学子从以忠孝为本、以经史之学为基础的旧学中"光复"出来。正是在他的指导下，左权于 1914 年考取了设在陈家冲的私立成诚小学。

叔父左铭三对左权的意义，在于为他打开了一扇世界的窗口，为他的精神上点亮了一盏照亮未来的灯。正是因为叔父的躬身垂范，左权感受到了知识的力量，他立志绝不做一个安于现状的人，更不能做甘于顺从的臣民；也正是因为有了叔父左铭三的教导，左权从小便开始对自己的生活和自己所处的世界有了更多深刻的思考，知道了中国当时在世界的地位，对中国最恶毒的敌人是日本帝国主义，而他身上也逐渐有了一份对国家的责任感。

左权小学毕业后，考入县立渌江中学，几年后，又奔赴广州投考陆军讲武学校，后来又入黄埔军校，直到留苏就读于莫斯科中山大学，最后又深造于伏龙芝军事学院……左权，一个出身贫苦的农家娃，从一个小山村最终走向世界，成为视野开阔、文武双全的一代名将。饮水思源，最早为他打开视野的，正是他的叔父左铭三。

离家多年，现在突然收到叔父的来信，左权怎能不感慨万千！

左权回信道："从你的信中已敬悉一切，短短十余年变化确大，不幸林哥作古，家失柱石，使我悲痛万分。我以已任不能不在外奔走，家中所恃者全系林哥，而今林哥又与世长辞，实使我不安，使我心痛"。

这里所说的"林哥"，指的是左权的大哥育林。俗话说"长兄如父"，可以想象，当父亲去世后，一岁多的左权受到了大哥怎样的呵护？而且自己离家之后，家中的一切都靠大哥支撑，然而他于四年前就因病去世了，自己竟然不知道，"实使我不安，使我心痛。"

在回信中，左权向叔父介绍了当时的局势："卢沟桥事件后，迄今已两个多月了，日本已动员全国力量想灭亡中国。中国政府为自卫应战，亦已摆开了阵势，全面的战争已打成了，这一战争必然要持久下去，也只有持久才能取得抗战的胜利。红军已改名为国民革命军，并改编为第八路军，现又改编为第十八集团军。我们的先头部队早已进到抗日的前线，并与日寇接触。后续部队正在继续运送，我今日即在上前线的途中。我们将以游击运动战的姿势，出动于敌人之前后左右各个方面，配合友军粉碎日敌的进攻。我军已准备着以最大的艰苦斗争来与日本周旋，因为在抗战中，中国的财政经济日益穷困，生产日益低落，在持久的战争中必须能够吃苦，没有坚持的持久艰苦斗争的精神，抗日胜利是无保障。"

左权在信中，还表达了自己对家人的愧疚和为了国家义无反顾的选择："我虽一时不能回家，我牺牲了我的一切幸福，为我的事业来奋斗，请你相信这一道路是光明的、伟大的。愿以我的成功的事业，报你与我母亲对我的恩爱，报我林哥对我的培养。"

当时，左权正在奔赴战场的路上。7天之后，八路军第一一五师取得了平型关大捷，共计歼灭日军1000余人。在平型关战役当中，左权身先士卒，英勇战斗。

自古忠孝不能两全，但在这里，左权将二者统一了起来：保卫国家，就是保卫爱着自己和被自己深爱着的亲人。

五 "母亲！你好吗，家里的人都好吗？"

两个多月后，左权又给母亲写了一封信。

自 1924 年告别母亲后，左权就再也没有回过家乡。13 年来，他东奔西走，南征北战，但对母亲和家从来就没有淡忘过。甚至说，征战越是艰苦，越是随时都可能失去生命，他对母亲的思念也就越强烈。

左权出生于湖南醴陵一个叫"黄茅岭"的小山村，家里世世代代都是贫苦农民。左权一岁多时父亲因病去世，整个家庭便由寡居的母亲左张氏一手撑起。母亲贤良、勤劳、迷信，在黄茅岭一带很有名。

醴陵有着织麻采葛的风俗，贫苦人家常说："钱米皆从十指出。"在左权童年的记忆中，为了一家人的衣食，母亲经常整日整夜地坐在木制手工矮机上，十指不离机杼。左张氏是织麻的好手，一手织成的布纱均匀且有光泽。每当母亲从织布机上取下一匹布来，左权就跟着母亲去店铺把它变成钱，买回盐、洋油、洋火……

"唧唧复唧唧"，母亲织布的声音，是左权小时候听到的最古老最美好的童谣；而自立、勤劳和坚忍，是母亲用行动对左权进行的最好家庭教育。

沉重的生活压力，使左权母亲 30 多岁的时候就显出老相来了，邻里乡亲便尊称她为"四婆婆"。善良、正直、俭朴，是四婆婆心目中做人的标准，也是她衡量孩子们品格的尺子。

四婆婆是很疼爱小儿子左权的，她叫他"满崽"，但她绝不溺爱这个幺儿，对他管束很严。

一次，左权在放牛时和邻村一个娃争地盘、斗口舌，两人骑在牛背上开了仗，左权见对手是个没有力气的"肉螃蟹"，便把赶牛的竹条子当了长枪，戳、砍、抽、打，把那牛和牛背上的娃追杀得团团转。那娃吓得哇哇直哭，左权则哈哈大笑。晚上，母亲把左权叫到面前，命他跪下，告诫他说："打人是不对的，欺侮打不过你的人，更是不对的！好好记住，干什么事就成什么人，长大了不要当一个欺弱怕强的奴才！"左权向母亲一再诚恳悔过，并按乡下习惯，把一根麻绳扎在手指上，表示不再犯，母亲才饶恕了他。

后来，叔父左铭三知道了这件事，开导左权说，在世界，在中国，无不弱肉强食。欧洲几个列强，纵横寰宇，弱国百姓听其犬羊之封缚；国内名相良将，能吏功臣，侵渔民膏，苛如虎狼，皆恃己强而凌彼弱。孟子云："以力服人者，非心服也，力不赡也；以德服人者，中心悦而诚服也。"君子处世，要慎于开头，从小种下什么，长大就收获什么。缺乏涵养，不以德服人，勇敢就是粗暴，就是侵渔。强国需要虎狼，而弱国需要勇士。

这一切都在左权心里播下了善良正直的种子。

离开母亲时，左权是一个19岁农村娃，现在他已经是32岁的八路军将领了。他想，母亲也一定思念着自己吧？她甚至可能会埋怨自己的儿子：这么多年为何不回家看看？

戎马倥偬，枪林弹雨之中，左权确实难以静下心来给母亲写信。

1937年11月，太原失守。八路军总部由晋北南下，进驻洪洞县，先后在高公村和马牧村驻扎83天。左权也有了一段难得的较为安定的时光，又想起了远方的母亲。于是，12月3日左权给母亲写了一封信。

母亲：

　　亡国奴的确不好当，在被日寇占领的区域内，日（本）人大肆屠杀，奸淫掳抢，烧房子……实在痛心。有些地方全村男女老幼全部杀光，所谓集体屠杀，有些捉来活埋活烧。有些地方的青年妇女，全部捉去，供其兽行。要增加苛捐杂税。一切企业矿产，统要没收。日寇不仅要亡我之国，并要灭我之种，亡国灭种惨祸，已临到每一个中国人民的头上。

　　现全国抗日战争，已进到一个严重的关头，华北、淞沪抗战，均遭挫败，但我们共产党主张救国良策，仍不能实现。眼见得抗战的失败，不是中国军队打不得，不是我们的武器不好，不是我们的军队少，而是战略战术上指挥的错误，是政府政策上的错误，不肯开放民众运动，不肯开放民主，怕武装民众，怕改善民众的生活。军官的蠢拙，军队纪律的坏，扰害民众，脱离民众……我们曾一再向政府建议，并提出改善良策,他们都不能接受。这确是中国抗战的危机,如不能改善上述这些缺点与错误,抗战的前途,是黑暗的,悲惨的。

我们不敢(管)怎样,我们是要坚持到底,我们不断督促政府逐渐改变其政策,接受我们的办法,改善军队,改善指挥,改善作战方法。现在政府迁都了,湖南成了军事政治的重地,我很希望湖南的民众大大地觉醒,兴奋起来,组织武装起来,成为民族解放自由战争中一支强有力的力量。因为湖南的民众,素来是很顽强的,在革命的事业上,是有光荣历史的。

我军在西北的战场上,不仅取得光荣的战绩,山西的民众,整个华北的民众,对我军极表好感。他们都唤着"八路军是我们的救星"。我们也决心与华北人民共艰苦,共生死。不敢(管)敌人怎样进攻,我们准备不回到黄河南岸来。我们改编为国民革命军后,当局对我们仍然是苛刻,但我全军将士,都有一个决心,为了民族国家的利益,过去没有一个铜板,现在仍然是没有一个铜板,准备将来也不要一个铜板,过去吃过草,准备还吃草。

母亲! 你好吗,家里的人都好吗? 我时刻纪(记)念着!

敬祝

福安

　　　　　　　　　　　　　　　　　　　　男　自林

　　　　　　　　　　　　　　　　　　12 月 3 日于洪洞

左权先向母亲叙说日本侵略者在我国领土上肆意屠杀的事实,和亡国灭种的危险,意在告诉母亲,儿子现在不能回家的根本原因,是要挽救中国。接下来左权又向母亲分析形势:"现全国抗日战争,已进到一个严重的关头",而国民党政府却采取不抵抗政策,这增加了抗战的难度,左权对此非常忧虑,他相信母亲是能够理解的。然后左权向母亲表明自己抗战的决心,并以是湖南人的一分子的身份,希望湖南大众发扬光荣传统,为民族解放武装起来,唤醒民众、团结民众,得到民众的支持,革命才能成功。这里依然有着潜台词：千千万万的母亲，正是千千万万抗日将士的力量源泉和精神支柱。最后，左权叙述我军在西北、华北战场抗战的业绩，充分体现了一个共产党人抗战到底的决心以及为革命不计报酬，甘愿吃苦的奉献精神。

"为了民族的利益，过去没有一个铜板，现在仍然是没有一个铜板，准备将来也不要一个铜板，过去吃过草，准备还吃草。" 85 年后，我读到这些句子时，心潮起伏，热泪盈眶。

我无法想象，左权母亲读到儿子来信后的激动心情；我知道的是，四婆婆读到这封信之后，再也没有收到儿子的来信。

等到她再次得到儿子的消息，是 12 年以后的 1949 年 7 月。

那天，30 多个骑马的人民解放军战士，在醴陵北乡的黄茅岭一座普通农舍前停下来。一位中等身材的军官轻轻地敲响了堂屋的门，用浓重的闽西口音问："这是四婆婆的家吗？"

一位年轻女子打开门，说："四婆婆生了病，在床上。"

军官很和气地对年轻女子说："告诉四婆婆，左权将军领导的八路军回来了！"

本来躺在床上的四婆婆，吃力地翻身，然后从床上爬起来，颤巍巍地走到门口边，靠在门框上，嗓音发抖地叫唤："是孳麟回来了吗？满崽，满崽！"

军官向前跨进一步，向四婆婆行了一个标准的军礼，并报告："中国人民解放军第四野战军第十二兵团第四十军军长罗舜初，代表朱总司令，代表中国人民解放军全军将士，向您老人家致敬！"

他身后的那些军人也都向四婆婆肃立敬礼。

这位军官，就是 1955 年被授予中将军衔的罗舜初将军。

四婆婆不知如何是好，情不自禁紧紧捧着罗舜初的手，泪如泉涌。她急切地问："满崽呢，他回来了吗？"

罗舜初哽咽了，他低下头，一滴滴热泪滴在四婆婆的手背上，沉痛地告诉四婆婆，左权将军于 1942 年 5 月 25 日在山西辽县十字岭为国捐躯了。

十字岭，是河北和山西两省的分界岭。当年的八路军总部，就驻扎在离这里 20 千米之外的麻田镇。

1942 年 5 月，日军对太行抗日根据地进行"铁壁合围"大"扫荡"。1942 年 5 月 22 日晚，八路军总部得到情报，敌人正在进犯。由于敌众我寡，总部决定分散突围。

出发前，左权给妻子写了一封信（即刘志兰收到的丈夫最后一封信），然后命令主力部队快速开拔，跳出敌人的重兵包围圈，到外线作战。主力开拔后，日军利用先进的电讯情报技术，发现了八路军总部所在地，立即调集重兵包围。

到了 25 日拂晓，敌人的主力部队越逼越近，10000 余日军从四面围来，企图对包围圈内的八路军进行合围。危急时刻，总部领导决定部队分路突围。在各路突围的人马中，最危险的莫过于庞大的机关干部队伍了，他们本身就不是战斗人员，而且随身携带的文件、设备众多，导致行进速度缓慢。而负责这个部门突围的指挥正是左权。

25 日上午，敌人已经将包围圈收缩得越来越小，上空时不时地有敌人的飞机来回扫射、轰炸，堵在山沟里上千人的突围队伍秩序大乱。

为了加快突围部队的行军速度，左权跑前顾后，不断稳定战士情绪，他既要指挥部队有序突围，又要时刻盯紧战场的情况变化，以随机应变，尽快冲出敌人包围。而当务之急，是必须督促彭德怀率部赶紧转移。

面对危险的情况，彭德怀正密切关注大批突围人马前进，而他自己却坐在马背上，无论左权怎么催他，他都一步不动。

左权急了，他直言道："你的转移，事关重大，只有你安全突出重围，总部才能得救。"

他命令警卫连连长唐万成："连人带马，给我推！"于是在唐万成的带领下，战士们把彭总坐骑抬的抬、推的推。彭总被感动了，说："你们不要推了！"挥起马鞭，朝着西北突围方向疾驰而去。

眼看着彭总在唐万成等 30 多个警卫排战士的护卫下撤离了，左权又继续投入组织其他人抓紧突围的战斗当中。

不一会唐万成回来了，他一把拉住了左权："参谋长，彭总已经突围出去了，现在你快跟我走吧！"他要抓紧时间护送左权也突围出去。

左权却毫不犹豫地拒绝了。他说："我左权接到的任务就是指挥部队突围，现在还不能撤离！彭总的安全比我重要得多，你必须赶紧去追上彭总，保护彭总的安全！"

但唐万成于心不忍，他攥紧左权的胳膊，死不撒手，恳求道："参谋长，你跟我走吧！"

左权气急了，拿起手枪对准他命令道："你要懂得，要是彭总有个三长两短，我枪毙了你！"唐万成从来没见左权发过这么大的火，只好无奈地松开了手，追赶彭总去了。

敌人的炮火更加猛烈了，敌机也在头上盘旋，天上、地下，火炮、机枪……小小的十字岭已被一张火网笼罩。

左权登上一块高地，从容地指挥继续突围，不断以嘶哑的声音高喊着："不要隐蔽，冲出山口就是胜利，同志们快冲啊！"有左权指挥突围，人们的情绪立即稳定下来，突围速度加快了。到下午4点左右，已有大部分人马冲出了敌人的封锁。

突然，一发炮弹从天而至，在左权的不远处爆炸，激起的尘土扬了左权一身，但他却没有及时弯下身躯，而是转身向后面的同志高声疾呼："快卧倒！快卧倒！"按理说他当时就应该迅速隐蔽，因为很快就会有第二发炮弹袭来，但他更明白，此刻队伍里很多非战斗人员更需要他的声音。

果然，第二发炮弹很快呼啸而来，就在他的身边落下，巨大的响声震耳欲聋，人们再没有听到左权的声音。硝烟散尽后，同志们放眼望去，左权伟岸的身躯倒在了血泊之中。

他所护送的最后一批同志成功突围了。而这位骁勇善战、文武兼备的八路军高级将领，最终以身殉国，倒在抗击日军侵略的最前线，时年37岁。

失去了亲密战友和得力助手的彭德怀无比悲痛。多年后，左权的女儿左太北去看望因庐山会议被撤职的彭德怀时，彭德怀聊起了老战友左权，告诉她："你爸爸本来可以不死。作为一个老军人，你爸爸肯定知道在日军第一颗炮弹之后，紧接着会有第二颗炮弹飞来，躲避一下还是来得及的。但当时十字岭上集结着大批的人员和马匹，你爸爸不可能丢下部下自己隐蔽。他是死于自己的职守，死于自己的岗位，死于对革命事业的无限忠诚啊！"

以身殉国的左权，再也不能回到黄茅岭；他的母亲，再也等不到儿子的归来。

听了罗舜初将军的讲述，四婆婆有些不相信：儿子怎么死了呢？他不是还在寄钱养家吗？

四婆婆抖抖索索地摸出一个布包来，从中拿出一只金戒指、一两黄金，说："民国三十四年，孳麟从重庆给我寄了钱来，还给我寄金戒指和金子，这些钱，不是孳麟寄的吗？"

罗舜初将军只好给四婆婆解释。原来，左权牺牲后，周恩来非常关心左权母亲晚年的生活，指示八路军驻重庆办事处的钱之光、刘一清汇款接济。金戒指和黄金，是中国人民革命军事委员会副总参谋长叶剑英设法由香港转道寄来的。

四婆婆老泪纵横，悲喜交加。悲的是儿子的牺牲，喜的是25年没有见着自己的儿子，今天见了儿子队伍上的人，就像见了自己的儿子一样欣慰。

罗舜初深情地对四婆婆说："我们都是左权的战友！现在人民解放军挥师南下，湖南就要解放了，全国就要解放了，左权为之奋斗的事业就要胜利了！左权的生命已注入他所终生奋斗的事业之中。您老人家为有这样伟大的儿子，应该高兴，应该自豪。革命队伍里的人，都是您老人家的儿子，都是您老人家的亲人。朱总司令指示所有南下路过左权家乡的部队，都要派人来看望您老人家。我们这是第一批，还有第二批、第三批……"

是的，四婆婆没有等来她那个最挂心的"满崽"，但她却等来了成千上万个"满崽"，等来了无数个庄严的敬礼。

后来，一辈子大字不识的四婆婆请左权的二哥左纪棠代笔，留下了这么一段话："吾儿抗日成仁，死得其所，不愧有志男儿。现已得着民主解放成功，牺牲一身，有何足惜，吾儿有知，地下亦瞑目矣。"

尾声 "第一次给爸爸写信……"

左权牺牲后，八路军在延安召开追悼大会，朱德总司令赋诗悼念："名将以身殉国家，愿拼热血卫吾华；太行浩气传千古，留得清漳吐血花。"

1950 年 10 月，左权灵柩由山西移葬至位于河北邯郸的晋冀鲁豫烈士陵园。这是中华人民共和国成立后，第一次以中央人民政府的名义举行的国葬。

在移送灵柩的队伍中，年龄最小的执绋者年仅 10 岁，是一个女孩，她就是左权的女儿左太北。

左权生前除了和妻女特意在分别时拍了一张合影外，他从来没有听见过女儿叫自己一声"爸爸"。在给妻子的最后一封信中，他写下了自己想象中的天伦之乐："在闲游与独坐中，有时总仿佛有你及北北与我在一起玩着、谈着。特别是北北非常调皮，一时在地下，一时爬着（趴在）妈妈怀里，又由妈妈怀里转到爸爸怀里来，闹个不休，真是快乐。可惜三个人分在三起，假如在一块的话，真痛快极了。"

在左权的遐想中，这是一幅多么温馨的家庭生活场景！"真痛快极了" 5 个字表达了左权对家庭幸福的向往，也表达了将军深深的遗憾，甚至内心深处的痛楚。

长大以后的左太北，每当读起这些信，她都会抑制不住地泪流满面。

谈起父亲留下的这些信，左太北曾经说："我真切地感到，父亲深深地爱着我们母女。如果没有日本帝国主义发动侵略战争，我们将是多么幸福的一家啊！"

左太北没有辜负她父亲的期望。她毕业于哈尔滨军事工程学院，先后在国家经委、国家计委、航空航天部等部门工作，曾任中国航空工业总公司计划司副司长，一生为我国的航空工业发展贡献力量。

左太北始终不忘自己是左权的女儿，她努力像父亲那样做人。她把对父亲的感情倾注在对太行山老区人民的身上，为改善老区的贫困做了不少实事。她经常留乡亲们在家里食宿，为此，她和丈夫一度花光了工资，工作几十年了没有任何积蓄，以至于之前政府号召买公房，虽然折算工龄以后的房价很低，但他们依然拿不出购房款，最后靠借钱才买下房子。如今，在他们居住的那层楼里，唯独他们家没有安装防盗门。左太北解释说："我们家没有什么可偷的！"

2000 年，左太北退休以后，把精力全部倾注在了编辑《左权将军家书》一书上。2001 年底，在这本书完成编辑之际，左太北给爸爸写了一封信。她在开头写道："第一次给爸爸写信，桌前灯下，追思往事，百感交集，满肚子的话不知从何说起。"

她在信中告诉爸爸："爸爸，奶奶一直不知道您已血战捐躯的消息，大家都有意瞒着她。1949 年朱老总路过家乡时才告诉她，说左权没有回来，我们都是您的儿子。"

2019 年 6 月 25 日，左太北去世，享年 79 岁。

她终于在天上与爸爸团聚了。

她的名字，永远留在了父亲血染的家书中。

马本斋：民族之光

引子　《回民支队》

　　小时候看电影《回民支队》，有一个情节我印象很深。在和鬼子的一次战斗中，那个好像是游击队长的小伙子骑着马去追日本鬼子的军车，一边追，一边在马上扔手榴弹，结果把敌人的汽车炸停了，大获全胜。

　　现在回想起来，那个年代拍的电影多少有些夸张。当小时候看到银幕上日本鬼子被打得屁滚尿流、抱头鼠窜时，我巴巴掌都拍红了。关键是那小伙子骑马追军车的样子太帅了——用今天的话说，叫"酷毙"了。

　　也许艺术创作有所夸张，但那小伙子身上的中国男人血性以及他的伟大抗战精神和民族气节，却一点都没有夸张。

　　半个多世纪后，在中宣部、中组部等11个部门联合组织开展的评选"100位为新中国成立作出突出贡献的英雄模范人物"中，我们找到了他的名字：马本斋。

　　这个名字对今天许多年轻人来说，也许已经相当陌生了。然而，在马本斋战斗过的鲁西北和鲁西南地区，至今还有老百姓怀念他。

一　男儿壮志

东辛庄再次遭到了日本鬼子的洗劫。

在进行了整整一个上午疯狂地烧、杀、抢、掠之后，鬼子扬扬得意地走了，留下带着血腥的空气和冒着浓烟的残垣断壁。

马本斋站在被毁坏的清真寺前，看着被糟蹋得不成样子的村庄，他欲哭无泪，胸中燃烧着仇恨的怒火。突然，三弟进坡跑了过来，泣不成声地说："咱大哥和几个乡亲，被鬼子……"

他说不下去了。

马本斋急问："咱大哥怎么了？"

"他和好几个乡亲在村东头让日本人当作活靶子打死了……"

马本斋赶紧往村东跑去，面对倒在血泊中早已停止呼吸的大哥和乡亲，他说不出话，拳头攥得紧紧的，好像骨头都要被捏碎了。终于，他忍不住抡起拳头砸在了倒塌的砖墙上，咔嚓一声，一块整砖被劈成两半，同时马本斋的嘴缝里吐出四个字："血债血还！"

一个在心里埋藏了也孕育了许久的想法终于喊出来了："拉起队伍，咱抱起团儿跟鬼子拼了！"

所有熟悉马本斋的人都知道他的血性。而这份血性既源于他生长的"自古多慷慨悲歌之士"的燕赵大地，也来自他贫苦而善良正直的父母。

1902 年农历大年初三，马本斋（当时的名字叫"马守清"）就出生在河北省献县、河间、沧州三县交界的一个叫东辛庄的回民村子。马本斋的父亲马永长是个穷得拿着饭锅当钟敲的庄稼汉，也是个不识字的文盲。他总是整天乐呵呵的，东辛庄人也没见过他发愁的时候，仿佛天塌下来也能当草帽戴，所以大家都说他是个"天天乐"。马本斋的母亲白文冠，也出身于贫苦农家，但因为爷爷是当地有名的中医，思想相对比较开明，所以，白文冠多少也识得几个字。因此，马本斋很小的时候，就从母亲那里听到了"岳母刺字""苏武牧羊""木兰从军"等故事。这在小本斋的心里播下了善良、正直、忠义的种子。

直到长大后，马本斋还记得他还没进学堂时，母亲给他讲过的一个关于铁匠台的故事。

有一次，母亲指着村边一个很高的土坡问小本斋："那个土墩叫什么？"

马本斋脱口而出："铁匠台。"他觉得很奇怪母亲为什么要问自己这么一个简单的问题。

母亲追问："那为什么叫铁匠台呢？你想过没有？"

这个问题把马本斋问住了，他还真没有想过。

母亲拉着小本斋的手走到铁匠台的土坡上坐下，给他讲起了有关铁匠台的故事——

很久很久以前，河间府北门大街有个老铁匠，12岁就进铁匠铺，打铁技艺远近闻名。他打出来的刀呀锄头呀铁锹呀，又好使又便宜，人们都愿意来找他买农具。老铁匠特别善良正直，最喜欢同穷哥们交朋友，他常常把刀、锄、耙什么的，送给那些穷苦百姓。在老铁匠60岁的那一年，河间遇到了大旱，地里的庄稼晒得直冒烟。穷百姓没吃没喝，便跑到河边烧纸求神，祈求老天下雨。可是，那官府越是灾年荒月越向百姓催租逼债，摊派皇粮，逼得大伙确实活不下去了。一天，老铁匠手拎大斧，向那些逃难的百姓吆喝一声："穷哥们，咱找官府算账去！"难民们一呼百应，把县衙门给烧了，监狱给砸了，官府粮仓给打开了，把里头的粮食分给了穷人。事情惊动了官府，上面派了很多官军来打老铁匠。老铁匠带领穷苦百姓硬同官军足足打了七七四十九天，最后寡不敌众，老铁匠手下的人死伤惨重，只剩下了多处受伤的老铁匠一人。当官军们又一次向黄土坡发起冲锋的时候，只见老铁匠手持大板斧，冲到黄土坡的最高处，大吼一声，抡起大斧向官军的头顶抛去，官军的头领被砍下马去。官军们向老铁匠万箭齐发，老铁匠身中数箭，仍然昂首挺立，双目圆睁，直视官军，吓得官军们逃回了城里。第二天清晨，云开日出，彩霞万里，当乡亲们来到黄土坡寻找老铁匠时，老铁匠站在高高的坡顶上，已化作一棵顶天立地的大松树。从此，这黄土坡就叫铁匠台了。

这个故事连同母亲最后说的几句话，一直烙在马本斋心里："孩子，不管你将来做什么事，事事都要对得起咱穷苦人；不管你将来做什么人，处处都要做老铁匠那样的人！"

现在，面对被日本鬼子血洗的村庄和倒在日本鬼子屠刀下的亲人、同胞，马本斋想到了老铁匠。他决心像老铁匠一样，拉起队伍大干一场，和鬼子拼命！

当然，有这个想法还得有和鬼子拼命的能力。乡亲们都相信马本斋有这个能力，马本斋也充满自信，因为他练过武，而且有过带兵的经历。

由于生活贫困，实在过不下去了，刚满16岁那年，马本斋跟着父亲出去找活路，所谓"闯关口"。他们曾来到北京，流浪街头，看到满大街的穷苦人和自己一样衣衫褴褛，面呈菜色。也曾辗转到了张家口，看见过耀武扬威的骑马兵丁欺负百姓，把卖菜的、摆摊的穷苦人撵得四处逃散……一腔正义的马本斋有心挺身而出，却自叹没有武功，手中也没有刀枪，无法为贫苦人打抱不平。

后来，他来到东北军张宗昌的部队当兵。入伍的第一天，当他领到一支步枪时，心中充满豪情：有了这家伙，就不怕被人欺负了。在部队，他勤学苦练。他入伍时正是隆冬时节，东北大地的土冻得像铁板一样，但马本斋爬冰卧雪，一练就是几个钟头，终于练就一手好枪法，白天能打掉挂在树杈上一串串冰凌，晚上能够摸黑打掉朵朵灯花。很快他就被提升为班长，再后来又被提升为排长，并被送到东北讲武堂深造。在讲武堂学习的两年期间，所有规定的课程，他都读得滚瓜烂熟，所有兵器都玩得得心应手。毕业后回到部队，因为成绩优异，他被提拔为连长。

在那军阀混战的时代，马本斋作为奉军的一员转战各地，在新旧军阀混战中，他又被任命为营长。1928年，第四军参谋长刘珍年拉着部队到了胶东，成为国民革命军胶东防御总指挥，做起了"胶东王"。马本斋也率领其部下来到了胶东，不久因其勇猛且机智，立下战功，被任命为团长。再后来，他改任烟（台）威（海）汽车路局局长（仍为军职）。

马本斋的职务不断提升，他却感觉自己离当初从军的理想越来越远。他经常问自己：我当兵究竟是为了什么？当初，是为了穷苦百姓的自由幸福，自己才进入兵营的，可几年来，自己所到之处，各方"司令"盘踞要津，大小"土皇帝"多如牛毛，整个中国被弄得四分五裂、支离破碎。自己所见所闻的，则是军阀、政客、官僚，作威作福；豪绅、恶霸、会党，横行乡里，鱼肉百姓；人民处于水深火热之中，自由幸福何在？他跟随长官卷入一场又一场的军阀混战，都是为这个或那个"司令"争地盘，替少数人谋求地位，到头来遭殃的还是中国千千万万的穷苦百姓！这活生生的社会现实，使马本斋认识到：为穷苦人求生存、谋幸福的理想，完全是一种幻想！

一天晚上，他把煤油灯挑亮，然后打开青铜墨盒，从笔架上抽出狼毫笔，展开桌子上的红格信笺，把浩茫的心事化作一首七言绝句，奋笔疾书于纸上：

> 风云多变山河愁，雁叫霜天又一秋。
> 空有满腹男儿志，不尽沧浪付东流。

然后，他长长地叹了一口气："这兵再也不能当下去了，这团长再也不能干下去了，越干罪越大……"

就这样，马本斋放弃了在旁人看来的"大好前程"，毅然解甲归田，回到了家乡。

身在家乡，马本斋的心依然在报国救民的战场。他一心想着带领乡亲们和烧杀抢掠的日本侵略者抗争。

有一段时间，他每天晚上都带领村子里的小伙子们跟着德高望重又武艺高强的老瓦匠白老庭练拳。每次他都先给年轻人做示范，几十个年轻人站成一圈，观看马本斋做拳术示范动作。他抡起拳头"呼呼"带风，踢起腿来"咔咔"作响，周围的人看得眼花缭乱，拍手叫好。在马本斋的带领下，小伙子们也勤学苦练。很快,他的周围就聚起了一批武艺高强的热血青年,就等着马本斋一声令下,他们便跟着他奔赴战场。

现在,当马本斋吼出"拉起队伍,咱抱起团儿跟鬼子拼了"时,一下就有70名棒小伙儿来到了他的麾下。

有了自己的抗日武装,马本斋满腔报国之志得以实现,他一身本领终于有了真正的用武之地。他决心做母亲所期待的"老铁匠"。

"咱们这支队伍叫什么名字呢?"有个小伙子问。

马本斋略一沉思,朗声说道:"就叫'回民义勇队'吧!"

二 初战告捷

义勇队成立后,手持大刀、长矛的队员们便渴望早点和鬼子干一仗,一来想干掉一些鬼子为死去的乡亲们报仇,二来从鬼子那里夺取武器。毕竟,抗日杀敌得有武器啊!

也巧了,好像是日本鬼子的有意"配合",正在寻找战机的马本斋很快得到情报:明天拂晓,驻河间的山本联队,有一辆运载枪支弹药的军用卡车从河间开往沧州。送上门的"礼物",马本斋和他的义勇队不能不"领情",他当即决定,明天打一个伏击战。

第二天一早,果然有一辆日本军用大卡车开了过来,先是在公路上急驶,后来因为路边坑坑洼洼,只好放慢速度。当汽车经过一段两边都是灌木丛的路段时,突然,枪炮声大作——虽然只是火枪土炮,但车上的敌人还是被这从树林中突如其来的袭击打蒙了。然而,毕竟只是火枪土炮,杀伤力有限,不可能打坏汽车,所以惊魂初定后,鬼子的卡车疾速地跑开了。

但马本斋在制订作战计划时已经预计到了这个情况,并早有安排。所以正当汽车飞速逃跑的时候,路旁突然冲出一辆马车停在了公路中间,刚好挡住了汽车的去路。

于是马本斋喊了声:"冲呀!"义勇队的队员们从树丛中一跃而出,杀声震天，向汽车冲去。敌人慌不择路，猛地一打方向盘，汽车在马车的一旁撞倒了几棵小树，飞速逃跑了。

马本斋想：送上门来的点心，说啥也不能让它从嘴边溜掉！他一个箭步窜到马车旁，拔出背后的大刀，"喀喀"两刀，砍断了马缰绳，然后一下子跃上马背，两腿一夹，枣红马像出弦的箭，向前冲去。汽车上的敌人慌乱地向马本斋射击着，子弹从马本斋的上下左右呼啸而过。

马本斋突然来了个"镫里藏身"，把整个身体贴在了马肚子的一侧，好像是被子弹击中了。敌人见状便高兴地狂呼着："打中了，打中了！""再给他一颗手榴弹吧！"说着，一颗冒着浓烟的手榴弹飞过来，没等它落地，马本斋顺手一接，猛一挺身，骑上马背，顺势奋力一甩，把手榴弹又向敌人汽车扔去。随着轰的一声，日军的大卡车趴在浓烟烈火中不动了。

义勇队员追上来把个破汽车团团围住，马本斋跳下枣红马喊道："赶快抢出武器，不要被火烧坏了！"

经过清点，一共得了18支三八大盖儿，5支盒子枪，几百发子弹，几十颗手榴弹，还有一部分被服。首战告捷，队员们好不开心！

胜利的消息很快传遍东辛庄，男女老少奔走相告，不约而同来到村口，迎接凯旋的马本斋和义勇队员们。看到队员们扛着刚刚缴获的三八枪，又有10多个小伙子加入义勇队。

很快，一首歌谣传唱开来——

"回回"好儿郎，

出征打东洋，

初战显神威，

打了大胜仗。

回民义勇队，

扛上三八枪，

"回回"多威武，

抗日保家乡。

打了胜仗，马本斋当然也很兴奋，但他的高兴却是有限的，因为他心中始终有一个忧虑，就是武器。缴获敌人的武器毕竟有限，解决的根本办法还是要自己造。现在义勇队主要的武器还是大刀长矛，连火枪土炮也不多。而敌人却装备精良，我们仅仅靠大刀长矛显然是远远不能战胜敌人的。哪怕能够自己多造一些火枪土炮，也比只能使大刀长矛强啊！

但铸造枪炮首先得有铁，到哪儿去找铁呢？即使让乡亲们把破锅、破锄都收集起来，也不够啊！这时，德高望重的白老庭出了一个主意："在子牙河里，有一口上千斤的大钟，如果能捞上来，不就可以铸枪炮了吗？"

马本斋很吃惊："河里怎么会有一口大钟呢？"

白老庭说，他年轻时候，河边有一座龙王庙，庙门口的古松树上就挂着一口大钟，以镇河妖。但大钟刚挂上去的那一年夏天，便遇上罕见的大雨，河水暴涨，真正是"大水冲了龙王庙"，连那口据说有1000多斤重的大钟也淹没在了河里。

马本斋高兴地一拍大腿："好，老庭大伯，我们义勇队就是不吃饭，不睡觉，也要想办法把这口大钟捞上来，让它也为抗日出力！"

就在马本斋和义勇队做着下河捞钟的准备时，危险却向他慢慢逼近。

马本斋刚刚解甲归田时，土匪出身的献县淮镇街第六路军司令周朝贵正为自己的队伍被蒋介石中央军排挤而郁闷，他一直想物色一个有军政才能的人来辅佐自己整治部队，维持地盘，壮大势力。他看中了刚刚回乡的马本斋，便放下身段"三顾茅庐"，希望马本斋能够与自己合作。但经过初步接触，马本斋便感觉味道不对，周朝贵并非一个正直的军人，而是一个人面兽心、欺压百姓的小军阀，他便拒绝了周朝贵封官许愿的种种"好意"。恼羞成怒的周朝贵知道马本斋非等闲之辈，如果自己得不到，必然是一个后患，于是起了杀心。所幸马本斋凭着过人的机智逃过了周朝贵的追杀。

这次，马本斋准备下河捞钟的消息传到周朝贵耳中。已经成为汉奸的他，觉得这是消灭马本斋的良机，便布置手下的人埋伏在河边，趁马本斋带领义勇队在河里捞钟的机会，将他们团团围住，一网打尽。

但周朝贵万万没有想到，他的毒计被家中佣人牛大嫂上来送茶水时无意中听到。这牛大嫂曾在遇难时被马本斋救过，一直对马本斋怀有感恩之心。于是，她冒着危险设法给马本斋带信，将周朝贵的阴谋告诉了马本斋。马本斋决定将计就计，来个反伏击。

捞钟那天上午，天气阴暗，河里的水特别满，流得也特别急。义勇队员们跳下河去水底摸钟，他们一忽儿钻入水中，一忽儿露出水面，像是成群的水鸭在嬉水，悠闲而热闹。

此刻，周朝贵的副官詹德才带领着汉奸队，悄悄地爬上河堤，包围了河岸。他们看着河中的义勇队丝毫没有防备的样子，还在浮上潜下地摸钟，便冲下河堤。

到了河边，汉奸们发现刚才还无比欢腾的河面忽然平静下来，除了一个连一个的漩涡，一个人都没有。汉奸连长对手下的兵说："他们憋不了多久！等着，一露头就开枪，把他们全打死在河里！"

然而，他话音刚落，汉奸队的背后便枪声大作。汉奸们赶忙回头一看，回民义勇队的队员们在堤上已经将他们反包围，猛烈地向汉奸队射击。

詹德才知道上了当，但后悔已晚。汉奸们被这突如其来的射击打得晕头转向，顿时溃不成军，一个个丢下枪跳入河里，拼命向对岸游。但最后还是被义勇队包了饺子，消灭在河中。

虽然第一次下河并没有找到大钟，但是义勇队却再次缴获了汉奸们送来的大批枪支弹药。

消灭了周朝贵的汉奸队后，马本斋继续带领义勇队队员们下河捞钟，村里许多乡亲们也帮着下河寻找，却一直没有找到那口大钟。

马本斋问老庭伯："大钟真的就是在这段河床里吗？您没记错吧？"

老庭伯又回忆了一会，很肯定地说："没错，就在这一段。"

"那会不会被大水冲到下游了呢？"马本斋又问。

老庭伯说："不会，这么重的家伙，很难冲走。不过，慢慢被水推到下游，是有可能的。"

马本斋琢磨了一下，说："这大钟应该是在上游有漩涡的地方。"

大家非常吃惊："为什么会在上游？"

马本斋却不回答，他卖了个关子，说："就按我说的，大伙儿一字排开，像拉网似的顺着河道往上游水底找吧！"

大家都信服马本斋，便按他的说法在水中齐刷刷地排成一行，钻入水中寻找。突然一个小伙子钻出水面，兴奋地叫道："我摸到一个硬块，好像找到了！"

马本斋说："你再潜下去，用手挖挖，看是什么东西！"

那小伙子又潜入水中，过一会儿再次浮出水面，说："那硬块越挖越大，还没摸到边儿呢！"

大家更加兴奋了，交替着潜入河底，用手挖去盖在大钟上的泥沙。然后，他们用4条锄把粗的大缆绳将河底的大钟套住，又牵来4头大黄牛，将缆绳的一端套在牛的身上，加上几十个粗壮的队员，大家一起使劲拉。在一片呐喊声中，沉睡河底的大钟终于被拉上来了。

大家问马本斋："队长，我们都认为大钟应该被水冲到下游，你为什么断定它在上游呢？难道大钟会逆流而上吗？"

马本斋笑了笑，说："其实道理很简单。大家想想，这河是沙底，大钟压在沙子上面，大钟重，沙子轻，钟下面的沙子很容易被水掏空，沙子一掏空，大钟不就会往上滚动一点吗？掏空一次，滚动一点，日复一日，年复一年，时间一长，这大钟不就跑到这上游来了吗？"

大家都说："队长真是能掐会算的神仙！"

三　百战百胜

"回民义勇队，近又发明一种'扫帚炮'。此炮威力无穷，杀伤面积之大，实为惊人；而且炮响之后，同时施放烟幕，硝烟弥漫，直冲蓝天……此之动向，应引起我大东亚皇军的注意，并应认真对付，直至消灭之。"

这是一张日军《东亚圣战》的战报上刊登的一则消息。短短百余字，却令日本鬼子胆寒——不，准确地说，令鬼子胆寒的是发明并使用这种"扫帚炮”的马本斋和他的回民义勇队，因为最近日本鬼子吃了几次“扫帚炮”的亏。

其实，这个所谓“扫帚炮”就是马本斋他们用捞上来的钟铸造的。日本人之所以称之为“扫帚炮”，是就其威力而言，如其战报所说：“炮响之后，同时施放烟幕，硝烟弥漫，直冲蓝天……”但这种武器其实并非炮，而是大型的火枪。

自从马本斋领着大伙儿把龙王庙的大钟捞上岸来之后，他就在琢磨，这个千斤大钟，究竟要铸造什么样的火枪土炮？思来想去，他最后决定铸造一种比打兔子的枪大许多倍的火枪。这种火枪的枪口，有茶杯口粗细，有两丈来长。枪管里面装上黑色火药，再填上很多破铁片和大铁砂。放的时候，只要点着药捻，引着火药，铁片和铁砂就被打了出去，像扇面一样，足足有几百米远，声如雷响，烟似云雾。这种火枪又粗又长且很笨重，一个人拿不动，需要两个人扛着打，所以人们都叫它“大抬杆儿”。

用这口大钟，回民义勇队共铸造了60支火枪，20门“大抬杆儿”（即日本鬼子眼中的“扫帚炮”），连续和日本鬼子干了好几仗，这些土枪土炮大显神威。

虽然回民义勇队士气高昂，屡打胜仗，但马本斋总感觉是在孤军奋战。他渴望自己的队伍能够汇入更大的抗日洪流，发挥更大的作用。当时国共合作，全民抗战。但曾官至国军团长的他，却把目光投向了共产党。他读过毛泽东《为动员一切力量争取抗战胜利而斗争》一文，里面有几句话特别打动他的心：“全中国人民动员起来，武装起来，参加抗战，实行有力出力，有钱出钱，有枪出枪，有知识出知识。……动员蒙民、回民及其他少数民族，在民族自决和自治的原则下，共同抗日。”

他想：“毛泽东这么看得起我们回民！我们穷回民还是第一次被人看得起啊！毛泽东说‘有力出力，有钱出钱，有枪出枪，有知识出知识’，我有什么呢？我不就有枪吗？一支回民义勇队，应该投奔共产党。”

1938年初，马本斋率部加入共产党地方组织领导的河北游击军，编为冀中回民教导队。几个月后，该教导队又改编为冀中军区回民教导总队，马本斋任总队长。

随后，他向党组织表达了入党的愿望。他在入党申请书中这样写道："我出身于穷回回，家徒四壁，一无所有，但有我一颗对党对人民赤诚的心，有一腔殷红的热血，有个粗壮的七尺身躯。我甘心情愿把我的一切献给伟大的中国共产党，献给为回族解放和整个中华民族的解放而奋斗的伟大事业。"

1938年10月，马本斋光荣地加入中国共产党。

当时，正值日军侵略华北，并对冀中抗日根据地进行"扫荡"。面对日军的"扫荡"，八路军发起了反"扫荡"斗争，马本斋带领冀中回民教导总队在河间、青县、沧县一带活动。他们夜袭青县车站，围攻杜林镇，攻打沙河桥，伏击敌人汽车队，多次重创敌人。1939年3月，马本斋所率部队配合八路军一二〇师独立一支队，在交河县大小徘徊村一带歼灭了号称国民党"六路军"陈连举、周朝贵土匪武装700余人。

1939年7月，回民教导总队正式改称冀中军区回民支队，马本斋任司令员。

在炮火连天、硝烟弥漫的战场上，回民支队在马本斋的率领下愈战愈勇，很快就发展成为2000人的大部队，并且成为当时较早的八路军野战精锐部队。正如回民支队歌中所唱的那样："回民支队是一把钢刀，哪里敌人最硬，就往哪里砍；哪里鬼子最猖狂，就往哪里杀！"

1940年初，冀中地区斗争愈发激烈，为了保护抗日根据地，马本斋受军区命令率领部队挺进深县南部地区打开了对敌斗争的局面。

深南地区是日寇盘踞的巢穴，南面是沧（州）石（家庄）公路，西面是京汉铁路，成为联结冀、晋、鲁、豫广大地区的枢纽，是日寇侵华战争的战略要地。原在深南地区活动的我军主力部队于1940年初南下讨伐伪军和国民党顽固派，日军就利用我军南下讨逆的空隙，强迫老百姓抢修沧石公路，妄图分割、封锁冀中抗日根据地，致使深南人民的灾难日益深重。就是在这种情况下，马本斋率领回民支队这股劲旅，以闪电般的速度，神不知鬼不觉地插入这里。

在深南地区，回民支队打了好几个漂亮的胜仗。特别是其中的康庄伏击战，为回民支队最经典的一次战斗。晋察冀军区司令员兼政治委员聂荣臻曾表示，这次战役不仅是回民支队的光荣，也是冀中军区八路军的光荣。

康庄位于石德铁路沿线以南，是衡水县城和日军安家村据点之间的必经之地。康庄地势开阔，便于我军隐蔽、发挥火力。1940年5月底的一天，马本斋派人偷听敌人电话，摸清了敌情。次日凌晨，马本斋指挥二大队，用两个连的兵力埋伏在康庄，用另外一个连埋伏在康庄东面的下庄。

康庄与下庄相距只有500多米，中间是个开阔地带。早晨7点，马本斋命令战士割断了电话线，敌人的据点之间便失去了联系。敌人无法对深南一带实行统一的指挥，知道出事了，于是在上午10点，派出100个鬼子和200多名汉奸，直向康庄方向扑去。而这正是马本斋司令员所希望的。看着鬼子们乖乖地进入马司令员设计的埋伏圈，战士们个个兴奋不已。

当鬼子冲到离康庄200多米远的地方，突然10多匹战马一阵"咴咴"惨叫，四蹄腾空而起，乱蹦乱蹿，接着"扑哧"一声，四蹄跪在地上不动了。被摔下马来的鬼子，看看马肚子，不知被什么东西戳了一个个血洞，血像山泉一样流了出来。敌人一下子蒙了，完全不知所措，有的被受伤的惊马踩死、踩伤。刚才还杀气腾腾的队伍，现在却成了惊弓之鸟，一下子乱了套。

原来，马本斋早就摸清了日军出战的特点。鬼子侵占华北平原这几年以来，被八路军搞怕了，没有百十人以上不敢动窝。所以马本斋估计这次出来查线、拉网的鬼子兵，肯定是一支大队伍。于是，他预先布置好三中队的四个班，上好刺刀，埋伏在村外的交通沟里，当鬼子的战马跑到他们头顶上时，便给马肚子来了个刺刀见红。鬼子们万万没有想到，还没有进村，锐气就挫伤了一半！

早已埋伏在康庄的战士们，个个像下山的猛虎扑向敌人，慌了神的鬼子兵拼命做垂死挣扎。战场上枪声、喊杀声，人叫马嘶，乱作一团。汉奸不堪一击，顽固的鬼子兵却与回民支队展开了肉搏战。但几个回合下来，鬼子横七竖八地躺倒了一大片。但马本斋这边还游刃有余，他一声令下，事先布置好的第二、第三梯队又冲了上来，进一步紧缩包围圈。敌人完全失去了主动权和战斗力，鬼子指挥官带领十几个残兵败卒，拼命地往外冲，妄图杀出一条生路。但当他们蹿下一个小土包时，马本斋顺手拾起鬼子扔下的一挺机枪向敌人扫射，10多个鬼子应声而倒，如死狗一般瘫在地上。

战斗接近尾声时，早已对鬼子和汉奸充满深仇大恨的老百姓，也拿着铁锹、锄头、菜刀纷纷出村助战，协助回民支队打得敌人鬼哭狼嚎，抱头鼠窜。

仅40分钟，敌军被全歼。缴获加农榴弹炮1门，轻、重机枪3挺，掷弹筒2个，步枪150余支，子弹万余发，军衣、军毯等军用物资一套。俘虏伪军50余人，其余100余名日伪军全部被击毙。而回民支队则无一伤亡，这创造了当时八路军在平原作战零死亡的纪录。

第二天，马本斋司令员得到一份情报，日军冈村司令部承认："康庄之役，除一人逃出外，其余全部光荣殉职。"

晋察冀军区聂荣臻司令员高度赞扬了康庄伏击战，在平原游击战中赢得这样的战斗，不只是回民支队的光荣，还是冀中军区八路军的光荣。

据统计，在抗日战争期间，这支以回族青年为主的回民支队共进行大小战斗870余次，歼灭日伪军3.6万余人，使敌人闻风丧胆。回民支队被冀中军区誉为"打不烂、拖不垮、攻无不克的铁军"，马本斋的队伍更被毛泽东主席称赞为"百战百胜的回民支队"。

四 宁为玉碎

马本斋越来越成为华北日军挥之不去的梦魇。

敌人早就欲除之而后快，但日军在和马本斋的较量中往往落败，他们根本无法消灭马本斋和他的队伍，更不可能抓住马本斋。

于是，敌人把罪恶的魔爪伸向了马本斋的母亲。

马本斋的母亲白文冠略识文字，文化不高，却有着强烈的爱国情怀，深明大义，教子有方。马本斋小时候，母亲经常讲述正直、忠义的传统故事去感染孩子。可以说，正是母亲的谆谆教诲让马本斋懂得了什么是民族大义，什么是礼义廉耻，这对他以后能成为一代民族英雄产生了直接的影响。

1938 年初，日本鬼子和汉奸洗劫了东辛庄，枪杀了白文冠的大儿子马守时和一些乡亲。望着血泊中的儿子和乡亲，她强忍悲痛对在场的群众说："这些人命绝不能白搭，我们会为他们报这个仇的！"她把次子本斋、三子进坡叫到跟前，郑重地说："咱回民有句俗话，'对恶狗用棍子，对强盗用刀子'。小鬼子打到咱家门口，杀人、抢东西、烧清真寺。这个仇，要报啊！"又对本斋说："你当过兵，打过仗，咱不能眼看着大伙叫鬼子欺负！"正是母亲的话极大地坚定了他本来就想组织大伙儿打鬼子的决心，最后终于拉起了一支队伍。

在回民义勇队遇到日伪军和土匪武装、地主武装的多重压迫而难以有大的发展的时候，白文冠对马本斋说："打日本光守在家门口不行，总得找个靠山，光靠咱这几十号人不行。我看到的国民党不打鬼子，还扒堤放水淹咱们的房子庄稼，靠不住。听人说八路军打日本，是不是应该去投奔八路军？"

母亲的话，让马本斋走向共产党的决心更加坚定。而且在以后回民支队的抗日斗争中，白文冠始终是马本斋的坚强后盾。

驻守河间的日军山本联队在屡遭马本斋回民支队的重创之后，山本气急败坏却又束手无策。于是他丧心病狂地决定逮捕白文冠，以逼降素有孝子之名的马本斋；如果马本斋不投降而率部前来救母亲，那正好乘机消灭回民支队。

1941 年 8 月 27 日，山本亲率荷枪实弹的日伪军五六百人，分别从河间、献县、沙河桥 3 个据点出发，分 3 路包围了东辛庄。当村边站岗的青抗先队员发现敌情时，大规模的疏散转移已来不及。

进庄后的日伪军首先直奔马本斋的家而去，但几间屋子都空无一人。原来白文冠已经在鬼子围村之前和部分群众隐蔽到村外的庄稼地里了。恼羞成怒的鬼子汉奸把屋里的所有东西都砸了，连屋外的水缸也敲坏了。然后他们挨家挨户进行搜查，希望能够找到白文冠，但依然没有得逞。气急败坏的山本命令来不及转移的群众到清真寺前集中。当村民们被枪押着来到清真寺时，四周已经架起机关枪，将刺刀对准人们的胸膛。

山本先是满脸堆笑地说"和大家商量",他说,马本斋已经"归顺皇军",当了"剿匪"总司令,现在是来请马老太太进城和儿子团聚的,请知道马老太太下落的告诉他。说着,他还掏出一沓钞票,表示说出马老太太下落的还有奖赏。

但回答他的,是乡亲们的沉默和眼中的怒火。

敌人终于撕破脸皮露出凶相,日军宪兵队长从人群中拉出青抗先队员马维良:"说!马老太太到哪里去了?"马维良说:"不知道。马老太太也许跟儿子马本斋的回民支队走了吧!"

敌人用皮鞭一阵乱抽,把马维良打倒在地上。马维良大骂鬼子和汉奸:"要我说出马老太太在什么地方,做梦!"一声枪响,马维良脑浆迸裂,当场壮烈牺牲。

同马维良一起参加青抗先队的马维安忍无可忍,挺身而出,举起拳头用尽全身力气对着一个汉奸的嘴脸砸了过去!山本一声狂叫,几个鬼子举着刺刀一起刺向马维安的胸膛……

傍晚,躲在村外庄稼地里的群众被敌人发现了,也被押到了清真寺的大殿前,而马老太太正在其中。大家巧妙地将马老太太簇拥在黑压压的人群中间。

敌人又从人群中拉出一个乡亲,他叫王兆喜。面对同胞的遗体和敌人的淫威,王兆喜依然不屈。汉奸问他:"知道马老太太在什么地方吗?"

他回答:"知道。她在马本斋的队伍上!"

汉奸举起皮鞭朝他身上一阵乱抽,王兆喜倒在了地上,但嘴里依然不停地大骂敌人。

马老太太看着乡亲们因掩护自己而遭受毒打,心如刀绞,她拨开前面的人群往外挤,大家拉住她的衣角,轻声地劝她:"您千万不能出去啊!"前面的群众也巧妙地挡住她。

汉奸提来一壶滚烫的开水,往王兆喜头上浇,王兆喜继续破口大骂,几个汉奸扑上去用棍子狠狠地打着王兆喜的头。

马老太太再也忍不住了,她在人群中喊道:"鬼子、汉奸,住手!你们有本事跟马本斋的回民支队打去，在这里欺负手无寸铁的老百姓算什么好汉！"说着，她挤到了最前边，然后从容地高声说："我就是你们要'请'的马老太太！"

马老太太被捕后并没受刑，日军联队长山本大佐想用"亲善"的方式"软化"她。

山本按回民风俗摆下丰盛的宴席，还配有各式糕点水果，假惺惺地要为马老太太压惊。白文冠虽然一天一夜没吃饭了，但对这满桌的饭菜却不屑一顾。山本满脸堆笑，左一个请，右一个请，说："这些东西都是'回回'的，您不用客气，尽管享用！"

白文冠凛然说道："我是中国人，不吃日本的饭！这些东西只能拿去喂狗！"

软的行不通就来硬的。山本讨了个没趣，遂令宪兵队长古次连夜审讯白文冠。地点依然是设宴招待马老太太的客厅，只不过现在这里摆的已不是美味佳肴，而是老虎凳、皮鞭、烙铁、竹签等种种刑具。

身挎战刀的伍长古次首先问："你有几个儿子？"马老太太眼睛看着别处，说："3个。"伍长古次又问："他们分别叫什么名字？"马老太太昂首回答："他们的名字都叫'抗日'。"伍长古次被噎住了。

愣了一会儿，伍长古次不再绕圈子，直入主题："老太太，你儿子是大大的英雄，皇军很钦佩他，你叫他过来跟着皇军干。你给他捎封信去，他一定会听你的。放心，皇军不会亏待他。他在八路那边当多大的官，我们也给他多大的官当……"

马老太太打断伍长古次的话："别说这些没用的话！我儿子不想当官，只想抗日，想让他投降，你们这是做梦！"

为了表明自己坚不可摧的意志，马老太太开始绝食。这下可急坏了山本，他安排伪河间县长孙蓉图劝说白文冠。奉日本人之命的孙蓉图摆出一副和善的面孔，亲自斟水端饭，但马老太太依然不为所动。孙蓉图先把马本斋夸了一番，什么"不可多得的人才"之类，然后亮出主题："请老太太给令郎修家书一封，请其过来，共谋大事。何如？"

白文冠听着伪县长的一番啰唆，斩钉截铁地说："告诉你的主子山本，我的儿子是中国人，他是坚决抗日的八路军，一向不知道有投降二字。我宁死不能写信劝降！"

孙蓉图还想说什么，老太太直接下逐客令："出去，我要休息！"

面对继续绝食的白文冠，山本还不死心，他又搬来了白文冠的远亲佟万成夫妇——论辈分他俩称白文冠为妗子（即舅母）。按山本的吩咐，佟万成夫妇把白文冠接到自己家住着，试图以"亲情"打动白文冠。

佟万成的妻子亲自做好饭，给白文冠送去，说："这不是日本人的饭，是我做的。您无论如何要吃点。都6天了，您不吃不喝，可怎么行啊？"

白文冠依然不为所动。两人跪倒在地，哀求道："日本人下了命令，您要有个好歹，我一家人都没命了。您就救救我们全家吧。"

已经很虚弱的白文冠，强打精神说："我知道你们是谁派来的。咱们都是中国人，千万别给鬼子当刀使啊！为了赶走鬼子，多少人丢了命啊。咱可不能对不起国家啊。你们给本斋带个信，就说他娘死得值，只要他好好打鬼子，就是对娘尽孝了。"

所有诡计都没得逞，一切期待均成泡影。山本气疯了，他扒出手枪，啪的一声摔在桌上，想逼白文冠给儿子写信："不写，就死啦死啦的！"

绝食7天的马老太太，缓缓从床上下来，站在山本面前，眼睛盯着他，拍着胸膛说："来吧，朝我这儿打！"

然后，她摘下手上的玉镯，用尽生命最后的力气，向山本头上砸去。晶莹剔透的玉镯发出清越的声响，掉在地上。她自己也倒下了，安详地闭上了眼睛。

她的身旁，是几片碎玉。

五 英雄不死

在日本鬼子包围东辛庄时，包括马老太太在内的大部分村民都没能撤退，只有很少的人逃了出去。而马本斋的妻子孙淑芳就是这少数幸运者之一。

一路颠簸跑了 50 多里路，终于见到丈夫的孙淑芳刚说了一句："娘，娘……被鬼子抓，抓走了……"就说不下去了。

马本斋如五雷轰顶，他第一个反应就是要去救母亲，他手中有千军万马，只要自己一声令下，战士们都会杀进河间。但稍微冷静一想，他就明白了敌人的图谋，日本人正盼着自己冲杀过去呢！如果真的那样，岂不是中了敌人的计？

回民支队的指战员们听说马老太太被敌人抓了，都义愤填膺，摩拳擦掌，纷纷来向马本斋请战："司令员，你下命令吧，我们要去救马老太太！""打进河间去，活捉狗山本！"

马本斋心里涌起一阵感动的热浪，但他强忍泪水，压抑着内心的悲痛，对大家说："同志们，我的好兄弟们！我谢谢你们！说实话，我比你们任何人都难过，更比你们任何人都想立刻出发去救出母亲。但是，敌人的阴谋是很明显的，我们怎能上当？何况在这中华民族生死存亡的关头，还有什么比抗日大业更重要的呢？我今天是感到了无比的痛苦，因为我母亲遭受了不幸，但在日本鬼子的铁蹄下，痛苦和不幸的并非只有我一家，还有中国千千万万的同胞！请大家冷静，把家仇国恨记在心里，只有坚持抗战，把鬼子全部消灭掉，我们才能解救出千千万万受苦受难的母亲！"

劝走了战士们，马本斋回到房里，准备做妻子的工作，但他还没开口，妻子却先说了："你刚才在院里给同志们讲的话我都听见了，你不用做我的工作。我理解你！不能上鬼子的当，你指挥好部队多打胜仗，最终才能把天底下千千万万像娘这样受苦受难的人救出来！"

听了妻子的话，马本斋深感欣慰，他为有这样的伴侣而自豪。

正当马本斋好不容易平息了悲愤的心情，开始思考下一步的作战部署时，一个不速之客被警卫员带到了他房间。

此人叫哈少甫。说起来，他和马本斋转弯抹角还沾一点点亲，叫马本斋"表哥"。回民义勇队成立时，他也参加了，还一度当上了参谋长。但后来开小差叛变投敌，当了汉奸，成了日本人的走狗。

马老太太绝食而亡，山本却依然没有死心。他捡起白文冠摔碎的玉镯，叫来哈少甫："你亲自出马，去见马本斋，劝他投降。"

哈少甫一听双腿便发软："我，我，我去见了他，他不会听我的，再说，我背叛了他，他也不会饶我的……"

山本说："他是你的表哥，你去最合适，再说，有这个，"他给哈少甫看了看马老太太的玉镯，"你就说是他母亲托你去带信的，马本斋见了这个，自然就相信了，这是你的特殊通行证。而且他知道他母亲还在我们手里，也不敢把你怎样。"

哈少甫一惊："他母亲不是已经死了吗？"

山本不耐烦了："他怎么知道他母亲已经死了？我们已经严密封锁了消息。你去还是不去？"

哈少甫不敢再说一个"不"字，只好点头同意。

马本斋一见哈少甫，对他的来意便明白了几分，但他不动声色，想先听听他怎么说。

哈少甫寒暄了几句，便直截了当地说："山本想跟你讲和，把大姑也请去了。"

马本斋故意问："如果我过去，有什么条件呢？"

哈少甫说："第一，从今往后，你不打他，他不打你；第二，大姑大嫂衣食无忧，尽享荣华富贵；第三，委任你担任三个县'剿共'司令。"

马本斋怒火中烧，提高声音问："如果我不答应呢？"

哈少甫装出无奈的样子，说："那，那后果可能就不堪设想了。表哥呀，你不为自己想，也要为大姑着想啊。大姑也同意了，特派我来劝劝你。"说着，他掏出了马老太太的玉镯。

马本斋一看见这摔碎的玉镯，就知道了母亲"宁为玉碎"的用意，估计母亲可能已经不在人世。

他含泪怒斥哈少甫："你这个叛徒，休想再来欺骗我！要我和你一样去当汉奸，我马本斋是堂堂的中国人，宁死也要抗日！"

说着，他拔出枪对准哈少甫，砰的一声结果了这个可耻败类的性命。

过了几天，警卫员含着眼泪拿了几张报纸给马本斋。他翻开一张《冀中导报》，上面赫然印着："马老太太凛然殉国！""英雄马母，壮烈牺牲！"再看延安的《解放日报》，也发表了消息和马老太太的英雄事迹："气壮山河，回民支队队长之母，英勇殉国！""民族英雄马母精神不死！"

马本斋止不住的泪水滴在了报纸上。他在心里发誓，一定要用更坚决的抗日行动和更辉煌的抗日战果，来告慰亲爱的母亲。

马老太太宁死不屈，绝食而亡的事迹，很快传遍了华北平原，传遍了整个解放区。她那崇高的民族气节，成为鼓舞抗日军民继续战斗的强大力量。

被战火映红的日子，在一天天过去。马本斋和他的回民支队，继续用顽强的意志和卓越的智慧，在大大小小的战斗中继续夺取一个又一个的胜利。转眼间，岁月的车轮驶进了春天。随着世界反法西斯战争形势越来越有利于同盟国，随着中国战场的捷报频传，所有战斗在抗日前线的战士，都能够感受到，日本侵略者的覆灭已经指日可待。

然而，就在胜利在望的时候，马本斋却病倒了。

他的病是脖子后窝长了一个黄豆大的小疮，别看这小疮似乎不起眼，但这是一种毒性极大的疔毒，中医叫作"砍头疮"，患者疼痛难忍。由于敌人封锁，许多药物都没有，所以马本斋的治疗条件相当艰苦。做手术时，连麻药都没有，马本斋硬是凭着惊人的意志挺过了手术。

后来因为病毒扩散，又引发了肺炎，马本斋经常处于昏迷状态。但一清醒过来，他就关心战局发展，关心部队士气，关心作战方案……每当看到周围的人为自己的病而难过时，他总是忍着难忍的病痛，以乐观的情绪感染大家："放心吧，我会好起来的，我还要和你们一起打鬼子呢！"

一天，刚从昏迷中苏醒过来的马本斋，看到面带喜色的政委走了进来，兴奋地对他说："司令员，好消息！延安来电报了，是毛主席发来的！"

"延安？毛主席？"本来身体虚弱的马本斋，竟然情不自禁地坐了起来，他伸出手，急切地说："快，把电报给我，让我仔细看看。"

他用颤抖的双手展开电报，一字一句地读了起来。电文大意是——

冀中回民支队马本斋同志：

党中央问候你和全体指战员！

你们以大智大勇，驰骋于华北平原，取得卓著之战绩。为了消灭"西北五马"犯匪，总部决定，命你部速来延安，接受重任。

……

去延安，这是马本斋多年来梦寐以求的愿望，而总部召唤自己率部去延安"接受重任"，这说明毛主席和党中央对自己是多么的信任！

然而，自己目前是暂时走不了了。想着自己和回民支队的同志们在枪林弹雨中走过了7年，这一别很可能就再也不能见面了。于是，马本斋反复请求医生扶他去看看即将出发的回民支队指战员们。最终，医生用担架将他抬到了出征大会的会场。

看到担架上的司令员，战士们欢呼起来，不少人流下了眼泪。

马本斋强打精神下了担架，然后被搀扶着站在了台中央。他正了正军帽，又理了理军服，然后使出浑身力气，大声喊道："同志们，你们好！"

"首——长——好——"又是一阵雷鸣般的掌声和欢呼声。

稍微歇了歇，马本斋对大家说："你们马上就要动身去革命圣地延安了，到党中央、毛主席身边去了。这是多么的光荣，多么的幸福！但听说有不少同志舍不得我，说要等我病好了一起去。我很感谢同志们。但是，这不是一次普通的行动，这是执行党中央、毛主席的命令。你们不是跟着我马本斋个人干革命，而是跟着党，跟着毛主席！我病好了后，也会去延安的。同志们，你们前面走，我很快就会赶上你们的！同志们，我们延安见，好不好？"

"好！"经久不息的掌声再次响起。

1944年2月7日黎明，医生和护士端着药，拿着针，来到马本斋的病房。只见他半坐在床上，背靠着墙，《战斗札记》摊在腿上，右手还紧紧握着那支黑杆儿钢笔。马本斋闭着双眼，神态安详，似乎劳累了一夜，正静静睡着。

"司令员，司令员！"护士小声呼唤着。

但马本斋没有丝毫反应，他永远地睡着了。

马本斋逝世的消息传到延安，从党中央领导同志到各界人士无不悲痛。

毛泽东挥笔疾书："马本斋同志不死！"

周恩来郑重题词："民族英雄，吾党战士！"

朱德含泪撰写挽联："壮志难移，汉回各族模范；大节不死，母子两代英雄！"

尾声　本斋亭

1945 年 8 月 15 日晚上，日本帝国主义投降的消息传到了陕北。

"我们胜利了！胜利了，万岁！"回民支队的战士们举起桦树皮做的火把，跑上山头，在一座亭子前互相拥抱着、呐喊着、彻夜狂欢。

这座用白桦树建造的亭子，名叫"本斋亭"，是回民支队的战士们为了纪念他们的司令员马本斋而特意建造的。马司令员生前的愿望终于实现。战士们重新聚集于此，他们默默地摘下军帽，肃立致哀，以此告诉他们的马司令员：抗日终于取得了最后的胜利。

亭子两旁写有一副对联："率大军，抗日寇，冀鲁豫河山增色；奉教义，承母志，伊斯兰健儿典型。"

张自忠：决死报国

引子　梅花上将

那天秋雨连绵，我来到重庆北碚。

重庆北碚我来过多次，这里有著名的北温泉，还有风景秀丽的缙云山。但这次我不是来旅游，而是来寻一座墓。

缙云山下有一条青北公路，路的东边有一个小山头，原名雨台山。后来改名为梅花山，却不是因为山上有梅花，而是这里葬着一位将军。

他叫张自忠。

张自忠是抗日战争中国民革命军牺牲的两位级别最高长官（集团军司令）之一。另一位是四川人李家钰。

1940 年 5 月 16 日，张自忠将军在湖北省宜城南瓜店附近亲率部队对日军作战时壮烈牺牲，将军的遗骸辗转运到重庆，再经水路到北碚，安葬于雨台山麓。

两年后，1942 年 6 月 18 日，张自忠的老长官冯玉祥将军借用史可法扬州梅花岭殉国，将此地更名梅花山，亲书刻石立墓前，并亲自在墓前栽植梅花树，以慰忠魂。

长眠于此的张自忠由此有了一个凛然的称号——梅花上将。

秋雨还在下着，仿佛 80 多年过去了，人们哀痛的泪水依然不绝……

一 打，还是不打?

1937 年 7 月 9 日，面对一份对日作战计划，身在北平的张自忠犯难了——同意，还是不同意?

两天前的 7 月 7 日晚上 11 点左右，宛平城外的日军在卢沟桥附近演习时借口一士兵失踪，强行要求进城搜查，遭到中国驻军严词拒绝，日军迅即包围宛平县城。次日凌晨，日军悍然向宛平县城发起猛烈攻击，中国守军忍无可忍，奋起反击。

卢沟桥事变震惊中国。从 1931 年九一八事变开始，憋了近 6 年仇恨的中华民族终于如火山一样爆发了。

卢沟桥事变第二天，即 1937 年 7 月 8 日，中共中央发表《中国共产党为日军进攻卢沟桥通电》："平津危急! 华北危急! 中华民族危急! 只有全民族实行抗战，才是我们的出路! ……全中国同胞、政府与军队，团结起来，建筑民族统一战线的坚固长城，抵抗日寇的侵略!"

一时间，全国上下同仇敌忾，抗日呼声震天撼地。

本来，日军向卢沟桥我第二十九军发起武装进攻，就是他们蓄谋已久的行动。驻丰台日军部队的演习，正是以攻克宛平为目标。他们就是想象六年前的九一八一样，制造一个新的"柳条湖事件"。

第二十九军第三十七师第一一○旅旅长何基沣请示师长冯治安同意后，准备会同赵登禹部陈春荣旅之一团、东北军第五十三军骑兵团及钢甲车两列，趁日军大部兵力尚未开到之际，出其不意于 10 日夜间向丰台发动袭击，歼灭该敌。

这本来是一个歼敌的良机，却被时任第二十九军副军长和第三十八师师长的张自忠否定了。他对何基沣旅长说："现在仍有和平解决的可能，你们要大打，是愚蠢的。"

最后张自忠向前线部队下达的命令竟然是——

"只许抵抗，不许出击。"

不扩大事端，尽量忍让，这是张自忠当时的考虑。其实这也是军长宋哲元当时的基本想法。宋哲元和张自忠的基本思路是"以妥协求和平"。他们认为，几年来，日军不断制造摩擦，最后都还是以谈判化解了冲突，尽管每一次"化解"都是以日本得利而中国退让为代价，但毕竟避免了中国政府不愿看到的大规模战争爆发。因为当时中日两国的实力实在太不相称，完全不是一个级别。这次卢沟桥事变，宋、张两人以为又是一次不大不小的局部纠纷，最好还是"好好谈"，通过谈判来解决战事，避免冲突升级。

当然，宋哲元和张自忠不愿意轻易主动出击，还有一个放不上台面但大家都心照不宣的原因，就是保存第二十九军的实力。作为中原大战后被打败了的西北军残部，虽然名义上已经归顺蒋介石，但毕竟是一支杂牌军。他们担心第二十九军做无谓的牺牲，归根结底还是舍不得好不容易到手的平津地盘。卢沟桥事变时，当张自忠得知与日军发生了武装冲突后，曾在电话里训斥过何基沣旅长："打起来对共产党有利，遂了他们借抗日扩大势力的野心；对国民党有利，借抗日消灭杂牌。我们西北军辛辛苦苦搞起来的冀察这个局面就完蛋了。"

对局势判断失误，再加上有私心，所以宋哲元和张自忠在全民抗战呼声最高的时候，却还抱着幻想，主张对日妥协。

二 国人皆骂"汉奸"

然而，7月27日夜，日军向第二十九军发起全线进攻，尤其是南苑，成为他们急于攻占的目标。

时任第二十九军副军长的佟麟阁与第一三二师师长赵登禹指挥第二十九军死守南苑。佟麟阁被机枪射中腿部，仍带伤率部激战；与日军从拂晓战至中午，头部又再受重伤，终因流血过多壮烈殉国，时年45岁。而赵登禹在与日军血战 6 小时后，英勇牺牲，年仅 39 岁。

南苑终于在激战两天两夜之后，被日军攻下。7 月 29 日，北平沦陷。当时，宋哲元按蒋介石的命令撤到保定，临走前他写下手谕，把自己的一堆职务——冀察政务委员会委员长、北平绥靖公署主任、北平市长——全交给张自忠代理。

在送别宋哲元等人时，张自忠流泪说："你们走了都成英雄了，我是注定要当汉奸了。"

的确，在佟麟阁为国战死、赵登禹抗日阵亡之后，张自忠却留在北平以华北最高行政长官的名义和敌人"和谈"。于是，张自忠在国人心目中的"汉奸"形象越来越鲜明了。

之所以说"越来越鲜明"，是因为一段时间以来，舆论一直攻击张自忠"亲日"，在许多普通民众眼里，张自忠即使不是汉奸，那与汉奸也只有一步之遥。

从某种意义上说，张自忠身上的"汉奸"标签，是特定的时代给他贴上去的。

从九一八事变到卢沟桥事变，蒋介石给驻守华北的第二十九军的训令是"忍辱负重"，不主动打仗，也不放弃华北，与日军做长期周旋。在华北危亡的复杂局面中，张自忠先后被任命为察哈尔省主席和天津市市长，他的使命就是尽量在不"激怒"日本人的情况下，赢得更多的和平。但张自忠想既不得罪日本人，又不能丢中国人的脸，这对他来说，内心的极度煎熬，非外人可以理解。

要命的是，在中日大战一触即发的 1937 年 4 月，他还曾出访日本。其实他不过是代宋哲元去的。当时，一直想拉拢利用宋哲元的华北日军司令官，以日本天皇生日的理由邀请宋哲元访日，内心深处具有强烈民族情感的宋哲元不想去，但是表面上又不能得罪了日本人，于是就安排张自忠去了。

这样，很不情愿的张自忠不得不去了日本，可他心里还是防着日本人做文章。果然，日本人一心想借此把张自忠包装成他们的人。

比如说邀请张自忠去参加一个活动的剪彩，在剪彩处对面的建筑物上挂着伪满洲国的"国旗"，张自忠稍不留神便会入了日本人的圈套，可一直小心翼翼的张自忠发现了对面高楼上的伪满"国旗"，严肃地要求日本人必须摘下，否则拒绝参加活动。日本人只好依从。又比如，访日期间日本人还曾提出要张自忠签一份所谓《中日经济提携条约》，实际上就是出卖华北利益，结果遭到了张自忠断然拒绝。

尽管张自忠在日本没有做一件对不起中国的事，但他去日本这件事本身，在许多中国人看来就是对不起中国。何况日本人很狡猾，他们在报纸上大肆地宣扬张自忠访日时对日本人的"亲善"。

于是中国许多报纸，便长篇累牍地抨击和责骂张自忠。有人甚至直接就骂他是"汉奸"。

现在，卢沟桥事变，再也清楚不过地说明了日本全面侵华的意图，整个中国每一寸土地都燃烧着反抗的怒火，可张自忠居然还留在北平和日本人"和谈"。这再一次"坐实"了张自忠的"汉奸"身份。

三 "气吞万里如虎"

然而，张自忠何曾怕过日本人？时光回到4年多前，他可是一位赫赫有名的抗日将领。

我小时候，就会唱《大刀进行曲》：

"大刀向鬼子们的头上砍去，全国爱国的同胞们，抗战的一天来到了，抗战的一天来到了！前面有工农的子弟兵，后面有全国的老百姓，咱们军民团结勇敢前进，看准了敌人，把他消灭，把他消灭！大刀向鬼子们的头上砍去，杀！"

当时唱着这首歌，真是热血沸腾。

只是现在我才知道，这首歌原来的副标题是"献给第二十九军大刀队"。

歌中"全国爱国的同胞们"最早是"第二十九路军的弟兄们"，后来改为"全国武装的弟兄们"；"前面有英勇的八路军"最早是"前面有东北的义勇军"。

第二十九军大刀队名闻天下，源于1933年的长城抗战。

当时宋哲元奉命率领第二十九军在长城喜峰口阻敌。两昼夜的激战后，占领了制高点孟子岭的日军，抑制了我军的进攻。时任第三十八师师长的张自忠、第二十七师师长冯治安、第一○九旅旅长赵登禹共同商议，认为日军在武器装备上具有绝对优势，第二十九军若想取胜，必须发挥出自己的长处，出其不意地打击敌人后方。于是，他们决定对日军实施一次大规模的夜间突袭，而夜袭的武器则是第二十九军最常使用的特殊装备——大刀。

当晚，赵登禹和董升堂亲率第三十八师第二二四团出发。抵达敌阵，一声令下，勇士们一个个挥舞着大刀，虎虎生威，向酣睡的敌人猛扑上去。真是神兵天降，睡梦中的日军还没清醒过来，慌作一团，来不及摸枪，稀里糊涂地就做了刀下之鬼。同时夜袭日军另一个据点的，也是张自忠第三十八师第二二六团杨干三营的勇士们，他们同样大获全胜。

第二十九及其大刀队在喜峰口，血战日寇，大获全胜。夜袭战第二天，日本《朝日新闻》哀叹："明治造兵以来，皇军名誉尽丧于喜峰口外，遭受六十年来未有之耻辱。"后来，音乐家麦新被第二十九军大刀队的英勇事迹感动，便创作了那首唱遍全国的《大刀进行曲》。

张自忠当然没有亲自挥刀砍杀鬼子，但那晚彪悍勇猛，气势如虹，在敌群中来回砍杀的大刀队勇士，却和张自忠平时的训练有关。张自忠练兵是出了名的严格。他在军队中有个外号叫"张扒皮"，这是因为张自忠在训练士兵的时候非常严格，他提出"冬练三九，夏练三伏"，而且凡是要求士兵做到的，张自忠都是亲自做榜样。士兵吃多少苦，张自忠同样流多少汗。

这样训练出来的精兵，当他们挥舞着大刀向鬼子们的头上砍去时，怎能不"气吞万里如虎"？

1933年，张自忠率所部参加长城抗战，指挥部队在喜峰口与日军血战，名声大振，和宋哲元、赵登禹等人一样，成为全国人民心中的抗日名将。

四 "把吴钩看了，栏杆拍遍……"

没想到，几年前面对日寇怒发冲冠、声名显赫的张自忠，现在竟然只能在沦陷后的北平忍辱负重。

日军占领北平后的第一天，北平市民清早出门，发现国军大部已经弃城而去，而张自忠署名的安民告示四处张贴，于是舆论大哗，认为张自忠已经"归顺"了日本人，都在心里骂他"汉奸"。

只有张自忠自己知道，宋哲元将他留下来，是为了让他和日本人虚与委蛇，以"和谈"为掩护，以避免宋哲元部撤退遭敌人包围。所以他在日本人面前，也做了一些"表面文章"，比如改组冀察政务委员会，大量调整委员，免掉以前有抗日倾向的人（这些人大多已撤出北平），代之以汉奸和亲日派。此举又激起全国舆论的抨击，痛斥张自忠的"卖国行为"，有的报纸直接骂他是"吴三桂"。

但其实在原则问题上，张自忠并没有丝毫变节。比如，日军通过汉奸给张自忠传话，要求他通电反蒋反共，宣布独立，被张自忠断然拒绝。这样一来，张自忠不但在北平无事可做，而且处境十分危险。

既有身边日伪汉奸的胁迫，又有全国民意舆论的误解，满腹冤屈，一腔悲愤，无人能解，无处排遣。他觉得唯有战死沙场，才能洗刷自己蒙受的"汉奸"污名，但现在却报国无门。

"把吴钩看了，栏杆拍遍，无人会，登临意。"

8月8日，日军在北平举行大规模的"入城式"，5000余名日本侵略军全副武装、耀武扬威地从永定门再经前门开进了城区。当他们的铁蹄走过这座古都的大街时，张自忠感到他们是从自己的身上踏过。

就在那一天，张自忠决定逃离北平。

在友人的帮助下，经过秘密谋划和艰辛行程，一个月后，张自忠先由北平秘密转到天津。9月10日，张自忠在天津登上一艘英国驳轮，驶往塘沽，然后换乘英国商船启程南下。

一段噩梦结束了。

然而，对一心渴望杀敌立功以自证清白的张自忠来说，重返战场的路依然漫长，且困难重重。

毕竟他先后担任市长和代市长的天津、北平落入了敌手，而且在全国人民同仇敌忾奋起抗日的时候，他却在沦陷区与日寇"和平共处"。1937 年 10 月 8 日，张自忠因"放弃责任，迭失守地"受到了撤职查办的处分。

蒋介石何尝不知道张自忠是代他忍辱负重？他很清楚，宋哲元也好，张自忠也好，都不过是他蒋介石同日本人缓冲的棋子。但碍于舆论，他不得不做出"撤职查办"的姿态。然后请张自忠先"休养"一段时间。

其实，所谓"碍于舆论"只是表面的原因——他哪里是真正在乎舆论？从九一八起，舆论一直呼吁"停止内战，一致对外"，他从来都不在乎的。所以，蒋介石没有及时让张自忠重掌军权，是另有原因。

按说蒋介石没有理由不委张自忠以重任，让他带兵奔赴前线，因为当时正急需战将。张自忠原来任师长的第三十八师已经扩编为第五十九军，如果要让张自忠带兵，只能让他重率旧部，任第五十九军的军长。然而，若真如此，那将如虎添翼，会不会又发展成可以同他的嫡系部队相抗衡的劲旅？这就是蒋介石的小算盘。

但最后，在李宗仁、程潜、宋哲元的力荐之下，蒋介石让张自忠回到了驻防河南的老部队，1938 年 2 月成为由原第三十八师扩编而成的第五十九军军长。

龙归大海，虎啸山林。张自忠终于盼到了这一天。

五 临沂大捷

张自忠回到第五十九军的消息，让第五十九军沸腾了。

面对欢迎的队列，张自忠含着泪水说："我今日回军，和大家一起杀敌，就是要带着大家去找死路，看将来为国家死在什么地方！"

在全军营以上军官的会议上，张自忠说："无论什么部队都可以打败仗，独我张自忠的部队是不能打败仗的！我的冤枉，只有一拼与死，拿出真实的战绩，才能洗刷干净！"

后来，张自忠也曾对随军采访的《联合画报》记者舒宗侨说过："现在的军人，很简单地来说，就是怎样找个机会去死。因为我们认为中国所以闹到目前这个地步，可以说是军人的罪恶。十几年来，要是军人认清国家的危机，团结御侮，敌寇绝不敢来侵犯。我们军人今天要想到洗刷他的罪恶，完成对于国家的任务，也只有一条路——去死，早点死，早点光荣地死！"

求死报国，这是张自忠最大的心愿。

张自忠率部出征，第一仗是在著名的淝水之战的古战场一带攻击日军，拿下日军在淮河北岸最坚固的防御要地小蚌埠，日军被迫退守淮河南岸，张自忠首战告捷，一举扭转了淮河战局。

但对张自忠来说这只是小试牛刀，他重掌军权后第一场有影响的胜利应该是临沂大捷。

1938年3月，日军华北派遣军出动了精锐部队兵分两路：一路由第五师团在青岛登陆，直扑临沂；一路由第十师团沿津浦铁路线南下进攻滕县，继而会师台儿庄，直取我战略要地徐州。进攻山东临沂的是号称"铁军"的日本精锐部队——板垣征四郎第五师团。而当时奉命坚守临沂的是西北军旧部庞炳勋第三军团。

面对强大的日军，庞炳勋部渐渐抵挡不住了，连忙发电向第五战区司令长官李宗仁告急。李宗仁当即命令张自忠率部驰援庞炳勋。本来，张自忠与庞炳勋原来同属西北军名将，可庞炳勋听说是请张自忠前来增援，却担心起来。因为中原大战时，庞炳勋曾背叛冯玉祥而倒戈投蒋，还出其不意袭击了张自忠部，使他险遭不测。张自忠心中愤恨，誓报此仇。现在，让张自忠来，他能来吗？就算军令如山，他不敢不来，可来了以后会尽全力和自己共同拼杀吗？

张自忠接到命令时，"庞炳勋"三个字让他心中掠过一丝不快，但张自忠坚定地回复："绝对服从命令，请长官放心！"

然而，第五十九军的官兵却不同意。这是张自忠率领这支部队以来，他的决定第一次受到将士们的反对。张自忠理解大家的心情，他真诚而严肃地说："老实讲，我和你们的心情一样，庞炳勋是个无情无义的小人，不可与他共事，更谈不上去帮助他，支援他。但是，我们军人的天职不就是保家卫国吗？日本鬼子是我们中国人的敌人，第五十九军是中国人，庞炳勋和他的第三军团也是中国人。我们能够为了私仇私怨而放弃国家、民族的利益而不顾吗？那我张自忠、我们第五十九军岂不成了国人唾骂的千古罪人！希望大家都能与我同心同德，不计私怨，共同杀敌。"

当张自忠赶到临沂时，庞炳勋无比感动，心里的石头也落了地，他紧紧握住张自忠的手说："荩忱老弟来得正好！我的部队都在前线伤亡殆尽，不过，我决心在临沂保卫战中和敌人拼战到底。"张自忠答道："大哥你放心，我尽力帮你打赢这一战。"

在民族大义面前，张自忠抛却个人恩怨，主动表示愿意听从庞炳勋的指挥。这是极为难得的。这就是张自忠。

六　彻底洗清污名

其实日军也已经掌握到张自忠部的动向，但是他们认为，张自忠当时在峄县，而从峄县到临沂，最快也要 3 天的时间，所以日军觉得不但可抢先击溃已弹尽援绝的庞炳勋部，而且还可以逸待劳反击张自忠部。

然而，日军万万没想到，张自忠率领第五十九军急行军，仅用一昼夜的时间便火速赶到临沂，并且不作休整和换防，直接发起攻击，猛攻日军第五师团背侧。庞炳勋部将士同时也从阵地正面拼命反击，日军在完全没有防备的状况下，腹背受敌。

日军顿时慌作一团。更要命的是近距离作战，日军的飞机、大炮、坦克统统失去作用，而中国军队的大刀却派上了用场，将士们挥舞大刀，赤膊上阵，短兵相接，手起刀落，人头滚滚，战况之惨烈，实属空前。而张自忠亲临前线阵地，冒着枪林弹雨，沉着督战指挥，士气大振，杀声震天。

当晚，日军第五师团损失惨重，伤亡过千，被迫放弃正面攻城。16 日晨，日军由莒县赶来的增援部队千余名士兵，及抽调其他部队，在炮火掩护之下向第五十九军阵地猛攻，并以飞机 10 余架向我方阵地狂轰滥炸。但张自忠部依然坚守不撤，顽强抵抗。第五十九军两个师的连、排长几乎全部牺牲，营长也伤亡近半。全军伤亡超过 6000 人，第五战区司令部下令，让张自忠率部撤退，休整后再战。但张自忠坚决不从，他希望抓住战机，再坚持一个昼夜。他说："我军伤亡很大，敌人伤亡也大。敌我双方都在苦撑，战争的胜利，取决于谁能坚持最后 5 分钟。既然同敌人干上了，我们就要用精神和血肉拼命干一场，不打败敌人誓不罢休！"战区司令部被张自忠的意志所感动，便同意张自忠继续作战。

当晚 10 时，张自忠率第五十九军主动向敌发起空前猛烈的攻击，一直拼杀至 17 日凌晨 4 时，终于胜利攻克日军全部主阵地。经过三昼夜血战，日寇第五师团的两个大队几乎全部被歼灭。日军第五师团尸横遍野，损失极其惨重，残余部队已经无法继续支持作战，被迫后退。

但当张自忠率部西移时，敌又由莒县方面侵入，庞军告急，张军不得不又由费县附近回师临沂，开始了第二次临沂之战。敌自 3 月 25 日起向临沂猛攻，经过殊死激战，至 30 日敌主力被迫溃退。

两次临沂之战，七天七夜，共歼敌 4000 余人。成为抗战史上有名的临沂大捷。

蒋介石特致电李宗仁以示嘉勉："临沂捷报频传，殊堪嘉慰。"李宗仁通电全国告捷。报纸舆论盛赞："是役亦当增我抗战中之光荣一页。"第五十九军参谋长、地下党员张克侠兴奋地在日记中写道："昔日所向披靡不可一世的日军之板垣师团，为我中华好男儿已打得威风扫地，'铁军'碰到了打铁汉！"

20 世纪 80 年代，有一部叫《血战台儿庄》的电影轰动全国。本来，在台儿庄战役的战场上，并没有张自忠的身影，但这部电影却以张自忠率部浴血奋战的临沂之战开始。因为临沂之战正是台儿庄大捷的基础。正是张自忠的临沂大捷砍断了津浦路北段日军的左臂，促成了之后台儿庄会战中李宗仁得以围歼孤军深入台儿庄的矶谷师团的契机，奠定了血战台儿庄的胜利。可以说，没有临沂一战的胜利，就没有台儿庄大捷。

而对张自忠来说，临沂大捷的意义在于，彻底洗清了自己身上的"汉奸"污名。

七 "一定要同敌人在这条线上拼到底"

随枣战役前夕，已晋升为第三十三集团军总司令兼第五战区右翼兵团总司令的张自忠写了一封《致集团军诸将领的公开信》。

> 今日之事，我与弟等共有两条路可走：第一条是敷衍，大家敷衍，一切敷衍，我对弟等敷衍，弟对部下也敷衍；敌人未来我们也是敷敷衍衍地布置，敌人既来我们也是敷敷衍衍地抵抗，敷衍一下就走。这样的做法，看起来似乎聪明，其实最笨；似乎容易，其实更难；似乎讨便宜，其实更吃亏。因为今天不打，明天还是要打；在前面不打，退到任何地方还是要打。完是一样的完，牺牲是一样的牺牲，不过徒然给世人嘲笑。所以这条路的结果，一定是身败名裂，不但国家因此败坏于我们之手，就连我们自己的生命，也要为我们所断送，这就等于自杀。所以这条路是死路、沉沦灭亡之路。
>
> 我与弟等同生死、共患难十余年。感情逾于骨肉，义气重于同胞，我是不忍令弟等走这条灭亡的死路。弟等夙识大体、明大义，谅自己也绝不肯走这条路。无疑的我们只有走另一条路，就是拼。我们既然奉命守这条线，我们就决心在这条线上拼，与其退到后面还是要拼，我们就不如在这一条线上拼得有价值、有意义。我们这一次一定要同敌人在这条线上拼到底，拼完算完，不奉命令，绝不后退。
>
> 我与弟等受国家豢养数十年，无论如何艰难，我们还拼不得吗？幸

而我们的拼，能挡住了敌人，则不仅少数几个人，就连我们全军也必然在中华民国享着无上的光荣，我们官兵也永远保持着光荣的地位。万一不幸而拼完了，我与弟等亦对得起国家，对得起四万万同胞父老。我们没有亏负了他们的豢养，我们亦不愧做一世的军人。所以，这一条路是光明磊落的路，是我们唯一无二应该走的路。

我与弟等参加抗战以来，已经受了千辛万苦，现在到了最后的一个时期，为山九仞，何忍亏于篑，故惟有盼望弟等打起精神，咬紧牙根，激励部下，拼这一战。我们在中国以后算人，抑算鬼，将于这一仗见之。

将军殉国两月后，1940 年 7 月 16 日《新华日报》以《张自忠将军遗书》为题原文发表。

周恩来当时称赞道："每读张上将于渡河前亲致前线将领及冯治安将军的两封遗书，深觉其忠义之志，壮烈之气，直可为我国抗战军人之魂！"

延安《新中华报》记者王梓木撰文写道："我们读了张将军这封最沉痛的遗书，他虽然是以长官的地位来和部下说话，然而在措辞上是太有分寸了。没有谩骂，也没有哀求，以国家民族的利益放在第一位，牺牲个人利益，大义凛然，正气浩然，字字是泪，字字是血。"

武汉被日军占领后，1939 年 5 月，日军为了消除鄂北、豫南方面中国军队对武汉的威胁，向湖北随县、枣阳地区发动进攻。为牵制和阻击日军进攻，中国第五战区司令长官将所属部队编为左、右两个集团军和江防守军进行防御，并实行反击。随枣会战打响。

张自忠率右翼兵团共辖 12 个师约 3 万人作战。他的正面之敌总兵力约 3.5 万人，仅就人数而言，双方差别不大，但从武器装备、人员训练及作战经验等方面看，日军的优势非常明显。而右翼兵团均为非嫡系部队，多年来备受排挤歧视，装备也差，士气低落。

张自忠意识到，在这场即将展开的恶战中，只有自己的第三十三集团军不惜牺牲，担任重任，才能带动整个右翼兵团奋起抗战，挽回危局。

所以，才有了上面那封大义凛然、掷地有声的信——实际上是一篇杀敌宣言书。

八　随枣会战再扬威

随枣会战一开始，日军一路猛攻，我军一再失利。

激战中，第一八〇师师长刘振三被日军阻隔于马家集以西，与师主力失去联系。第三十七师师长吉星文也生死未卜。这样一来，第三十三集团军在襄河东岸的两个师都被敌人冲乱了。日军乘乱推进，直趋枣阳，战局十分危急。

张自忠对于因右翼兵团阵地连连失守，导致全盘战局不利深感不安，便决定亲自东渡襄河督战，全力挽救危局。

1939 年 5 月 8 日拂晓前，大雨倾盆，张自忠率幕僚及总部人员冒雨渡河。张自忠将指挥部设于唐家湾，并严令部队发动反击，以阻止敌军北进，并切断其后方联络。为此他做出新的部署，将战斗力最强的 38 师及另外两个师都投入作战。张自忠决意不留退路，全力御敌。

他亲自致电蒋介石："职现亲率第三十八师之两团渡河，攻击北窜之敌，如任务不能达到，决一死以报钧座。"

张自忠得到情报，说日军一个辎重团正向田家集坪集结，欲向西边板桥方向进犯。张自忠顿时大喜：天赐良机啊！他马上命令黄维刚师长抓住有利时机，突袭敌人，予以歼灭。黄维刚率第三十八师立即抢占田家集以西大家畈附近的制高点。大家畈是一个景色秀丽的小山村，其南北都是山峦重叠，村在两山夹峙的山脚下，从军事上讲，这是一个进行伏击的地形。很快，一个完美的伏击圈构筑完成，就等着日军往里面钻。

10 日晨 7 时许，田家集的日军，耀武扬威地向板桥方向浩浩荡荡而来。当他们进入伏击地带，早已埋伏在这里的第三十八师以迅雷不及掩耳之势，全线一齐向日军猛烈开火。日军措手不及，人仰马翻，四散溃逃。第三十八师乘胜追杀。战斗到 11 时，除少数敌人逃窜外，辎重团大部被歼。

这一仗国军歼敌 1000 余人，毙敌参谋长 1 名，俘虏班长 3 名，击毁坦克 1 辆，缴获战马数十匹，橡皮艇、钢板艇 30 余艘，军用地图、弹药、给养、药品一大批。

意外的收获是，还缴获了一份作战命令，内容是第十三师团、第十六师团以及骑兵第四旅由钟祥北进，第三师团沿着襄花公路西进。这说明日军攻击重点在钟祥以北。张自忠立刻将这一重要情报传递给重庆。重庆又将这一情报电告给李宗仁、李品仙、汤恩伯、孙连仲、刘汝明、谭连芳等部。这给国军防范日军的进攻提供了有力的情报。而辎重团的覆灭，使得日军渡河攻击襄、樊的计划未能得逞。

九 "敌一日不去，吾必以忠之死而已。"

面对清晰可闻的敌军枪声，张自忠决定再次东渡襄河，到最前线指挥部下和日军拼杀。

那天是 1940 年 5 月 6 日。

几天前的 1940 年 5 月 1 日，日军为控制长江的交通运输线，切断通往重庆的运输线，集结了 30 多万大军向国军发动了大规模进攻，史称"枣宜会战"。

当天，张自忠便亲笔写信告谕第五十九军各师、团主官，激励他们奋勇杀敌——

> 看最近之情况，敌人或要再来碰一下钉子。只要敌来犯，兄即到河东与弟等共同去牺牲。国家到了如此地步，除我等为其死，毫无其他办法。更相信，只要我等能本此决心，我们国家及我五千年历史之民族，决不至亡于区区三岛倭奴之手。为国家民族死之决心，海不清，石不烂，决不半点改变。

小兄张自忠手启 五·一

几天激战，情况危急。当时张自忠带两个团驻守在襄河西岸，而东岸的38师等部队被日军截断后路，所以张自忠决定东渡襄河。

这是张自忠一贯的风格。他每次战斗都亲临第一线，而每次他都遭到手下所有将士的坚决反对，但所有劝阻都无效。

而在此之前，第五战区司令长官李宗仁也曾对他说："作为集团军总司令，你就不要一直去一线亲自战斗了！"

但张自忠完全没有把这些话放在心上。

在他看来，越来越危急的战局，容不得他有半点退缩。

他一点都没把自己生死放在心上，他的全部心愿，就是抗日杀敌。他曾给弟弟张自明写信说："吾一日不死，必尽吾一日杀敌之责；敌一日不去，吾必以忠之死而已。"

当晚，他给留在西岸的第三十三集团军副总司令冯治安（字仰之）写了一封信——

仰之我弟如晤：

　　因为战区全面战争之关系及本身之责任，均需过河与敌一拼。现已决定今晚往襄河东岸进发。到东岸后如能与38D、179D取得联络，即率两部与马师不顾一切向北进之敌死拼；设若与179D、38D取不上联络，即带马之三个团，奔着我们最终之目标（死）往北迈进。无论作好作坏，一定求良心得到安慰。以后公私均得请我弟负责。由现在起，以后或暂别或永离，不得而知。专此布达。

小兄张自忠手启

五·六于快活铺

"风萧萧兮易水寒，壮士一去兮不复还"的决死情怀，跃然纸上。

5月7日拂晓前，张自忠乘一叶扁舟，带领着手枪营和第七十四师渡过了襄河，奔赴河东战场。这是他第四次过河督战，也是他最后的一次。他过河之后率领河东部队迅速地稳定了局势，几乎将日军的后路完全截断，而右翼兵团的这种积极作战引起了日军的严重不安。

于是在 5 月 11 日，日军第十三师团和第三十九师团掉头南下，集中力量攻击张自忠部。日军第十一军司令官园部和一郎对两位师团长说："此次宜昌作战中，中国军队中的张自忠和他的第三十三集团军，已成为我们取得宜昌作战胜利的最大阻碍。张自忠已给我们制造了太多的麻烦，使我们一次又一次遭受到巨大的损失。这一次，他又成了我们宜昌作战的阻力，已使我们受到很大损失。这个张自忠和他的第三十三集团军不除，是我们在中国作战的最大障碍。所以我们要集中优势兵力，把他歼灭！"

十 被血与火染红烧烫的日子

敌人不惜血本，将这次投入的 4 个师团中的两个来全力攻击张自忠，可见张自忠在他们心中的分量之重。

而当时张自忠身边的第七十四师三个团和总部特务营，人员不足 3000 人。但张自忠部依然顽强拼杀。日军第十三师团一部在梅家高庙被第三十八师歼灭 1400 人后，约有 1000 残敌逃窜。张自忠率第七十四师截断其后路，迎头痛击，使得这批残兵败将几乎全军覆灭。

5 月 13 日晚，根据新的情报，为了截击日军第 39 师团主力约 5000 人，同时接应我第一七九师、第一八〇师，张自忠决定把部队分为左右两个纵队：左路由黄维刚师长指挥，率第三十八师接应第一七九师向新街、田家集方向追击；而右路由张自忠亲自指挥，率第七十四师先接应第一〇八师到方家集中，然后向南追击。

但非常不幸，张自忠总部所用的无线电密码已经被日军破译，张自忠上述部署均被日军洞悉。于是各路日军纷纷向方家集、新街奔袭而来，力图合力夹击张自忠部。

张自忠的处境岌岌可危。

14 日清晨，张自忠率部到达方家集与先行到达的日军第三十九师团一部发生遭遇战，一阵激战，将敌击溃。当天深夜张自忠率部继续向南开进，15日拂晓到达了罐子口。这时候大家分析形势，认为此时如果渡过襄河，回到西岸，就可以脱险。

当时张自忠已经意识到正面敌情十分严重，但他依然决定留在河东，与敌人周旋。他说："我方虽处于明显劣势，但拼得一分，敌力则减少一分，削其锐气，钝其行动，以便巩固我两道防线，牺牲代价虽然很大，但尽我军人天职，保我光荣战绩，大义所在，不计成败利钝！"

15日傍晚，张自忠率部到达了宜城县新街乡南瓜店以北的一个小村庄沟沿里，在山坡上看到四面多处起火，便知道自己已经陷入敌人重围之中。此刻他手中的可战之兵仅1500余人，而包围他的日军有五六千人，局势非常险恶。

1940年5月16日，这是被血与火染红烧烫的日子。

敌人已经锁定张自忠的位置，上午又调来了五六千人及大批飞机、大炮，向沟沿里合围。但张自忠依然指挥身边的战士顽强作战，拼死抵抗。

牺牲越来越多，日军的包围圈也越来越小，四周枪林弹雨，炮声震天。但张自忠依然手持望远镜，翻着地图，从容镇定地指挥战斗。

中午，日军凶猛的攻势已经逼近张自忠的指挥所。张自忠被十多名士兵簇拥着撤至杏仁山。这时我军虽然三面被围，但东北长山方向尚未合拢，若翻过长山，仍可突围，夺得一条生路。但张自忠到达杏仁山后，不肯再走，将指挥所设在那里，继续指挥战斗。

张自忠早已置生死于度外了。

当敌人知道张自忠在杏仁山设立指挥所后，所有炮火对着杏仁山狂轰滥炸。张自忠命令幕僚及随从向各处散开，身边只留下几名副官。经过几番惨烈拼杀，毕竟寡不敌众，杏仁山头还是失守了。

看着日军步步逼近，副官和卫兵们不得不强行拖着张自忠向北面安全地带转移，但张自忠怎么也不肯走。手枪营连长王金彪用脑袋顶住张自忠的胸膛，用力顶着他往后撤。王金彪一边往后顶一边流着眼泪说："总司令，我们不怕死，但请您先撤一步。我们不打退敌人，绝不下火线！"

十一　最后时刻

战斗一直持续到下午 3 点，天空下起了雨。面对疯狂的日军，张自忠和跟随他多年的忠诚士兵，表现出气壮山河的勇气，他们与日军展开殊死搏战，将占绝对优势的日军阻挡于山脚下一个多小时而不能前进一步。

手枪营士兵所剩无几，王金彪连长也在激战中阵亡。张自忠眼看弟兄们一个个倒下，他两眼冒火，拔出手枪，大吼一声，如天神一般向山下冲去，枪在他的手中怒吼着，射出一串串仇恨的火花，好几名日本鬼子倒在了他的枪口下。

日军机枪扫过来，正在向前冲锋的张自忠身中数弹，右胸洞穿，血如泉涌。随从赶忙为他包扎，可伤口尚未包扎好，日军又一窝蜂地冲上来，张自忠对仅剩的几个人说："我不行了，你们快走。"他又平静地说："我这样死得好，死得光荣，对国家、对民族、对长官，良心很平安，你们快走！"

张自忠知道最后的时刻到了。而这最后的时刻，他心里一定无比欣慰，因为他终于以生命证明了自己的中国心。

1939 年的夏天，张自忠接受《大刚报》记者的采访时，不无凝重地说道："我张自忠绝非韩复榘，他日流血沙场，马革裹尸，你们始知我取字'荩忱'之意。"

最后，一颗子弹从张自忠腹部穿过，张自忠向后一踉跄，又一颗子弹从他右额射入，他依然屹立着，这时候一日本士兵用刺刀刺入他的腹部。身中七弹，再加一刺，山岳一般伟岸的张自忠倒下了。

日军士兵并不知道这个倒下的中国军人的身份，但从他的神态与威仪看，估计是个大官。他们走上前来，围着张自忠的遗体搜查，却没有任何可以证明身份的东西。

一名日军少佐又非常细心地检查了一遍，终于在张自忠上衣的口袋里发现了一支钢笔，上面刻着"张自忠"三个字。

这三个字震惊了在场的日本兵，他不敢相信倒在他们面前的就是赫赫有名的张自忠。

日军第三十九师团参谋长专田盛寿闻讯赶来，因为他与张自忠曾有数面之缘。赶来后，他看了一眼就确认，这就是张自忠。

专田盛寿跪在地上，为张自忠整理了破碎的军衣，然后命令下属用担架将其遗体抬下山埋葬。

关于张自忠的最后时刻，在日军的战史资料中有这样一段更加详细的记录——

第四分队的藤冈一等兵端着刺刀向一个指挥官模样的大个子军官冲去，此人从血泊中猛然站起，眼睛死死盯住藤冈，在冲到不到三米的距离时，藤冈一等兵从对方射来的眼光中感到有一种说不出来的威严，竟不由自主地愣在了原地。这时，第三中队长堂野射出一枪，击中张自忠额头。这时，藤冈方才反应过来，用刺刀穿入了他的左肋。在这一刺之下，这个高大的身躯再也支持不住，像山体倒塌似的，轰然倒地。

抗日英雄张自忠，就此殉国，时年49岁。

尾声 取义成仁，为国捐躯

张自忠的灵柩运至重庆，蒋介石、冯玉祥等肃立码头迎接，接着举行了极尽哀荣的国葬。

张自忠殉国的消息传到延安，延安各界举行了隆重的追悼大会，毛泽东、朱德、周恩来分别为张自忠将军题写了"尽忠报国""取义成仁""为国捐躯"的挽词。周恩来撰文悼念张自忠将军："其忠义之志，壮烈之气，直可以为中国抗战军人之魂。"

张自忠从小爱读《三国演义》《说唐》《精忠说岳全传》等书，对关羽、岳飞等英雄的浩然正气、忠义行为崇拜得五体投地，最终张自忠用实际行动诠释了对这些英雄的崇拜，活成了像他们一样的人。

戴安澜：壮志无违

引子　国共同挽

我从小就喜欢毛泽东的诗词，读过的《毛泽东诗词三十七首》，已经深入我的骨髓，好多句子随时都可以脱口而出："万木霜天红烂漫，天兵怒气冲霄汉。""雨后复斜阳，关山阵阵苍。""苍山如海，残阳如血。"……

但自以为对毛泽东的诗或词都烂熟于心的我，到了20世纪90年代，却从新出版的《毛泽东诗词集》中，发现了不少我以前没读过的毛主席诗词。比如，有一首写于1943年延安的《五律·挽戴安澜将军》

> 外侮需人御，将军赋采薇。
> 师称机械化，勇夺虎罴威。
> 浴血东瓜守，驱倭棠吉归。
> 沙场竟殒命，壮志也无违。

此诗大意是，在外敌入侵全民抗战时，戴安澜挺身而出，率部出征。他的部队装备精良，士气旺盛，大灭敌寇的嚣张气焰。坚守同古（即诗中的东瓜）浴血奋战，激战棠吉获得大捷。将军最后殉国沙场，实践了自己的抗日壮志，虽死犹荣。

而在国民党那边，蒋介石为戴安澜题写的挽联是——

> 虎头食肉负雄姿，看万里长征，与敌周旋欣不忝；
> 马革裹尸酹壮志，惜大勋未集，虚予期望痛何如？

戴安澜是谁？他何以能够同时获得国共两党领袖的极高赞誉？

一　报考黄埔

1924 年 3 月的一天，广州黄埔军校大门口人头攒动，许多年轻人都挤在黄埔一期新生榜前，看自己是否榜上有名。

一群安徽口音的小伙子挤到了前面，他们也急切地寻找着自己的名字，找到了的自然喜笑颜开，而没找到的则垂头丧气。其中有一小伙子格外焦急，他把榜从头到尾看了好几遍，都没有找到"戴炳阳"三个字。

本来戴炳阳是很有信心和实力考上的，因为他从小就有着比较深厚的文化功底。

他 1904 年出身于安徽无为县一个家境贫寒但重视文化的农耕之家，5 岁就跟着祖母认字，6 岁进私塾。《百家姓》《三字经》《千家诗》很早就在他幼小的心灵里扎下了根。后来跟着先生读"四书""五经"，他也比一般孩子领悟得快、理解得深。由此，他不仅打下了坚实的古汉语基础，而且写得一手好文章。先生经常夸他厚道谦逊、勤奋好学、禀赋优异，将来必有大成。

1923 年，18 岁的戴炳阳来到南京，考上了安徽旅宁同乡会所办的安徽公学（地址在南京），进入该校高中部学习。这是一所颇具特色的私立西式学校，校长就是后来举世闻名的人民教育家陶行知。

我没有看到戴炳阳在安徽公学就读时，与陶行知先生直接交流的史料，无从知道陶行知先生究竟对戴炳阳有过什么具体的教诲和指导，但是陶行知先生的办学理念，无疑是影响了戴炳阳后来的成长的。陶行知先生对安徽公学的学生提出：要用科学的精神在事业上去求学问，用美术的精神在事业上去谋改造，用大丈夫的精神在事业上去锻炼应变。陶行知提出的科学精神是要锻炼学生的观察实证和正确分析事物的能力，成为探求真理的动力；他的美术精神是要求学生不要向四周的环境苟安和同流合污，而是要对环境进行改造，支配环境，以与科学发展的文明相适应；他的大丈夫精神是要培养学生富贵不能淫、贫贱不能移、威武不能屈的精神，他强调没有不屈不挠的精神，将何以为国？

陶行知在安徽公学办学时所倡导的这些新思想、新道德，无疑滋润了戴炳阳的心灵，直接影响了他的精神气质和理想抱负。这种影响的直接表现就是，戴炳阳在这里读了一年后，便决定投笔从戎，奔赴军校，以实现自己的报国之志。

有了从小打下的文化功底，黄埔军校的文化考试对他来说，不过是小菜一碟。在考场上，他感觉很是轻松顺利，根本没有想过会考不上。但他把新生榜看了又看，的确没有自己的名字。

原来，问题出在体检表上。戴炳阳的体检表上印着"不合格"三个字。他去找医生理论，医生无奈地说："我理解你的心情，但你体质较弱，抛开军校的要求，就对你个人来说，你也根本受不了入伍生严格的军事训练。"

一腔热情前来报考，结果却名落孙山，还不满 20 岁的戴炳阳遭受了一次沉重的打击，沮丧到了极点。

其实，戴炳阳当时还有一条路可以走通，那就是靠戴炳阳的叔祖父戴昌斌的关系走后门。

关于戴昌斌，这里得多说几句。戴昌斌字端甫，号武章，是保定陆军军官军校第三期毕业生。他于 1911 年追随孙中山先生参加了武昌起义，为推翻帝制、建立民国做过贡献。以后他投奔广州李济深，深得李济深的赏识和倚重，担任粤军第四师的团长。1924 年孙中山创立黄埔军校时，戴昌斌参与了军校的创办。他给家乡写信，号召家乡有志青年报考黄埔军校。当时正辍学在家的戴炳阳正是看了叔祖父的信，才和另外7名同乡小伙子一起南下广州奔赴黄埔的。

当时，读了叔祖父的信，正辍学在家的戴炳阳很有感慨地对伙伴们说："人生如白驹过隙。二十岁前，是浑浑噩噩的时期，五十岁之后，血气就衰萎。总计人之一生，成功立业，不过二十到五十之间短短的三十年而已，不趁这时候埋头苦干，有所成就，光阴一去便不可挽留。抓住了时机，困难的环境不足惧怕的，正唯困难的环境才能促我们创造出伟大学业。要晓得悻生不生，必死不死之理。"

可他没有想到，自己抓住了"时机"，"时机"却并没青睐自己。

看到落榜后的戴炳阳失落的表情，戴昌斌对他说："别着急，我在黄埔还是有一定声望的，我去说说，亲自保荐你进入军校，应该是没有问题的。"

戴昌斌所说绝非虚言，凭他与孙中山的关系，以及参与创办黄埔军校的功劳，保荐一位优秀青年入学，还不是一句话的事？

但戴炳阳却拒绝了叔祖父的好意。他冷静下来想了想，觉得作为一名革命军人，只有文化知识而没有强壮的体格，谈何保家卫国？何况军校毕业便是指挥士兵作战的军官，自己从没军队生活的体验，更没有战斗经历，仅仅凭纸上谈兵，怎么能够指挥打仗？

他对叔祖父说："我现在体格还达不到军校的要求，医生说得对，就算我勉强入学，我这身体也通不过严格的军事训练的。"

一起来报考的7名同乡青年，5位考上了，自然留在广州，另外两名落榜的小伙伴准备启程回老家。他们约戴炳阳一起走，戴炳阳却说："不，我不回去，我要留在广州。"

大家都很吃惊，说："你不能读军校，又不愿回家，你要干什么呢？"

戴炳阳说："我打算当兵去！说实话，这次如果能考上陆军军官学校，作为军校一期的学生，这本身就是一种荣誉，但我因为身体的原因没考上，的确很遗憾。但不死心，明年我还要来报考！不过，我要先到国民革命军去当一名战士，一方面锻炼自己的体魄；另一方面通过士兵生活，使我对部队有亲身体会。一年之后，再来报考军校。我想，经过一段时间的锻炼，身体一定会达到学校招收学员的要求。"

于是，戴炳阳回到了广州市内，到国民革命军招兵处报了名，当上了一名二等兵。

当时，戴炳阳所在部队的驻地在郊外，生活条件相当艰苦。繁重的训练对一般小伙子来说，都很难吃得消，而对瘦弱的戴炳阳来说，更是体能和意志的双重考验。但他当兵之前，就做好了充分的思想准备，决心通过军旅生涯来增强体质，因此他不断地鼓励自己，一定要咬紧牙关克服这些困难。

他在常规的集体训练之外，还给自己加了许多"严苛"的项目，比如坚持每天用冷水冲澡。那既锻炼了身体，也磨炼了意志。就这样，几个月后，戴炳阳顺利通过了体能关，适应了艰苦的部队生活。

过了体能关，还有精神上的考验。学生出身的戴炳阳比较胆小，可部队经常要外出训练，往往只能住在村庄的祠堂或野外的破庙里。而这些地方经常停放尸棺，到了晚上格外阴森凄凉。戴炳阳开始也有些害怕，特别是晚上独自站岗的时候，总觉得身旁有死人，感到毛骨悚然。但他想到自己来当兵就是为了锻炼胆量的，以后还要在战场上和敌人拼杀，会和死人打交道，现在就怕死人，以后还怎么上战场？他不断给自己鼓劲壮胆。渐渐地，他再也不怕晚上站岗放哨了，恐惧心理也消失了。若干年后，已经是抗日名将的他曾对大儿子谈到这段经历："我不是生来就是这么大胆不怕死的，我原来的胆子也很小，害怕黑暗，害怕死人，但是军旅生活锻炼了我，改变了我。"

一年后，二等兵戴炳阳再次来到黄埔报考陆军军官学校第三期。此刻的他再也不是文弱书生，而是一名体格强壮、意志坚强、志向远大的男子汉。这次，他非常顺利地通过各项考试，被录取为黄埔三期入伍生队，走进了这座革命军人的大熔炉，也正式开始了他的军旅生涯。

1925年7月1日，在黄埔军校第三期开学典礼上，戴炳阳和其他学员一起，唱起了黄埔学校的校歌——

> 莘莘学子，亲爱精诚，三民主义，是我革命先声。
> 革命英雄，国民先锋，再接再厉，继续先烈成功。

同学同道，乐遵教导，终始生死，毋忘今日本校。

以血洒花，以校作家，卧薪尝胆，努力建设中华。

随后，在热烈的掌声中，政治部主任周恩来发表了热情的演讲。他那充满激情而又富有哲理的话，打动了戴炳阳的心——

今天这样盛大典礼，我们知道有一个很大意义。刚才许多官长对我们的训诫，我们大家同学是不能忘记的。但是我们要知道，各地的青年学生来到国民革命中心地黄埔，是有很大意义，就是要记得我们不仅是中国国民党的党员，并且还是一个革命的先锋。刚才诸位官长说，革命党员守纪律，比在任何政党中还要紧要，这是革命最重要的一个元素；假使没有这个元素，一定不能把反革命的陈炯明、假革命的杨希闵、刘震寰打倒，将来更不能把我们的仇人一概打倒。在革命之下，守革命党的纪律，并不是强迫的，是各同志甘心愿意遵守的；每天的军事训练，军事教育是甘心受的。总理曾说：谋人类的自由，就要去掉个人的自由，这一点如果相信不彻底，一定不能革命。各位官长学生，趁此时间，努力研究主义，在党的指挥下守严格纪律，能如此去做，将来一定能够得到很好成绩。

我们无论求什么学问，如果只求一点观念，就是任何目的，都不能达到，我们总要在实际上去做，我们这一年多的历史光辉，从诸位的思想行动上，传到全国革命青年身上，我相信，将来中国的革命一定有成功的可能。到了那时候，才能以机关枪、大炮报沙基惨案的仇，因为中国人在现在这个时候还有许多不知道近代的潮流，这完全希望各位作无线电机，将革命的思想传到全中国，使全国的民众革命化。再希望各位不要自高自大，要虚心求学，以达到学业成功，而实行革命。

听着周恩来的演讲，戴炳阳豪情万丈，壮怀激烈。他决心以自己的全部力量在那个风雨如磐的时代力挽狂澜，为国家民族贡献自己的一切；他决心要像那迎风斩浪的海鸥一样，去勇敢搏击。

那一刻，他决定给自己改名为戴安澜，取号为海鸥。

二 浴血山河

戴安澜终于站在了长城之上。

1933 年 2 月 26 日，驻扎徐州的第十七军第二十五师第一四五团团长戴安澜，奉命率部从徐州挥师北上；在通州集结休整训练后，又于 3 月 7 日 8 时出发，日夜兼程，由通州到密云；再由密云继续进发，连续行军 200 多里，于 3 月 10 日 4 时到达古北口，准备和日寇决一死战。

著名的长城抗战即将打响。

蜿蜒而雄伟的长城，是中国古代的军事防御工事。戴安澜却感到今天的长城已经不能抵御拥有现代化装备的日本侵略军，只有军人才是国家与民族的长城。

古北口长城抗战打得很激烈，而戴安澜部所在的阵地是日军进攻的重点，腹背受敌，但戴安澜指挥第一四五团全体将士奋勇抵抗。师长关麟征要求戴安澜一定要守住阵地，戴安澜表示决心与阵地共存亡。

关师长亲率第一四九团向敌人发起攻击，激战中被手榴弹炸伤多处。第一四九团官兵伤亡严重，团长王润波阵亡，形势十分危急。这时戴安澜与二营营长赵永善高呼："冲啊！救师长！"带领战士跑步冲上去与敌人展开白刃战，终于击退了敌人，稳住了阵地，把负伤的关师长背了下来。事后人们都说，如不是戴安澜、赵永善，关师长命休矣。

次日拂晓，日军主力又向戴安澜所部第一四五团正面攻击，同时以大部分兵力向第二十五师包围过来。第二十五师陷于孤立无援的境地，战况异常惨烈。敌人重炮连续不断地集中向第一四五团狂轰滥炸，第一四五团伤亡惨重。虽然寡不敌众，但戴安澜依然率领幸存的战士与敌人肉搏。激战到下午3 时，戴安澜已多处负伤，第一四五团的战斗力消耗殆尽。当晚 7 点，第二十五师各部全部到达新防线，与敌人对峙。

第一四五团在向后收缩撤退时，因通信中断，与前沿阵地哨所无法联系，所以未能通知在前沿哨所坚守的战士撤退。当得知这一情况时，戴安澜万分焦急，大声训斥："通信兵是干什么吃的？我要枪毙他们！"

被训斥的通信连连长流着泪说："不用了，派去的弟兄们一个也没回来，全都……"

戴安澜也落泪了，哽咽着说："把守在前沿哨所的弟兄们和牺牲的通信兵的名字报上来，我们不能忘记他们……"

前沿哨所那7名与大部队失去联系的战士，面对汹涌而至的日军，知道已经不可能突围了，他们抱定必死的信念，决心杀一个赚一个，与敌人拼到底。他们依托有利地形，使用各种火器向日军猛烈射击，一次又一次打退了日军的进攻，击毙击伤日军100多人。最后，气急败坏的日军派出数架飞机疯狂轰炸，阵地和哨所被夷为平地，7名战士全部壮烈牺牲。

古北口长城之战，第二十五师与敌人激战三天三夜，官兵伤亡4000余人，击毙击伤日寇2000余人。日军自己也不得不承认，这是激战中的激战。

而戴安澜因古北口长城抗战中的英勇善战，获五等云麾勋章。国内多家媒体对戴安澜的事迹进行了重点报道。戴安澜这个名字开始引起民众关注，特别是许多热血青年，更是视他为崇拜的偶像。

戴安澜再一次被国人瞩目，是抗战全面爆发后的1938年春天激战台儿庄。

台儿庄战役由李宗仁、白崇禧、孙连仲、汤恩伯、张自忠、田镇南、关麟征、池峰城、王铭章等抗日将领指挥。当时戴安澜是第二十集团军第五十二军第二十五师第七十三旅的旅长，而第七十三旅正是第五十二军的主力之一。

说到戴安澜在台儿庄战役中的表现，人们很容易提到他火攻陶墩、智取朱庄、激战郭里集等战绩。而我对戴安澜将军在台儿庄战役后期的一场战斗印象更深。

当时日军濑谷支队被击退而溃逃，第二十五军则咬住不放追击至峄县。

戴安澜所在的第二十五师经过数日激战，占领了数座村庄。日军穷凶极恶，多次反扑，均被第二十五师各部英勇击退。于是日军集中全力攻击第二十五师的右翼，一度甚至突破了第七十三旅第一四五团第一营阵地，并对第二十五师实施反包围。

危急时刻，戴安澜亲自指挥部队反击。经过两小时的激烈战斗，击退了敌人。但由于第七十五旅第一五〇团的麻痹，其阵地被日军攻克，多次反击也未能夺回，这样第五十二军的全军阵地完全暴露在日军面前，成为日军将要攻击的重点。为防御日军的进攻，戴安澜带领第七十三旅连夜赶修工事。由于山上均为石头，没有土源建造掩蔽部，戴安澜就和大家一起从山下运土上山，建起了坚固的防御工事。

果然，日军很快在强大的空中和地面炮火的掩护下，向第七十三旅的虎皮山阵地发起猛攻。多次和日军交手的戴安澜自有一套对付日军的作战方法。当日军使用飞机和火炮狂轰滥炸的时候，他让大部分战士隐蔽起来，只留少数战士在阵地上监视敌人；当日军步兵进入 100 米有效射击范围时，戴安澜才让大家从掩蔽处出来，同时向敌人猛烈射击，各种火器的弹道距离地面在一米以内，形成了密集的交叉火网，进攻中的日军士兵难以招架如此猛烈的火力；戴安澜同时又派出小部队从两翼展开侧击，形成对敌人的三面打击，给敌人以重创。为了保证部队有持续防御打击的力量，戴安澜又采取了轮番作战的方法，以营为单位，24 小时轮换一次，这样部队就可以长久地保持士兵的体力和饱满的士气，不断地给予进攻的敌人以沉重的打击。运用这些战法，日军多次的进攻都被打退了，第七十三旅牢牢地守住了虎皮山的阵地。

敌人急于突出重围，决定不惜一切代价发动全面攻击，一时间第七十三旅防守的阵地再次遭受猛烈的攻击。戴安澜指挥各营沉着应战，危急之际，他亲自率领预备队用手榴弹及密集的火力将攻上来的日军挡住，同时向师部请求炮火支援。炮火过后，第七十三旅的防御部队一方面组织正面出击，另一方面派出小部队从两翼突袭敌人。经过几个小时的激烈混战，又把日军的攻击压了下去。

伤亡惨重的日军不得不暂时停止了地面进攻，派出飞机对第七十三旅阵地进行轰炸扫射。为防止敌人夜间袭击，戴安澜在黄昏后派出工兵在阵地前沿布下地雷阵，并加强了侧面的防御火力。果然，日军在天黑后又发起进攻了。等敌人刚接近阵地前沿，我军就引爆了预先埋设的地雷，日军被炸得鬼哭狼嚎，防御部队又用各种火器扫射过去，日军留下了一片死尸，活着的纷纷抱头鼠窜。

日军连续作战四个昼夜，屡次进攻受挫，其攻势渐渐变弱，白天不再出动步兵，只是进行飞机轰炸和火炮射击，晚上出动小股部队袭击，也都被第七十三旅所击退。第五十二军的阵地重新恢复完整，日军突围的企图再度破产了。

戴安澜后来曾对妻子说："这一仗打得非常艰苦，几天几夜不能合眼，驳壳枪的枪管都打得冒烟。"

就这样，戴安澜奉命坚守阵地，指挥七十三旅与日军血战四昼夜，连续击退敌人数十次猛攻，让日寇闻风丧胆。曾有日军侦察兵将身材魁梧、军姿标准的戴安澜误以为是俄国人，以致日军报道说："中国军队竟然有一个指挥能力出众的俄国人指挥作战。"

整个台儿庄战役，中国军队击败日军两个精锐师团，歼敌一万余人。这是抗战以来中国军队在正面战场取得的重大胜利。

戴安澜因在台儿庄战役中展现出他智勇双全的出色指挥才能，获得了华胄荣誉奖章一枚。在1938年5月的徐州会战中，因战功卓著，被擢升为第89师副师长，兼任第三十一集团军总部干训班教育长。

不久，戴安澜副师长因在保卫武汉会战的外围战斗中，率部阻击日军西进，御敌重创，战功卓著，而被集团军补记大功一次。1939年1月，戴安澜升任第五军第二〇〇师师长，这是中国军队历史上第一个机械化师，装备精良，官兵训练有素，被视为国民党"第一王牌师"。足见戴安澜这位黄埔三期学生的才识。

戴安澜不负众望，在当年年底的昆仑关战役中率领第二〇〇师大显神威。

在昆仑关的战斗中，第二〇〇师坚守441高地，毙敌百余人，毁敌坦克2辆、炮4门，缴获枪械百余支，收复昆仑关，击毙日军旅团长中村正雄少将。打扫战场时，在中村正雄尸身上搜出了一个日记本，中村正雄在战死前写道："帝国皇军第五师第二十一旅团之所以在日俄战争中有'钢军'称号，那是因为我的顽强战胜了俄国人的顽强。但是，在昆仑关我应该承认，我遇到了一只比俄国军队更顽强的军队。"

更让国人敬佩的是，戴安澜重伤不下火线，依然坚持指挥战斗。当时，日军炮兵向我军发射炮弹百余发，戴安澜亲自到炮兵指挥所指挥还击。突然一枚敌方炮弹在戴安澜附近爆炸，一弹片穿入戴安澜的左臂，他几乎跌倒，但他依然手持望远镜继续指挥我军炮兵还击。最后由于失血过多，难以支持，不得不被送进野战医院。

由于战功卓著，戴安澜指挥的第二〇〇师受到政府集体嘉奖一次，参战人员全部提薪饷两级。戴安澜将军则荣获政府颁授的四级宝鼎勋章一枚，并被评价为"当代标准的青年将领"。

还让人感动的是，在战场上胜利时，戴安澜将军口占的一首七绝诗——

> 仙女山头树战旗，
> 南来顽寇尽披靡；
> 等闲试向云端望，
> 倩影翩翩舞绣衣。

三 挥师缅甸

戴安澜将军生命中最辉煌壮烈的一页是，在挥师缅甸的征途上。

中国军队为什么要组建远征军赴缅作战？

要简单地说清这个背景，至少得从珍珠港事件谈起。

1941年12月7日凌晨，从日本六艘航空母舰上起飞的183架飞机，穿云破雾，扑向夏威夷珍珠港，美国在当地的战舰和军事目标顿时火光冲天，浓烟滚滚。美军还没完全反应过来，第二波攻击的 168 架飞机再次袭来。两轮攻击，美军毫无防备，他们在爆炸的巨响中醒来，仓促应战。而日本先发制人的突袭在 90 分钟内结束。美军损失惨重：8 艘战列舰中，4 艘被击沉，1 艘搁浅，其余都受重创；6 艘巡洋舰和 3 艘驱逐舰被击伤，188 架飞机被击毁，数千官兵伤亡。而日本只损失了 29 架飞机和 55 名飞行员以及几艘袖珍潜艇。

珍珠港事件，意味着日本正式向美国宣战，而美国迅即予以宣战回应。太平洋战争由此爆发。

太平洋战争爆发，日本对东南亚大开杀戒。半个月后，日本大批飞机空袭仰光，拉开了日军侵缅的序幕。当时缅甸是英属印度的一个省，由英军驻守。面对日本的疯狂轰炸，驻缅英军节节败退，这在客观上将中国西南大后方暴露在日军的威胁之下。本来，自 1940 年 9 月日军侵占越南北方并切断了滇越公路后，滇缅公路就成为美英等国援华物资运往中国西南大后方的唯一国际交通大动脉。而现在滇缅公路也面临被日军切断的危险，这不但直接影响到中国的抗战，也影响了美英的利益。因此，日军的侵略扩张政策客观上便促使美、英、中三国走向军事结盟的道路，为抗击日本法西斯的侵略而并肩作战。

1942 年 12 月 23 日，中、美、英三国代表在重庆召开东亚军事会议，中国和英国共同签订了《中英共同防御滇缅路协定》，成立军事同盟。至此，中国人民不再孤军奋战，而是与世界一切民主正义的力量结成了神圣同盟；中国的抗战也不再孤立，而成为世界反法西斯战场的一部分。

12 月 31 日罗斯福总统致电蒋介石，提议成立包括越南、泰国、缅甸等地在内的中国战区，由蒋介石担任统帅。应美、英的一再请求，根据《中英共同防御滇缅路协定》，1942 年初，中国国民政府军事委员会以国民革命军第五军、第六军和第六十六军组成中国远征军（亦称“中国赴缅远征军”“中国援缅远征军”）。

而戴安澜所率的第二〇〇师正隶属于第五军，戴安澜从而也成为最早率部赴缅作战的中国远征军将领之一。

戴安澜是在贵阳率领部队整训时听到中国将派部队出国远征抗日的消息的。初闻此事，他跃跃欲试，摩拳擦掌，对身边的朋友说："如得远征异域，始偿男儿志愿！"表示愿为祖国牺牲一切。1941 年 10 月，贵阳《中央日报》记者采访戴安澜，请他谈谈出国作战的感想，其实当时他还没得到出国作战的命令，但他说："假如能有这样的命令，那我很荣幸，因为最高当局能够将这样重大的责任派交我和我的部队，我会很兴奋。"

不久，大概是 12 月中旬，戴安澜如愿奉命率第二○○师由昆明开赴保山，准备入缅作战。在保山，戴安澜加紧训练部队，为出国作战紧张准备。1942 年 3 月 1 日夜，戴安澜突然接到英国方面的电话，说刚到缅甸视察战局的蒋介石要召见他，要他立刻赶往缅甸腊戍。当时，戴安澜刚刚得知叔祖父戴昌斌过世的噩耗，沉浸在悲痛当中，但他强忍哀伤，当夜亲自开车越过边境进入缅甸到达腊戍，于次日早晨 8 点到达蒋介石下榻的酒店。

戴安澜意识到，远征即将开始，而自己的第二○○师将作为先头部队首先越境作战。蒋介石直接召见，让戴安澜感到了他对自己的无比信任，同时也感到肩上的责任重大。

蒋介石又问："你的第二○○师是否能够坚守同古一两周，并打个胜仗？"

戴安澜态度坚决地回答："此次远征，是唐明以来扬威国外之盛举。请校长放心，戴某虽战至一兵一卒，也一定要挫敌凶焰，固守同古！"

喜怒不轻易形于色的蒋介石，脸上露出欣慰的笑容。

当晚，戴安澜不但详细回答了蒋介石的问题，还主动汇报了他战术方面的想法："本师拟采取高垒深沟、坑道互通、纵深配备、逐次抵抗战术，以避敌之锐而迭挫其锋；更以埋伏奇袭打其不备，并用钻隙迂回击敌侧背；以近战夜战和火力急袭与短距突击诸手段，以达逐次破敌之目的。"

戴安澜返回云南保山师部驻地后，立即部署第二○○师各团及摩托化骑兵团、工兵团等配属部队，准备随时开赴缅甸。戴安澜对全师官兵作战前动员时，动情地讲了岳飞、文天祥、诸葛亮等人的事迹。虽然这些著名的爱国者大家已经熟悉，但为国远征前夕，听师长重讲，大家群情激昂，热血沸腾，决心精忠报国，为正义而战。

1942 年 3 月 4 日，艳阳高照，晴空万里。官兵们穿着草绿色军服，脚着草鞋，背挂斗笠，佩戴"昆仑"臂章，肩挎各式武器，整装待发。军用卡车排列整齐如一列长龙，车身上贴满了用中、缅两国文字书写的标语："中国军队为保卫缅甸人民而来！""加强中英军事合作！""缅甸是中国最好的邻邦！""驱逐倭寇，扬威异域！""为国争光，不胜不还！"

戴安澜站在高处，望了望英姿飒爽的官兵，然后一声令下："出发！"

268 辆带有篷布的军用卡车徐徐开动了。第二〇〇师官兵们精神抖擞，意气风发，豪迈地踏上了出师异域、支援友邦、保家卫国的征途，一路向西。

正是草长莺飞的阳春三月，大自然生机勃勃，战士们威风凛凛。他们一边走一边高唱着师长戴安澜亲自谱写的战歌《战场行》——

> 弟兄们，向前走！
> 弟兄们，向前走！
> 五千年历史的责任，
> 已落在我们的肩头，
> 已落在我们的肩头。
> 日本强盗要灭亡我们的国家，
> 奴役我们的民族。
> 我们不愿做亡国奴
> 我们不愿做亡国奴。
> 只有誓死奋斗，
> 只有誓死奋斗，
> 只有誓死奋斗！
> 弟兄们，大胆向前走！
> 敌机虽在我们头上盘旋，

> 炮弹虽在我们头上飞过,
>
> 拼命杀敌,沉着战斗,虽死也光荣。
>
> 弟兄们,大胆向前走!
>
> 要做那轰轰烈烈奇男子,
>
> 打倒日本强盗,
>
> 才显得我们的好身手,
>
> 打倒日本强盗,
>
> 才显得我们的好身手。
>
> 弟兄们!大胆向前走……

慷慨悲歌,壮怀激烈;金戈铁马,气吞万里。

部队沿着滇缅公路行进,沿途受到云南各族人民的热烈欢送。不断有人把水果、干粮、鸡蛋、布鞋、草鞋等慰问品送到官兵们的手中。还有妇女们组成的花鼓队、红绸队扭着秧歌,唱着用云南花灯调填词的歌曲,为远征军送行。更多的老百姓们自发地站在路旁,手上挥动写着"欢送国军远征""扬威异域为国争光"等标语的小旗,嘴里高喊着:"胜利胜利!凯旋凯旋!"热烈的欢送场面,令官兵们感动万分,不少战士禁不住泪流满面。

车过畹町,很快进入缅甸国境。经过一些城镇村落时,扑面而来的又是当地华侨的热情,他们打着"入缅远征,无上光荣!""欢迎祖国远征军!"等标语、彩旗,热烈欢迎来自祖国的远征军官兵。一束束鲜花、一包包糖果食品、一盒盒香烟,雨点般地抛撒到远征军官兵的身上。

据当日中央社随军记者发自滇边基地的报道:"今日滇缅公路已非商运古道,而为军运线,我军继续由此入缅,军运全部卡车,每车35—25人、马4匹……军队蜿蜒行进达数里,烟尘相接,甚为大观。我军将士深知此次出国作战,不仅在捍卫祖国,而且在争取盟邦胜利,保障和平。远征部队行动敏捷,闲暇即研究战况。战士们穿草绿色新军装,配装整齐,时于车中高唱战歌,前后应和,沿途春阳朗朗,花树灿烂,益增乐趣。"

坐在车上的戴安澜热泪盈眶,心潮起伏。远征军入缅作战,这是自1894

年甲午战争以来，中国军队第一次出境援助友邦、抗击侵略的大规模军事行动。戴安澜作为远征军先头部队的将领，感到光荣而自豪。

眼前春和景明，山花烂漫，将军诗情油然而生；史上诸葛武侯建功立业，今日安澜壮志直冲霄汉。

他即兴赋诗两首：

> 策马扬鞭走八荒，远征大业迈秦皇。
> 誓澄宇宙安黎庶，手挽长弓射夕阳。

> 万里旌旗耀眼开，王师出境夷岛摧。
> 扬鞭遥指花如许，诸葛前身今又来！

四　决战同古

经过 3 天日夜兼程的紧张行军，戴安澜所率第二〇〇师于 1942 年 3 月 7 日到达战斗第一线同古。

同古，又译东瓜，是地处南缅平原的一座有 11 万人口的中等城市，南距仰光 250 千米，北距曼德勒 320 千米，扼守仰曼铁路和滇缅公路的要冲，北面还有克荣冈机场。对日军来说，占领了同古便占据了要害之地。而对中国而言，同古与西线普罗美和东线毛奇互相呼应，构成了阻止日军北上的屏障。如果戴安澜能够守住同古，便能阻断日军由仰光向曼德勒推进的道路，同时最大限度地争取时间，掩护中国远征军主力向同古一带集结。

但守住同古谈何容易？且不说日军的重兵进攻，单就自然地理条件而言，地处平原的同古，防守起来没有任何起伏的地势可以依托利用，只能利用坚固的工事抵御来犯之敌。然而在此之前驻守的英军留下的工事却草率简陋，战壕很浅，战斗指挥所的岩体覆盖层太薄，根本经不起炮火的轰击。

因此，戴安澜从英军手中接过防务后，当务之急便是带领官兵积极建筑工事。短短几天，一座同古城在戴安澜手里，便形成了地上地下互相呼应的立体防御体系。

3月16日，日军开始出动飞机对同古进行连日轰炸。第二天，驻守同古的英军突然通报戴安澜，他们的军队将于当夜全部撤走。此时的同古三面受敌，但戴安澜决心背水一战，哪怕战斗到最后一个人，也要完成"一定坚守同古一两周，并打个胜仗"的诺言。

同古保卫战的序幕是从皮尤河战斗拉开的。

早在3月8日，率部进驻同古后的戴安澜便派遣摩托化骑兵团和第五九八步兵团的第一营，外加一个排的自行车兵前往同古以南56千米的皮尤河建立防御阵地。3月18日，追击撤退英军的日军抵达皮尤河我军阵地前。19日清晨，当日军的车队驶上皮尤河大桥，预先进入埋伏地段的中国士兵立即引爆了预埋的炸药，只听一声轰天巨响，大桥陷落，桥上的日军顷刻葬身河底。日军后续车辆也堵塞在河南岸的公路上，进退失据，乱作一团，埋伏在公路两侧的第二〇〇师警戒部队，突然使用轻重武器向敌人猛烈射击。经过3个小时的激战，大批日军被击毙，还有步枪20余支、轻机枪2挺，以及19辆摩托车等皆成为第二〇〇师的战利品。

但日军并不甘心失败，他们铁了心要攻下同古。从3月20日拂晓开始，日军连续几天在同古周边向中国军队进攻，均遭到第二〇〇师的英勇反击。

20日，在良赤道克，战士们设下两道埋伏，给日军以突袭，敌人多次从不同方向进攻，均未能攻克我军阵地。21日，在开维布维，敌人重炮向我进攻，遭到我军顽强抵抗，有效阻滞了日军。22日，日军在战车、大炮、飞机掩护下，再次向我军阿克春阵地进攻，遭到我军有效反击，战至深夜，阵地依然在我手中。23日，日军以更猛烈的炮火向我军轮番进攻，结果遭到官兵殊死抵抗，战士们用集束手榴弹炸毁日军坦克、装甲车各2辆，汽车7辆，击毙敌人300多人，打退敌人多次进攻。激战一昼夜，敌人未能前进一步。24日，日军向坦塔宾、锡唐河北岸等中国军队外围阵地进攻，均被击退。

经过6天的外围作战，戴安澜率领第二〇〇师以伤亡七八百人的代价，挡住了日军的疯狂进攻，迟滞和消耗了敌人，打击了日军的嚣张气焰，但同古也陷于重重包围，成了一座孤城。

22 日激战后，戴安澜将同古战况向上峰做了汇报，并请示下一步行动的计划，得到的答复是：第二〇〇师的任务依然是坚守同古。

虽是孤城，却必须死守，而援军尚在千里之外，接下来的同古之战必将极为严酷。戴安澜再次想到了自己许下的诺言："虽战至一兵一卒，也一定要挫敌凶焰，固守同古！"看来，是兑现诺言的时候了。

当晚，戴安澜久久不能入眠。他取出师部信笺，写下了虽只有七字却重于千钧的遗嘱："誓与同古共存亡！"然后，给妻子写了一封遗书——

亲爱的荷馨：

余此次奉命固守东瓜，因上面大计未定，其后方联络过远，敌人行动又快，现在孤军奋斗，决以全部牺牲，以报国家养育！为国战死，事极光荣，所念者，老母外出，未能侍奉。端公仙逝，未及送葬。你们母子今后生活，当更痛苦。但东、靖、篱、澄四儿，俱极聪俊，将来必有大成。你只苦得几年，即可有福，自有出头之日矣。望勿以我为念，我要部署杀敌，时间太忙，望你自重，并爱护诸儿，侍奉老母！老父在皖，可不必呈闻。

　　于此即颂

　　　　　　　　　　　　　　　　　　　　　　　　　　心安

　　安澜手启　　三·二十二

生活费用，可与志川、子模、尔奎三人洽取，因为他们经手，我亦不知，想他们必能本诸良心，以不负我也。又及。

信中提到的"端公"，即戴安澜的叔祖父戴昌斌。

写完给妻子的绝笔信，戴安澜又给军中 3 位至交留下遗嘱——

子模、志川、尔奎三位同志鉴：

余此次远征缅甸，因主力距离过远，敌人行动又快，余决以一死，以报国家！我们或为姻戚，或为同僚，相处多年，肝胆相照，而生活费用，均由诸兄经手。余如战死之后，妻子精神生活，已极痛苦，物质生活，更断来源，望兄等为我善筹善后。人之相知，贵相知心，想诸兄必不负我也。

　　手此即颂

勋安

安澜亲启　三·二十二

　　整整 80 年过去了，今天，2022 年 6 月 8 日，当我在电脑上录入这两封信时，禁不住热泪盈眶。

　　第二天，戴安澜召集团以上军官开会，他神情严峻地说："命令各团营进入阵地，准备坚决战斗到底。本师长立遗嘱在先：余战死，以副师长代之；副师长战死，参谋长代之；参谋长又战死，以某团长替之；团长战死，营长代之……以此类推，各级皆然。"

　　慷慨悲壮之情，感染了大家。官兵们发誓与同古城共存亡。

　　3 月 25 日拂晓，日军倾巢出动，从 3 个方向对同古疯狂进攻。戴安澜指挥全师依托城防工事沉着应战。在城内地面建筑和工事大多被敌人的重炮夷为平地后，官兵们进入地下坑道，等到日军炮火暂停时，再纷纷从坑道口冲出来突然向日军射击、投弹，打得敌人人仰马翻，死伤遍地。

　　足智多谋的戴安澜还想出一个"火烧森林"的办法对付日军的进攻。当日军涌进城边丛林时，官兵们便发射燃烧弹点燃树丛，突如其来的熊熊大火将日军包围，敌军在绝望的惨叫中连人带树都被烧个精光。敌人想不到戴安澜会出此奇招，一时不知所措，只好停止了进攻。

　　敌人伤亡惨重，却始终无法攻入城内。恼羞成怒的日军为了突进城内，竟不顾国际法禁止，悍然使用了糜烂性芥子毒气弹。第二○○师官兵毫无防备，许多人中了毒，阵地终被日军所突破，黄昏时被迫撤出，退守铁路以东。中日双方的部队仅隔一条铁路对峙，相距不到百米。双方反复冲杀，肉搏数次，战况惨烈。

3 月 27 日，同古城区已被敌机炸成一片瓦砾。但第二○○师的士兵们依然顽强抵抗，在市区内与敌人短兵相接，进行逐街逐屋的巷战争夺，以白刃格斗相互血战拼杀。当日夜晚，在南面守卫的中国军队曾奋勇出击，对立足未稳的日军展开逆袭，将日军一度压赶至城外河岸。在此逆袭中数十名日军被击毙，其中包括第一四三联队长横田大佐。中国士兵从横田大佐尸体上搜出日记一册，上面记曰："自南进以来，敌军望风披靡，我军所向无敌。不料，同古之战却遇劲敌。劲敌者，中国重庆军是也。"

第二天，敌人出动飞机 190 余架、战车 100 多辆、大炮 100 余门，再次发动猛烈进攻。甚至又向城内施放毒气弹。第二○○师官兵们伤亡很大，但仍然英勇抵抗，坚守阵地，屹立不动。到了深夜，日军突然出现在戴安澜指挥部附近，双方相距只有 50 米。师指挥部的警卫、参谋、后勤人员都拿起武器，英勇战斗。戴安澜也手持轻机枪在河岸向渡河偷袭的日军扫射，战斗相当激烈。后来戴安澜说，28 日这一仗，是他经历过的最激烈、最难打、最险恶的一仗。第二○○师是用百米决斗、刺刀加手榴弹，把敌人打跑的。

但经过十多天艰苦卓绝的作战，第二○○师伤亡很大，几乎弹尽粮绝，且敌人紧缩了对同古的包围圈，我军退路有被截断的危险。蒋介石经过再三权衡，终于同意让第二○○师撤出同古。他发来"寅艳奖电"，嘉许戴安澜率领的第二○○师坚守同古重创日军的战绩。

29 日晚，戴安澜亲自来到锡唐河边接应部队撤出。虽然在敌人的包围圈中，四面枪声不断，但全师撤退秩序井然。到 30 日拂晓，包括担架上每一个伤员在内的所有官兵悄无声息地全部渡过锡唐河，安全转移。天亮以后，敌人再次重兵进攻，可他们冲进城去，才发现是一座空城。

第二○○师在没有空军协同作战、内缺粮弹、外无援兵的情况下，与四倍于己且配备了重炮、战车、步兵特种兵和空军的日军两个精锐师团连续苦战了 12 天，以伤亡 2000 余人的代价，打退了日军 20 多次冲锋，歼灭敌军 5000 多人，俘敌 400 多人，击毁坦克、装甲车 14 辆，最后安全撤出同古城，连一兵一卒也没有丢下，全师而归，创造了中国现代城市防御作战史上的奇迹。同古保卫战是中国远征军出国参战所取得的首次胜利。它打出了国威，在国内外引起了强烈的反响，成为中国抗战史上光辉的一页。

有人对此战的评价是："中国军队的黄埔精神战胜了日军的武士道精神！"

战后美国官方材料记载：同古保卫战是缅甸战场上"所坚持最长的防卫行动，并为该师和他的指挥官赢得巨大的荣誉"。

日本防卫厅在战后编纂的军事研究回忆录中写道："该部队（指 200 师）自始至终意志旺盛，特别是其退却收容部队，固守阵地，抵抗直至最终。虽是敌军，但令人佩服！自司令官饭田中将以下各将官无不赞叹其勇气。"

"手挽长弓射夕阳。"戴安澜再次以"抗日名将"的崇高荣誉而蜚声中外。

五　捐躯沙场

同古战役之后，又一个地方同时进入中日双方视线——缅北重镇棠吉。

当时，国民政府准备组织远征军采取新的攻势，在平满纳地区举行一次会战。经过一番紧张而周密的部署，平满纳会战准备就绪，日军主力被成功地吸引到平满纳设伏地区。就在会战即将打响的时候，却出现了意想不到的情况。面对日军的进攻，担任保护远征军右翼的英军"掉链子"了——他们完全丧失了斗志，相继放弃了他们的阵地，将平满纳地区中国远征军的右翼完全暴露在日军的攻击之下。中国军队不得不放弃了平满纳会战计划。

几天后，日军抢占了棠吉，远征军处境岌岌可危。

棠吉是位于崇山峻岭中的一块高台地，是雄踞高原、形势险要的军事要地。日军攻克了棠吉，便切断了远征军的退路和补给线。

危急关头，戴安澜得到急令，率第二〇〇师夺回棠吉。

其实当时第二〇〇师的兵力并不强。由于连续战斗，全师兵员仅有 6200人，但全师斗志旺盛，对未来战斗充满信心。戴安澜在战前会议上向各团营长指出，与同古的平原防御战不同，棠吉是山地的攻击战；因此，向敌方主阵地开始攻击后，应迅速占领棠吉两翼，将敌人包围于山地而歼灭，以最少的牺牲来求得最大的胜利。

24日拂晓，浓雾弥漫，官兵们以迅雷不及掩耳之势，将棠吉以西的敌人击溃，趁城内敌人还在睡梦中，又乘胜向棠吉城西、南、北三面高地发起攻击。日军占据山地顽固抵抗。当日黄昏，官兵们再次猛烈攻击，占领了棠吉城周围的许多高地，残余日军全部退入城中并占领宝塔山一带，企图负隅自守。

次日早晨，戴安澜亲自指挥攻取棠吉的战斗。敌人居高临下负隅顽抗，宝塔山久攻不下，戴安澜命令榴弹炮连随步兵一起推进阵地，对着宝塔山猛烈射击，最后冲进敌阵与日军白刃肉搏。战斗中，戴安澜的随从副官孔德宏负伤，他的卫士樊国祥牺牲，可见当时战斗之激烈以及戴安澜处境之危险。

宝塔山终于被浴血攻下。到了下午，棠吉四周的高地均被我军占领，棠吉城已经完全失去护卫的屏障，敌人渐渐招架不住。官兵们冲入城内，与日军展开巷战。战斗打得极为惨烈，将士们逐屋逐巷和日军争夺，每一个战士都视死如归，每一个指挥员都身先士卒。当晚，第二〇〇师彻底攻克了棠吉。

棠吉一战，击毙日军第五十六师团第一一三联队第三大队长入部兼康中佐，歼灭日军400余人，击毁敌装甲车3辆、汽车21辆。

捷报传来，国内狂欢。戴安澜又一次被国人视为神一般的存在。中国远征军参谋长史迪威将军这样赞誉戴安澜将军："近代立功异域，扬大汉之声威者，殆以戴安澜将军为第一人。"

但是，第二〇〇师官兵们用热血和生命换来的棠吉，第二天（4月26日）便奉命放弃了！因为戴安澜接到的新任务是追击由雷列姆向北进犯腊戍的日军。如果日军占领了腊戍，便阻断了中国军队的退路。

由于高层指挥的战略性失误，再加上中、美、英三国在某些认识上的分歧以及行动上的不协调，第二〇〇师虽然收复了棠吉，却并未改善中国远征军的被动处境，日军却日益猖狂。就在戴安澜攻克棠吉的前一天，日军便占领了棠吉东北面的雷列姆，然后分两路北进，对腊戍形成夹击之势。这就是戴安澜得到急令追击北犯腊戍之敌的原因。

然而，每天都传来中国远征军阵地失守的消息。4月29日，腊戍完全被日军攻占，这意味着中国远征军回国的主要退路被日军切断。远征军总部乱成一团，远征军总指挥史迪威、远征军第一路司令长官罗卓英分头退向印度。留在缅甸的远征军成了无首之躯，将士们面临全线崩溃的悲惨境地。从此，远征军各部踏上了各自的悲惨归途。

孙立人带着新三十八师往西退入印度；杜聿明率第五军新二十二师、军直属部队在野人山中辗转，历尽艰辛，最后只有三分之一的官兵侥幸到达印度；戴安澜打算率领第二〇〇师向北突围。经过同古、棠吉战斗，第二〇〇师尚存兵力5800余人，但戴安澜下决心，无论多么艰苦，都要把第二〇〇师的弟兄们带回国。

他召集团以上军官开会，说："我们要不顾一切向北方朝着国境线方向前进，一定要把部队带回国。"

他又强调说："我们要尽快进入森林，钻得越深越保险，另外，在十字路口要互相派联络兵，以免迷失方向。在撤退路上，如果我出现意外，部队由副师长接替指挥，副师长牺牲，由步兵指挥官指挥。总之，无论如何，一定要把部队带回国！"

北上回国的路上，不仅要提防敌人的随时袭击，还要战胜恶劣自然环境的威胁。缅甸中部往北，全是遮天蔽日的原始森林，藤蔓缠绕，像密集的网，完全没有像样的道路，稍不留意便找不着北，而且遍地生满苔藓，散发着腐烂的气息；还有无数山蚂蚁和蚂蟥，总能钻进官兵们包裹严实的衣裤之内吸吮人血；森林中的蚊子，一团一团的，黑压压一片，嗡嗡地向人们袭来。

毕竟是第二〇〇师的官兵，他们训练有素，纪律森严，在师长戴安澜的带领下，排除千难万险，几天后终于走出险象环生的密林，来到南渡河。

然而，一条船都没有，如何过河？戴安澜安排官兵们砍伐河边的毛竹扎成竹筏，一边躲避日军飞机的侦察，一边抓紧时间砍竹子、搓草绳、扎竹筏，到了晚上，部队依次登上竹筏，终于在黎明前，全师所有官兵全部渡过宽约千米的河。

就这样，戴安澜带着第二〇〇师的弟兄们翻山越河，悄然北上，一连几天都没和敌人遭遇。但他很清楚，敌人一直在千方百计地搜寻第二〇〇师的踪迹。

的确，日军没有忘记在同古带给他们奇耻大辱的第二〇〇师。现在该师身陷困境，日军认为这正是报仇雪耻的天赐良机。他们发誓一定要追到第二〇〇师，将他们全歼于缅北森林中。日军电台不断叫嚣："要奠定东亚和平，非消灭第五军，尤其是第二〇〇师不可！"他们潜伏在第二〇〇师可能会经过的森林里，随时准备袭击。

戴安澜何尝不知道随时都可能遭到日军伏击，但回国必须北上，而且只能穿过原始森林。他率第二〇〇师官兵冒着炙热和雨淋，在深山密林中隐蔽行进。白天行军，尽量避开公路、铁路、城镇、寺庙；晚上，官兵们依山傍树，席地而睡，随时准备应付险情。终于，经过十几天的艰苦跋涉，他们冲过日军设置的一道道封锁线，也躲过了敌机的盘旋搜索，摆脱了敌人一次又一次的伏击，一步一步地向国境靠近，来到了腊戍西南侧的朗科地区，这里离国境线大约有150千米的路程。

然而，就在回国的路已经走完十分之九，再过三五天就可以回国的时候，险情出现了。

那天是5月18日，天正下着大雨，第二〇〇师准备通过细摩公路。前卫部队刚刚通过后，预先埋伏在那里的日军突然开火。

"糟了，果然有埋伏！"戴安澜暗暗叫苦，然后一跃而起，举着枪大声喊着："弟兄们，不要停留，快冲过去！"

日军占据有利地形，利用优势火力，用迫击炮、重机枪、轻机枪和手榴弹不断向第二〇〇师猛烈攻击，不少战士中弹牺牲，更多的战士被压制在公路两边，被打得抬不起头。千钧一发之际，戴安澜亲率第五九九团向敌人发起了进攻。敌我双方在黑暗中各自利用树林开展一场生死对决。

时间分分秒秒过去，天快亮了，戴安澜心中焦急，他命令柳团长掩护，然后高呼："冲啊！弟兄们，不能停下来！"戴安澜带头冲上公路，大步流星，一步两步，眼看就要越过公路了。突然，他用手捂住了胸部，此时，又一颗罪恶的子弹击中了他的腹部，他摇晃着倒下了。

参谋主任董惟强冒着枪林弹雨，冲过去将戴安澜背到路边。戴安澜艰难地说："董参谋，放我下来，告诉副师长，一定要冲过公路，不要管我。"

副师长高吉人决定另选突破口，终于选择了一个日军布防的薄弱之处。从 19 日晚 9 时开始，一夜间全师安全通过。身负重伤的戴安澜脸上显出了欣慰的笑容。

终于摆脱了敌人的追击，离国境线也越来越近了，但路途却更加艰辛，部队开始翻越野人山。又正逢缅甸进入雨季，瓢泼大雨，没日没夜。第二〇〇师的官兵全身透湿，终日在原始森林的泥水中艰难跋涉。戴安澜的伤口经过雨水的浸泡，已经感染化脓，却得不到任何处理，因为早已无药可换。

还有饥饿。战士们早已没有了食物，只能吃树叶和草。一位营长向当地居民为戴安澜求得一碗粥，戴安澜仅喝了一口，看着身边的官兵伤感地说："我怎么能够忍心一个人独吃呢？"说着眼泪夺眶而出，官兵也纷纷落泪。

5 月 26 日，部队到达缅北一个山寨——茅邦村。几天来一直发烧昏迷的戴安澜醒来了，问副师长高吉人："快到国境了吗？"

高吉人轻声说："是的，再翻两个山头便是。"

戴安澜脸上露出微笑，他是多么想回到祖国啊！但他知道已经不可能，于是久久望着北方，凝视着已经不再遥远的国土，喃喃自语："反攻！反攻，反攻……"

戴安澜慢慢闭上了眼睛。

那一刻，是 1942 年 5 月 26 日下午 5 时 40 分。

那一年，将军 38 岁。

> 弟兄们，向前走！
> 五千年历史的责任，
> 已落在我们的肩头。
> 日本强盗要灭亡我们的国家，

奴役我们的民族，

我们不愿做亡国奴，

只有誓死奋斗，

只有誓死奋斗！

弟兄们，大胆向前走！

敌机虽在我们头上盘旋，

炮弹虽在我们头上飞过，

拼命杀敌，沉着战斗，虽死也光荣。

弟兄们，大胆向前走！

……

戴安澜生前创作的《战场行》再次在森林中响起，低缓深沉。

一支哀兵的队伍，怀着悲痛在风雨中唱着师长留给他们的战歌，迈着疲惫而坚定的步伐。在队伍的最前面，8 名战士抬着戴安澜将军的灵柩，棺盖上是湿透了的战旗。

官兵们轮流抬着他们敬爱的师长，向着祖国的方向前行……

尾声　万里旌旗

1943 年 4 月，国民政府军事委员会重建远征军，后称滇西远征军（先前撤至印度的则称"中国驻印军"）。

1943 年 10 月，经过刻苦训练并接受了先进装备的中国驻印军和中国滇西远征军，发动了缅北、滇西反攻战。远征军似两把尖刀，左右夹击，血战 17 个月，解放缅北大小城镇 50 余座，收复云南西部失地 83000 平方千米，歼灭日军 4.9 万余人。

"万里旌旗耀眼开，王师出境岛夷摧。"我想，在缅北滇西排山倒海、摧枯拉朽的大反攻队伍中，一定闪耀着戴安澜将军的英灵。

戴安澜将军殉国后，妻子王荷馨获得抚恤金 20 万法币。她感念丈夫生前报国理想，将其全部捐出，在广西余州建了一所私立安澜高级工业职业学校。王荷馨虽然出钱办学，但她既不任董事长，也不当校长，还特别禁止子女到学校去沾一点点光。

1949 年，蒋介石派人来要将戴安澜遗孀及子女撤离到台湾。王荷馨坚定地说："我的丈夫葬在哪里，我一辈子就带着孩子在哪里，绝不离开他。"

中华人民共和国成立初期，王荷馨得到政府的厚待，每个月可以去街道领取救济粮，正在读大学的长子戴复东每个月可以在学校领取助学金。后来，王荷馨在上海杨浦区街道当了治保主任、军烈属组长，每个月可以领取固定工资、加班补贴。

戴复东于 1952 年 7 月在南京大学建筑系毕业后分配到了同济大学任教，1983 年被公派至美国纽约哥伦比亚大学建筑与规划研究院做访问学者，后来成为中国工程院院士、同济大学建筑与城市规划学院名誉院长、教授、博士生导师、国家一级注册建筑师。半个多世纪里，作为建筑学与建筑设计专家的戴复东主持设计了近百项工程。

将军的二女儿戴藩篱，曾参加中国人民志愿军入朝作战，后为上海市政协委员。1995 年退休后又成为上海市百老德育讲师团团员和上海市黄埔同学会亲属联谊会干事。

二儿子戴靖东与大哥戴复东一样，大学毕业后成为南京理工大学教授，从事教书育人的工作。

小儿子戴澄东，1964 年毕业于华东水利学院，是我国高级水利工程师。他曾经担任江苏省水利厅副厅长，江苏省委统战部副部长，省政协港澳台侨委副主任等职。

儿女们都继承了父亲的报国之志，皆为栋梁之材，九泉之下的将军，可以安息了。

佟麟阁：卢沟雄狮

引子 "佟麟阁路"

2006 年的秋天，我应邀去北京讲学，所住酒店在宣武门一带。

我有晨练的习惯——其实就是小跑或疾走五六千米。那天早晨从酒店出来，先是小跑，然后是快走，走着走着，一个路标吸引了我——"佟麟阁路"。路标是一块绿色的长方形牌子，边沿有金属框架。

在古朴楼房和挺拔大树的背景下，这路标并不是特别的显眼，但当我看到"佟麟阁"三个字时，我的心就被击中了。

我继续往前小跑，内心激荡澎湃，不能自已。一想到佟麟阁曾在这条大街居住过，我就感觉自己的双脚正踏在半个多世纪前将军留下的脚印上。

这条街原来叫南沟沿大街。1946 年春天，北平市长何思源签发训令，将原南河沿大街改名为佟麟阁路，同时改名的还有另外两条街：北河沿大街改名为赵登禹路，铁狮子胡同改名为张自忠大街。

这显然是抗战胜利后，人们想以此表达对抗日捐躯烈士的崇高敬意。

中华人民共和国成立后，中央人民政府有关条例明确规定："一般不以人名作地名"，但"佟麟阁路""赵登禹路""张自忠路"却保留了下来。因为，第一，这是中华人民共和国成立前就存在的地名，应该尊重历史；第二，更重要的是，这三个名字对应的人都非常特殊，特殊在于他们是以自己的生命保卫了北京，保卫了中国。

今天，2022 年 8 月 30 日，当我开始写这篇文章时，正好是佟麟阁将军的 130 周年诞辰。

如今的佟麟阁大街，每天都会匆匆忙忙走过无数的行人，但在无数的行人中，有多少人知道佟麟阁这个名字，又有多少人知道佟麟阁伟大而悲壮的一生？

一　生死之交

那天早晨，李尧臣按多年的习惯在自家院子里练了一会儿刀，他正准备进屋洗洗，突然听见有人敲门。

他把门打开，是一名高大英武的军人，来人谦卑，自我介绍道："我叫佟麟阁，是第二十九军副军长，特前来拜见大师。"

堂堂副军长，为什么要来拜见李尧臣？李尧臣又是何许人也？

李尧臣，中华武术名家，河北冀县李家庄人，生于 1876 年。在那个动荡不安的年月，受家乡习武风气的影响，他从小练就了一身好功夫，并凭借高超的武艺行走江湖，后来进了北京著名的会友镖局，成了一名职业镖师。在会友镖局的 27 年里，他日渐有名——在慈禧太后面前表演过八仙庆寿剑，教过京剧武生大师杨小楼演《安天会》（即《闹天宫》）中的猴拳动作，教过京剧旦角大师梅兰芳《霸王别姬》中的舞剑手法。他开过鼎盛一时的"武术茶社"，也主持过名声赫赫的北京精武体育研究会，还在擂台上击败过日本拳师……

1931 年九一八事变后，日本侵略者完全占领了我国东北地区并建立了伪满政权，但他们的铁蹄并不满足于对东北的蹂躏，而是继续进攻山海关，想把战火引向山海关内，企图一步步践踏整个华北进而占领全中国。中国所有爱国官兵，无不切齿痛恨，渴望在战场上和日本鬼子决一死战，"把我们的血肉，筑成我们新的长城"。驻守在察哈尔省的第二十九军副军长兼张家口市公安局局长的佟麟阁，就是其中的一名骁将。

张家口境内的长城特别多，有"长城博物馆"之称。后来，中国军队正是在长城沿线对日军进行了浴血抵抗，而那次抗战也被人们以长城命名为"长城抗战"。

但开战之前，第二十九军的军长宋哲元深知，中国军队与日本侵略者的差距，不是士气，而是装备。第二十九军是中原大战时被蒋介石打败的西北军中唯一没有投降而被保存下来的西北军余部。虽然被保存下来了，却备受歧视，尤其是军饷装备不足，基本上是自生自灭。在这种情况下，要和拥有精良武器的日本人作战，谈何容易？

但无论如何，日本人已经一步步逼近眼前了，必须奋起抵抗。没有足够的武器装备怎么办？宋哲元想到了大刀。日本人虽然武器精良，特别是长于刺杀，而信奉武士道精神，战场上很少举手投降的，但他们却怕砍头。据说他们迷信鬼神，认为被刀砍死就不能投胎，升不了天，所以日军宁愿被打死或剖腹死也不愿意被砍死。而第二十九军保留着原西北军的传统，不但身体素质好，而且许多官兵都会拳脚和刀剑，完全可以自制大刀，发挥我们的长项，克敌制胜。

一时间，全军上下研制大刀，并开始了轰轰烈烈的大刀训练。训练就需要物色一位水平高超的大师，佟麟阁想到了赫赫有名的李尧臣，于是便有了上文所述佟麟阁亲自登门拜访的那一幕。

同样对日本鬼子怀有深仇大恨的李尧臣欣然允诺，他甚至感谢佟麟阁给了他一个报国的机会。

李尧臣认真研究了第二十九军将士所使大刀的特点，结合中国传统的六合刀法，为士兵们"量身定做"了一套完整的"无极刀法"。这种刀法，既可以当刀劈，又可以作剑刺，简单易学，实践性非常强。然后，他建议佟麟阁在广大官兵中抽调骨干组成大刀队，由自己直接传授"无极刀"刀法，再通过这些骨干传授给全军官兵。

佟麟阁采纳了李尧臣的建议，并很快在部队实施。李尧臣始终在训练场上，边讲边做，现场示范。一时间，训练场上龙腾虎跃，杀声震天。

直到 90 年后的今天，我们都还没忘记大刀队在长城抗战和卢沟桥抗战中的威风，却很少有人知道，大刀队的总教官是李尧臣，而实际上的创始人是佟麟阁。

佟麟阁，字捷三，1892 年出身于河北省高阳县一个农民家庭。其实，佟麟阁这名字是写错了的，本来应该叫佟凌阁。佟凌阁壮烈殉国后，国民政府在通令表彰时，将"凌"误写成"麟"，于是将错就错地沿用至今。

佟麟阁的父母没什么文化，但其舅父胡老先生却学识渊博，通晓中国历史。于是，幼年佟麟阁便拜在其门下攻读诗书。

在启蒙读书时期，佟麟阁从舅父那里学到的不只是四书五经，更知道了高阳县历史上英雄豪杰的故事，尤其是明朝末年督军孙文正领军击败清兵的事迹让佟麟阁特别感动。

明朝末年，清兵进犯到河北高阳，督军孙文正领兵出击。在敌众我寡的形势下，明军将士合力将清兵击退。由于明末战祸连年，朝廷已经没有足够的兵力派来支援高阳城，孙文正只好孤军固守，最终因寡不敌众被清兵破城。孙文正得知无力回天，遂率全家子孙 19 人向北跪拜，并仰天大喊："臣已尽全力，但是没有守住高阳，我只有以死报国了。"说罢，孙文正率子孙 19 人自尽殉节。

这些壮烈的故事激荡着少年佟麟阁的心。当时佟麟阁心中充满着对古代历史英雄班超、岳飞、孙文正等的深深敬仰，也深深埋下了仇恨外国侵略者的种子。

1900 年 7 月，居易水之南，保定府之东的高阳，惨遭八国联军之日军的大肆烧杀掳掠。年仅 8 岁的佟麟阁目睹国家的屈辱与人民的苦难，朦胧的救国之志在心中萌发。

按照当时的早婚风俗，佟麟阁 15 岁时奉父母之命与本县一位比自己大三岁的农家女子彭静智结婚。懵懂年纪不懂爱情，何况是父母包办的婚事，但佟麟阁却与妻子由相守到相爱，直到殉国。

婚后两年，妻子生下一男孩，17 岁的佟麟阁当上了父亲。为了养家糊口，他在当地县衙谋得一个笔帖式的职位。这不是一个官职，也就是做些缮写工作，但每月可以挣 10 两银子，而这 10 两银子可以养活一家五口人。在那个年代，佟麟阁至少可以让家庭过上还算温饱的生活。

然而，他只要走出官署来到大街小巷，就可以看到社会每一个角落的黑暗与肮脏。当时的中国极度贫瘠，经济到了濒于崩溃的边缘。佟麟阁看到的，是无力缴纳赋税而被追打的农民，是头上插着草标被父母叫卖的孩子，是伸过来的一只只瘦骨嶙峋的乞讨的手……佟麟阁虽然能够勉强养活自己一家五口，却没法拯救身边更多的同胞。他希望这个世道早一天改变，并愿意为此拼尽绵薄之力。

辛亥革命爆发后，佟麟阁投笔从戎，成为西北军冯玉祥麾下一名哨兵，从此开始了他波澜壮阔的军旅生涯：廊坊起义、直奉战争、北京政变、讨伐军阀、五原誓师、北伐转战、中原大战……就这样，佟麟阁从哨兵到将军一路拼杀，浴血奋战，出生入死。

值得一提的是，1914 年，佟麟阁任冯玉祥部第十六混成旅第一团第三营第二连连长，驻防陕西，恰逢赵登禹在该连入伍，成为佟麟阁手下的兵。赵登禹骁勇过人，二人结成生死之交——这里的"生死之交"得到应验，因为二人最终同一天死在了炮火连天的抗日战场上。

比佟麟阁小 6 岁的赵登禹，是山东菏泽人。7 岁时，他进私塾读书，后因家庭生活困难而辍学。13 岁时，拜名师习武，对太极、八卦、少林等拳术及刀、枪、剑、戟诸般兵器都颇有功夫，特别擅长徒手夺刀、赤手夺枪。16 岁时，他与哥哥赵登尧长途跋涉，步行 900 多千米，到达陕西潼关投奔冯玉祥将军，在其领导的部队当了一名兵。后来，冯玉祥看中赵登禹的一身武艺，让他当了自己的随身护兵。

最早让赵登禹在西北军中成为"新闻人物"的，是他在常德开枪打虎的壮举。1919 年春夏之交的一天，赵登禹和战友们在德山练习野战，训练中发现了一只猛虎，士兵与山上居民一起追打，冲在前面的赵登禹连发数枪，击中老虎的要害。最后他扛着死老虎下了山，送到冯玉祥处。冯玉祥非常高兴，特请来城里照相馆的照相师，让赵登禹骑在被他打死的老虎身上，做出挥拳的姿势拍了一张照片，并亲笔在照片上题写了"打虎将军"几个字，以示纪念。"打虎将军"从此成了赵登禹的又一个称谓，被远乡近里的老百姓传颂。

1933年春天，长城抗战爆发时，佟麟阁已是第二十九军副军长，赵登禹是第二十九军第三十七师第一〇九旅旅长。论军中级别，佟麟阁是赵登禹的长官。然而，他俩因同一种冷兵器，而名扬中华大地，并被载入史册。

这个冷兵器叫——大刀。

二　长城热血

1933年1月1日晚上11点，突如其来的枪声和炮声打破了山海关的宁静，日军开始进犯山海关，企图以此为跳板，进一步入侵关内。

中国守军奋起反抗。虽然敌人有飞机、军舰和坦克，但我军将士依然以机关枪、迫击炮和手榴弹予以英勇抗击。激烈的战斗持续了三天，最后因力量悬殊而以中国军队失败而告终，日本人占领了山海关。

山海关之战虽然失败，却打响了长城抗战第一枪，拉开了华北抗战的序幕。

佟麟阁敏锐地意识到，日军不可能满足现状，必然会"扩大战果"。他因此提醒部队随时做好奔赴战场、抵御日军的准备。

山海关失守后不久，第一〇九旅旅长赵登禹奉命率部移师通县，随后驻防三河、蓟县一带，构筑防御工事。

临行前，作为主抓训练工作的副军长佟麟阁专程登门找到赵登禹，就部队进入前线的准备工作给他做了详尽的交代，除了强调军事训练，他还特别着重指出长官关心战士的重要性。他说，要视士兵为骨肉兄弟，只有情同手足，才能生死相依。他还说，部队一定不要扰民，要真正爱民，这样老百姓才会发自内心地支持部队打胜仗。

在赵登禹心目中，佟麟阁不仅仅是自己的长官，更是自己的大哥。出发前大哥这番话，无疑让赵登禹感到了方向和力量。赵登禹奔赴前线后，佟麟阁还一直和他保持电报联系，随时关注着部队。

第二十九军的平时训练都是佟麟阁抓的，要求极为严格。佟麟阁对亲自训练起来的这支部队非常了解，多数官兵都经过他严格细心的训练，有的甚至手把手地教过。他力图把这支部队打造成一支能征善战的钢铁部队。

面对即将到来的大战，佟麟阁更是加强了对第二十九军的战前动员和军事训练。佟麟阁反复给部队灌输这样的思想：驱逐侵略者，保卫自己的祖国，是每个官兵的神圣责任。日军越是害怕什么，佟麟阁就越是打造什么。他知道日军最害怕的就是第二十九军的大刀队，于是花大力气训练战士们的大刀技法。他对士兵们说："第二十九军没有胆小鬼，没有怕死鬼，只有英雄的大刀队，只有奋勇杀敌的敢死队。"

在长城抗战中，第二十九军果然以自己的热血，赢得了全国人民的热泪。

需要说明的是，参加长城抗战的中国军队并不只有第二十九军，但第二十九军无疑是最顽强、最具战斗力、因而给敌人以最沉重打击的一支劲旅。

长城抗战由许多战斗组成：古北口、南天门及兴隆战斗，冷口、界岭口、义院口战斗，滦东战斗以及喜峰口、罗文峪战斗。其中，最辉煌的是喜峰口战斗和罗文峪战斗。

喜峰口，是长城抗战最激烈的战场。在这里，佟麟阁、赵登禹以及广大官兵写下了自己的铁血荣光。

喜峰口原名"喜逢口"，是长城的一个重要关隘。相传古时有一戍边多年而不还的士兵，其父因思念而夜不能寐，便步行千里寻子，历经艰辛后父子终于相逢于此，相拥大笑，不料乐极生悲，老父亲喜极而去，儿子将其葬于此处。所以此地有了"喜逢口"的叫法，后来讹传为"喜峰口"。

第二十九军是突然接到命令匆忙赶到喜峰口设防的。参加长城抗战的国民党其他部队，在武器装备上都远远优于西北军的余部第二十九军——当时第二十九军只有山炮、野炮十余门，重机枪不过100挺左右，轻机枪每连只有两挺，而士兵们手中的步枪大多是汉阳造和山西"山寨版"的三八式。

然而，与众不同的是，第二十九军的每一个士兵，手里都有一把大刀。

这次在部队赶赴前线途中，佟麟阁反复向各级指挥员强调，一定要把战斗的准备工作做细一些。他用军长宋哲元亲手书写的"宁做战死鬼，不做亡国奴"的誓言，激励官兵为第二十九军的荣誉而战，为保卫祖国和家园而战。

1933年3月9日，日军进犯喜峰口，赵登禹率部御敌，一次又一次击退了日军的攻击。当夜，赵登禹又选出500名战士组成大刀队，冒着大雪出其不意地袭击日军炮兵阵地。激战中，数百名日本兵在梦中便成为刀下鬼，其他反应过来的鬼子抱头鼠窜。大刀队还缴获日军机枪十余挺。

10日，第二十九军在喜峰口与进攻的两侧日军再次展开肉搏战。由于第二十九军士兵手持大刀与日军短兵相接，胶着成一团，几处高地得而复失，失而复得，来回拉锯，杀声震天，争夺激烈。

这次喜峰口战斗是日军第一次遇到劲旅。

战斗到11日拂晓，日军出动飞机大炮对我军阵地狂轰滥炸，我军依然顽强反击，双方伤亡惨重。在这次战斗中，赵登禹腿部被弹片击中，不幸负伤。

但当夜，赵登禹依然裹伤率领3000人与王治邦旅长率领的110旅冒着大雪，挥舞大刀袭击日军营地，与日军进行白刃肉搏，砍死日军数百人，夺得机关枪10余挺，还烧毁了日军辎重车10余辆。

佟麟阁通过实战发现，夜战是第二十九军的长处，大刀更是第二十九军的绝招，而日军虽然武器装备精良，但其战术相对比较古板。以己之长攻其之短，必然取胜。他与军长宋哲元商议后决定，采用迂回夜袭战术打击敌人。

于是，赵登禹奉命裹伤再战，亲率特务营和两个团顶风冒雪，半夜出发。

此时正在睡梦之中的日军，成了任由赵登禹所率士兵宰割的鱼肉。赵登禹和士兵手持大刀猛砍猛杀，酣畅淋漓。日军完全来不及还击，多数被砍杀而死，敌炮兵大佐也被斩首。撤退时，赵登禹命令战士将无法带走的日军火炮、坦克车等辎重和粮秣全部炸毁烧尽。

参加这次战斗的不只是赵登禹的第一〇九旅，还有王治邦的第一一〇旅和佟泽光的第一一三旅，这两个旅也分别担负着自己的战斗任务和目标，这里不加详叙。总之，参加这次夜袭的三个旅密切配合，官兵们奋力砍杀，最后大获全胜，夺回了喜峰口，而且所有参加夜袭的官兵获胜后都原路返回。

日军在喜峰口吃了败仗后，集中兵力向罗文峪进攻，企图威胁第二十九军喜峰口阵地的左后方，但依然遭到了第二十九军的英勇反击。从3月16日拂晓到3月18日夜晚，官兵们依托长城，顽强抵抗。日军用猛烈炮火反复向中国守军攻击。官兵们静静等候日军的炮火停歇，待冲锋的日军离自己越来越近的时候，抽出大刀，跃出阵地，与日军展开拼杀。大刀的威力再次显现，日军终于被击退。然而，到4月13日，喜峰口腹背受战，第二十九军势孤不支，不得不奉命放弃喜峰口。

喜峰口、罗文峪战役，第二十九军共歼灭日寇6000余人，击毙日军少佐以上军官53人，缴获坦克11辆、装甲车6辆、大炮11门、机枪36挺，破坏野炮18门。当然，第二十九军也付出了代价，仅副团长以下军官就伤亡了14人。

当时日本一家报纸哀叹说："明治大帝造兵以来，皇军名誉尽丧于喜峰口外，而遭受六十年来未有之侮辱。"

以喜峰口、罗文峪战役为代表的长城抗战，树立了中国军队的威风，让长期以来憋了一肚子仇恨的国人扬眉吐气，看到了中国军人是能够打赢日本鬼子的。

从此，第二十九军便以抗日英雄部队之名令国人肃然起敬，且名闻中外。

长城抗战，充分展现了佟麟阁卓越的军事才能。他平时治军带兵的经验最后都转化成了辉煌战果。赵登禹也因长城抗战功勋卓著而由旅长擢升为第一三二师师长。

5月25日，蒋介石派人与日军和谈，双方停止军事行动，最后与日本签订了《塘沽协定》。这是一个屈辱的协定，因为它在事实上承认了日本占领东北三省和热河，标志着长城抗战事实上最终失败。

但蒋介石与日本可耻的妥协，并不能掩盖长城抗战的伟大意义。以宋哲元、佟麟阁、赵登禹、佟泽光、王治邦、何基沣等为代表的广大爱国官兵冲破国民党政府的重重阻力，奋起抗战，不但给骄横一时的日本侵略者以沉重的打击，还让国人看到了中华民族蕴藏的伟大力量，增强了抗日必胜的信心，为几年后的全面抗战奠定了坚实的精神基础。

当年7月，年轻的音乐家麦新，被第二十九军大刀队的英雄壮举所震撼，满怀激情一气呵成地创作了一首至今传唱的《大刀向鬼子们的头上砍去》——

> 大刀向鬼子们的头上砍去！
> 二十九军的弟兄们！
> 抗战的一天来到了，
> 抗战的一天来到了！
> 前面有东北的义勇军，
> 后面有全国的老百姓，
> 咱们二十九军不是孤军，
> 看准那敌人，
> 把他消灭，
> 把他消灭！
> 冲啊！
> 大刀向鬼子们的头上砍去。
> 杀！
> 大刀向鬼子们的头上砍去！

三 生死与共

1937 年夏日的一天，北平郊外。

在第二十九军的南苑驻地，来了一群激愤的年轻人，面对日本军人的不断挑衅，他们得到的命令是"忍"。可他们已经忍无可忍，于是直接找到副军长佟麟阁，要求抗日。

这群年轻人其实还不是职业军人，他们是在这里接受军训的学生兵。

早就渴望和日本人大干一场的佟麟阁何尝不理解这些学生兵的心情？但他不能冲动。

当时，军长宋哲元已回山东乐陵老家守孝，第二十九军的担子就全部压在了佟麟阁身上。作为全权负责第二十九军军务的他，佟麟阁必须听从上峰的指示。

长城抗战之后，国民政府对日关系的基调是妥协退让。主要是蒋介石一门子心思如何"剿共"，因为他固执地认为"攘外必先安内"。而面对日军的大军压境，身为辖区军政首长的宋哲元却幻想通过和谈的方式换得华北的太平。

这是当时国民党军阀部队中的一个通病。任何时候，他们首先考虑的并非民族大义，而是如何保住自己当前的势力和地盘。

宋哲元因此成为至今让人感觉最复杂最矛盾的人物：曾经是一位抗日名将，也曾经对日妥协，镇压一二·九爱国学生运动，被国人骂为汉奸。七七事变后幡然醒悟，奋起抗日，虽然最佳战机已经失去，但毕竟他最后还是站稳了民族大义的立场。他所率领的第二十九军成为全面抗战的第一支英雄部队。

而当学生军训团的年轻人找上门来向佟麟阁请缨时，正是蒋介石和宋哲元出于各自的想法而对日态度暧昧的时候，作为下属的佟麟阁怎能贸然答应年轻人的要求？

但他内心所受的煎熬，实在太痛苦了。

他对这些年轻人说："我和你们的心情完全一样！我早就盼着上面下达抗日的命令。今天，我可以给你们许下承诺，中央如果下达命令抗日，我一定立刻率领大家冲上战场。如果我不身先士卒，你们都可以把我抓起来，送往天安门前，然后挖我双目、割我双耳！"

年轻人看到副军长说这话的时候，声音颤抖，眼含泪光。他们理解了他，并在心里和副军长一起盼着抗日的军令早日下达。

同样的话，佟麟阁还在南苑军部召集的将校会议上说过。他坚定地说："日寇消灭中国，是其根本目的。中国人只有一条出路，就是抗战！日寇阴谋侵占平津、吞并华北，吾辈首当其冲。战死者光荣，偷生者耻辱！荣辱系于一人者轻，而系于国家民族者重。国家多难，军人当马革裹尸，以死报国！"

他的这番泣血誓言，得到与会全体将领的热烈拥护。

从 1937 年 6 月开始，日军在平津近郊的军事演习突然频繁起来，尤其是驻丰台的日军竟然以攻夺宛平城为目标，而且演习的日军部队多次要求穿城而过。

随时都可能擦枪走火。而日军一直都在"擦枪"，因为他们一直希望"走火"。

他们把"擦枪"的地方选在了卢沟桥。

卢沟桥位于北平西南的永定河上，背靠宛平县城，控制着平汉铁路的北端。当时，北平城已经被日军从东、南、北三面包围，只有西南边没有被日军占领。如果平汉线落入日本人手中，那整个北平会和东三省连成一片，这就扩大了日本的势力范围。

因此，日军选择卢沟桥作为扩大侵华的战场，并对卢沟桥志在必得。对日本人来说，在这里"走火"是再理想不过的了。

1937 年 7 月 7 日，滂沱大雨下了整整一天。到了晚上，驻丰台日军在卢沟桥以北地区举行以攻取卢沟桥为假想目标的军事演习。11 时许，日军诡称演习时一士兵离队失踪，要求进城搜查，被中国驻军严词拒绝。

次日凌晨 3 点半，佟麟阁接到卢沟桥守军的报告，说一些日军正在向卢沟桥进发，已经形成了对宛平县城的包围态势。他当即下达命令，要求第三十七师第二一九团团长吉星文率领第 1 营加强卢沟桥的防御。

与此同时，第二十九军全军将士都接到军部的一条命令："凡有日军进犯处，都要坚决抵抗，誓与卢沟桥共存亡，不得后退一步！"

发出这一命令的，正是佟麟阁。

4 时 50 分，日军向宛平县城猛烈攻击，打响了攻城第一枪。

吉星文忍无可忍，遵照"凡有日军进犯处，都要坚决抵抗，誓与卢沟桥共存亡，不得后退一步"的命令，率团奋起还击，打响了中国全面抗战的第一枪。

佟麟阁很快得到了前方战斗打响的消息，他立即命令各部队指挥官靠前指挥，按照战前部署对敌人予以毫不留情的还击。在全民族抗战爆发的关键时刻，佟麟阁是第一个身居最前线、直接下达坚决抵抗日军侵略者的中国军队高级将领。

但是面对拥有飞机、坦克、大炮的日军，尽管守军浴血奋战，奋勇杀敌，还是因武器装备落后而渐渐处于下风，很快铁路桥失守了。

当时，佟麟阁正在和其他指挥官讨论作战部署，他意识到，武器不如敌人就必须要另寻绝招。佟麟阁再次想到了第二十九军在长城抗战中就显示神威的大刀队。于是他传令："扬长避短，用大刀击退敌人。"

7 月 8 日深夜，长城抗战时就挥舞大刀砍杀敌人的吉星文，迅速组织了一支有 150 名精兵的敢死队，每人携带步枪一支、手榴弹两枚、大刀一把，趁着夜色缒绳而下，沿永定河偷偷赶往铁路桥。

12 时，吉星文一声号令，敢死队士兵们立刻冲进了敌营，一时间枪声大作，杀声一片。子弹用尽，士兵们便从后背拔出一把青龙大刀，砍得敌人鲜血四溅，鬼哭狼嚎。其中最英勇的一位敢死队员，可谓以一当十，手刃日军 13 人，俘虏 1 人。

在敢死队的猛烈攻势下，日军溃不成军，仓皇奔逃。大刀队员们杀红了眼，以致集合号响了后，还有士兵不愿撤退，不顾一切追杀敌人，虽然自己已经成了血人。此次夜袭几乎全歼日军一个中队，但敢死队也付出了惨重代价，团长吉星文也在战斗过程中被日军弹片击伤头部。

不只是吉星文部，第二十九军其他部队也用大刀给敌人以极大的杀伤。一时间，第二十九军大刀队的威名再次响彻全国，乃至世界。

1937年7月12日，《世界日报》以《日贼侵犯宛卢，被我军击退，二十九军之大刀队杀日贼》为标题连续发表三篇新闻，报道中国军队以大刀抗击日寇的赫赫战绩。报纸在显眼的位置报道说："11日，日军200余名，进攻回龙庙，被宋部大刀队迎头痛击，血肉相搏。此队日军被斩头颅者占1/3，大快人心。"

前线记者在第二篇报道中这样说："大刀队屡建奇功。日军新开到之援军，昨日图攻南苑。第二十九军大刀队急向日军冲锋，相与肉搏，白刃下处，日军头颅落地，遂获大胜。日军向丰台退却。"

第三篇文章则更能够体现第二十九军的抗战勇士灵活使用大刀杀敌的情形。记者在报道中详细描述大刀队在战场上顽强抵抗、英勇刺杀日寇的情形："第二十九军大刀队杀敌。日军前锋昨拟占领铁路桥攻过永定河。华军在对河隐伏，不发一枪，迨日军行近，大刀队突起，挥刀大杀，日军头颅随刀而下。后路日军打乱，纷纷溃退。华军即用机关枪向之扫射，日军伤亡无数。两军相搏，历两小时之久。"

然而，这些胜利最终并没有阻止日军对北平的进攻。因为在卢沟桥事变之后的10多天里，宋哲元没有像四年前一样对部队下达"坚决抵抗"的命令，而是一直对日军妥协，竭力争取大事化小，小事化了。他依然幻想着通过"谈判"解决"争端"，以保住自己的实力。

于是，打打谈谈，谈谈打打。当局的态度让南苑防务举棋不定，陷入困局，而日军却在谈判的掩护下继续调兵。25日，日军结集六万余兵力，同时还增派了飞机坦克大炮等重武器。26日晚，日军向第二十九军发出最后通牒，限第二十九军于27日正午前撤出北平，同时积极准备向南苑进攻。

危急时刻，第二十九军军部不得不从南苑撤往北平城中南海内。27日，宋哲元任命第一三二师师长赵登禹为南苑方作战的前敌总指挥。本来已经决定随军部撤退的佟麟阁得知这一消息后，决定由第二十九军副参谋长张克侠带领军部人员进城，而自己留下和赵登禹一起死守南苑阵地。

他不只是出于兄弟般的情义想和赵登禹共赴汤火，更是出于军人对南苑的神圣责任。如果说宛平城是北平南方大门的锁，卢沟桥是锁钥，那么南苑就是这扇大门的门枢。即便丢了宛平，只要这个门枢还在，第二十九军依然可攻可守；但一旦丢了南苑，整个大门就会轰然倒下，北平就完全变成了日军的掌中之物。

然而，由于国民党政府一直想求得和平解决，中国守军早已失去了卢沟桥事变刚刚爆发时 7 万人对 5000 人的绝对优势。此时，守卫南苑的只有部分官兵和军训团的学生，总共 5000 余人，兵力只有日军的三分之一。

即将展开的恶仗可想而知。

尽管知道南苑几乎守不住，但佟麟阁与赵登禹依然义无反顾，并肩站在了生死线上。

四 血战南苑

佟麟阁和赵登禹坚守南苑所带的军训团的学生兵，几个月前连枪都不会使用，现在却要面对和日军的鏖战，其艰苦卓绝可以想象。

但佟麟阁早已把生命置之度外，抱定了必死的决心。

其实那段时间，佟麟阁不断收到来自北平家里的信，说父亲得了重病，盼他回去探望。佟麟阁当然十分牵挂年迈患病的父亲，可是，军务在身，战事一触即发，作为守卫南苑的最高指挥官，他一步也不能离开。

7 月 27 日，时任第二十九军军事训练团少校军械官的王慎之找到佟麟阁，把一个存折交给了他，这是王多年积攒下来的存在北平城内中南银行的几百元钱的存折。

王慎之对佟麟阁说："估计将军最终会随军部撤退回北平的，但我身为军械官，是不会离开部队而进城的。如果我阵亡，请将军把这存折转交我的女人。"

当时，王慎之的妻子住在北平佟麟阁家里，所以他有此托付。

佟麟阁接过存折，久久看着王慎之没有说话。他显然被王慎之感动了。沉吟了一会儿，佟麟阁转身从他的小皮箱中拿出一个包得很严实的包裹，连同其存折一并塞到王慎之的手里。

王慎之不解，佟麟阁说："你的存折你自己带着。你必须随部队回北平，回去后请把我这包裹交给我孩子他娘，就说我很好。见到我爹和我娘，请他们二老放心，别惦记我。"说着，佟麟阁又从脖子上摘下一条金十字架项链，放在王慎之手里，请他一并转交自己的亲人。

最后，佟麟阁又拿出一封早已写好的信，对王慎之说："请把这封信也带给我孩子他娘。"

在给夫人彭静智的信中，佟麟阁写道："大敌当前，此移孝作忠之时，我不能亲奉汤药，请代供子职，孝敬双亲。"

信里还夹着一张照片，这张照片是七七事变爆发后，佟麟阁拍摄的最后一张戎装照。

此刻，他再次表明了自己为国战死的信念。

虽然他并不知道，他属于我们这个国家的生命，只有最后一天了。

7月28日清晨，日军出动了3个步兵联队，1个炮兵联队，20余架飞机，突然从东西南三个方向，向南苑发动了进攻，尤其是派出3000余人的地面部队，向南苑的核心区域突进。

宋哲元27日才发现日军要进攻南苑的迹象，这时候学生兵完全来不及撤退了，他们集中在南苑的军营里，外面已经被日军包围，靠他们自己是无法撤退的。七七事变前，这些学生兵都没配备过武器，他们用来训练的都是木枪，七七事变后，他们每人发了100颗子弹、4颗手榴弹。每个班配备一挺轻型机关枪。因此作战能力是比较薄弱的。

令人震惊的是，战斗刚一打响，敌人的炮火恰恰就集中在了南苑阵地的南面，对准那里1000多名学生兵猛轰。

敌人怎么知道那里集中着学生军训团？

原来，第二十九军政务处处长潘毓桂早已被日军收买，成为潜伏于第二十九军内部的汉奸，他在得知南苑作战部署后，第一时间把消息传给了日军，还特别指点日军在进攻南苑时要集中攻击中国守军最薄弱的环节，即学生兵团驻地，这样更容易给中国守军造成毁灭性的重创。

可怜这些几个小时之前才将训练用的木枪换成真枪的学生兵，几乎是以肉搏的方式与日军决斗，难以抵挡训练有素且武器精良的敌人，一个个倒在炮火中。南苑一战，学生兵的伤亡人数是日军的十倍。

鉴于这种危急的情况，佟麟阁决定亲临现场，指挥作战。他带领士兵顽强反击，击退了敌人一次次进攻，从拂晓战至中午。

午后，南苑守军伤亡惨重，所有工事几乎被夷为平地。第二十九军军部认为，这样再战下去必然全军覆灭，而当时北平城内几乎没有守军，也需要增援部队，于是军部决定放弃南苑，撤回北平。

正在浴血奋战的佟麟阁接到撤回北平的命令后，为保护军训团的学生，他决定亲自掩护他们往北平方向撤回。

为什么学生军训团在佟麟阁心目中那么重要？这里得简单说说学生军训团是怎么回事。

1936 年底，为应对日军的突然进攻，宋哲元决定成立一个军事训练团，以充实部队骨干力量，培训后备军官。当时面向社会招生，要求是 18 岁以上，并且至少有初中学历（这个学历在当时已经不低）。一经考试录取，学制至少两年。这个军训团于 1937 年 1 月正式开学，校址设在北平南苑，共有学员 1500 余人。在对抗日军训团进行军训时，他提出："要为民族生存而战斗，为国家荣誉而献身。"这些学员都是立志抗日的热血青年，所以学习特别用功，训练尤为刻苦。

只是仅仅训练了半年，七七事变就爆发了。尽管学员们仓促迎战，但他们表现得非常英勇。在守卫卢沟桥战斗中，他们和守卫卢沟桥部队并肩作战，高呼着"宁为战死鬼，不作亡国奴"对日军进行了英勇的抗击。这次南苑保卫战，他们又以劣质的武器装备和敌人殊死搏斗。

很显然，这些学生兵是第二十九军为未来培养的精英，所以佟麟阁决定拼死也要保护他们，并带他们突围。

当佟麟阁率部突进到达南苑通往北平的必经之路大红门时，突然遭到日军的重重包围。原来日军早已从内奸潘毓桂那里得到第二十九军撤往北平的情报，在这里设下埋伏。一阵激烈的交战之后，佟麟阁眼看着学生们一个个倒下。情急之中，他不顾个人安危，毅然上马指挥，掩护学生们撤退。

一匹在战火中驰骋的战马，很快吸引了敌人的目光，他们知道这是一个指挥官，于是对着这匹马一阵猛烈的火力扫射。突然，一颗子弹打穿了佟麟阁的左大腿骨，鲜血止不住地往外冒。佟麟阁从马上摔了下来，倒在地上。

卫兵搀扶着他，决定用汽车将佟麟阁送回北平城里。佟麟阁坚决不走，说："现在弟兄们牺牲这么厉害，我作为一个指挥官怎么能撤呢？还有那么多的弟兄在拼杀，我怎么能抛弃他们独自跑了呢？"

鲜血已经浸透了他的衣服，但他来不及包扎，忍着剧痛再次站起来，吃力地重新上马，继续指挥战斗，拼死抵抗敌人的疯狂进攻，几次击退了日军的冲锋。

遭到痛击的日军又调派数十架飞机前来增援。战斗中，一群敌机突然从空中俯冲下来，扔下来一颗颗炸弹，有一颗炸弹正好落在佟麟阁的战马之下。佟麟阁将军不幸头部中弹，从马背上摔了下来。

卫士高弘锡便背起他撤退，躲进了附近一片高粱地中。他想在高粱地里找个瓜棚将佟麟阁放下，进行伤口包扎，然后再想办法突出包围。

走着走着，他听到佟麟阁说了一句："我们上当了！"高弘锡不理解佟将军这句话是什么意思，就随口应了一声。他背着佟将军走了500多米路，突然感觉到佟麟阁的头部贴在了自己身体上，变得无力僵直。高弘锡慌了，他停下来喊了佟将军几声，但没有得到回应。

高弘锡将佟麟阁放了下来，发现他身体多处都在流血，已经没有了呼吸——将军永远停止了呼吸，年仅45岁。

当听到大红门激烈的枪声时，赵登禹决定：所有的官兵集合，一起冲向大红门，去营救佟麟阁！

不料，途径大红门附近的田螺庄时，他们进入日军的包围圈。赵登禹万万没有想到，他的参谋周思静早已被日军所收买。在他们出发前，周思静悄悄给日军打了电话，泄露了赵登禹的计划，还说"赵登禹已经上车了"。于是，日军在赵登禹他们必经之路四周的土垅上，摆成机枪阵守株待兔。

情急之下，赵登禹决定拼死一搏，将三辆汽车排成品字形，加速冲向堤坝，他想利用车的速度冲到日军阵地上去。他的想法是，自己的士兵是善于肉搏的，只要冲到敌人跟前，和他们展开肉搏战，就有可能把日军的伏击圈打破。

然而赵登禹的车在向前冲时，压着了一匹已经战死的马，怎么也无法继续往前开。于是，赵登禹活生生成了靶子，敌人用机枪对着他的车一阵狂扫，赵登禹身负重伤。

警卫员劝他撤到相对安全的地方，但赵登禹不肯，依然忍着剧痛指挥官兵向日军反击。突然，一枚炸弹飞来，赵登禹双腿被炸断，昏迷了过去。部下将赵登禹抬上担架，醒来后的赵登禹阻止道："我不会好了，军人战死沙场原是本分，没有什么值得悲伤的。请回去告诉我老母，她的儿子是为国战死的，也算对得起老祖宗了。"说罢，赵登禹头一歪，壮烈牺牲，年仅39岁。

佟麟阁、赵登禹牺牲后，南苑陷于日军之手。

7月28日，北平沦陷；7月30日，天津沦陷。

至此，整个平津地区全部失守。

虽然拼死保卫的卢沟桥、南苑、北平乃至整个平津地区，最后都落入日军之手，但以佟麟阁、赵登禹为代表的广大爱国官兵，用他们的鲜血染红了全民抗战的旗帜，以自己的生命点燃了照亮胜利的火炬。

《大刀进行曲》再次唱响中国。

就这样，全面抗战拉开了壮丽的序幕。

五　伟大女性

当南苑激战之时，北平佟麟阁家里的所有人都焦灼不安，尤其是佟麟阁夫人彭静智。

佟麟阁的妻侄女彭凤朝当时随母亲避战于佟家。她后来回忆说："当时北平城已经是黑云压城城欲摧，日本人的飞机不时从屋顶掠过，呼啸声震耳欲聋，炮声时起时落，人们的心让卢沟桥、南苑一带的战事牵挂得发疼。姑妈一直守在电话机旁等待南苑的消息，家里人个个像热锅上的蚂蚁，焦急不安，坐卧不宁。姑妈已经几天没进食了，表哥表姐们几次要与南苑通电话问问父亲的情况，可姑妈却说，战时不能搅乱军心，执意不允，我们只能坐等前方的消息。"

佟麟阁的长女佟克修还是瞒着母亲抽空给位于南苑的第二十九军军部打电话，可是怎么也打不出去。大家一时得不到前方的消息，只有怀着希望猜测：佟麟阁不在办公室，或许正在回家的路上。

那天晚上，密集的枪声渐渐停歇了。佟麟阁一家人依然在焦急地等待。突然，门铃响了，大家异口同声地说："先生回来了！"

然而，他们打开门看到的不是先生，而是王慎之——就是那位曾经想托佟麟阁转交存折却反被佟麟阁托付向妻子转交信件的军械官。他的妻子也住在佟麟阁家里。

7月27日晚上7点，王慎之受命将平时训练用的一卡车旧步枪从南苑军事训练团运到城内东门仓的军械库，再奉命从库里领上一批新枪弹连夜回营。于是，王慎之告别佟麟阁带领4名士兵从南苑出发。

他没有想到，这竟然是他与副军长佟麟阁的永别。

王慎之用哽咽的哭声，给佟家带来了佟麟阁将军殉国的噩耗。彭静智当即昏厥过去，6个孩子均失声痛哭。

过了一会儿，苏醒过来的彭静智首先想到的是公婆的身体健康，年迈的他们是经不住丧子的沉重打击的。于是她强忍悲痛告诉大家，千万不能让已经转移到朋友家的两位老人知道佟麟阁已经阵亡的消息。

王慎之问彭静智："夫人还需要我做什么？我一定尽全力。"

彭静智长叹一口气，用颤抖嘶哑的声音说："我要尽快看到先生的尸体，也要让孩子们和父亲见上一面。我要让他们牢记，他们的父亲是为谁而战死的……"

话未说完，彭静智又晕厥了过去。

佟麟阁壮烈殉国时，南苑阵地附近时村的村民乔德林还仅仅是个五六岁的小孩。但当天的记忆他一生都没忘记：7月28日，有人说日本人要进村，我们全跑到地窖里躲避起来。日军的扫射机枪正好架在我家的屋顶上，扫射的声音我们听得清清楚楚，我90多岁的奶奶还在地窖里找到很多子弹壳。当时屋子前后都是庄稼地，一片菜地连着一片高粱地。我家有一亩地的山药架子，佟将军带着将近200名年纪不大的士兵走到这儿时中了日军的埋伏，日军用机枪扫射，佟将军的部队有的士兵根本没有枪，最后佟将军和将士都牺牲了。

那天的激战结束后，当地老百姓虽然不懂"为国捐躯"这样的豪言壮语，但知道这些士兵都是为保卫他们的家园而战死的，于是含泪将其遗体掩埋了。乔德林说的"这个山药架子后来立了大功"，指的是后来佟麟阁将军的遗体正是被卫士高弘锡藏在这个山药架子下，躲过了敌人的搜查。

7月29日，王慎之来到大红门附近的一个高粱地，正是从一个山药架里发现了佟麟阁的遗体——左臂已炸没了，多处受伤，浑身浴血，面目模糊难辨。

经过一番充满风险的艰辛，王慎之将佟麟阁的忠骸运回了北平城内将军的寓所。

几十年后，已经95岁的佟麟阁次子佟兵回忆说："我母亲看了我父亲一眼再次晕厥过去。当时我父亲血肉模糊，伤口处已经生蛆了。我们几个孩子站在父亲遗体旁边，心里又害怕又难受。来不及做棺材，母亲就把我父亲放在为我祖父准备以后用的棺材里头。就要盖棺材盖儿的时候，母亲哭着对我们说：赶快叫一声爸吧，以后就再也见不到他了！我们便大哭着叫爸爸。在给棺材盖钉钉子的时候，那砸下去的每一声都砸在我们心上。全家号啕大哭！"

我通过录像看佟兵接受采访，已经年迈的他讲到这里也忍不住泪流满面，嘴唇哆嗦，声音哽咽。我的鼻子也酸了。

北平危在旦夕，日军马上就要进城。佟麟阁的遗体决不能落入日本人手里。但遗体无法转移到别地，只能在城内隐藏。佟夫人经过再三考虑，决定将丈夫遗体就近暂存在雍和宫以东的柏林寺中。

1937年7月29日晚上10点，彭静智趁着夜色带着子女和家人，扶着佟麟阁的灵柩离开了北平东四十条40号佟家公馆。他们悄悄将佟将军的遗体埋入柏林寺院内，墓碑上不能写上真名，于是用了佟将军母亲姓氏，写上"先府君胡先生之灵位"。

此后几年里，柏林寺遭到了日军多次突袭盘查，寺内老方丈冒死和日本人周旋，都没有说出这个秘密，一直到抗战结束。

安顿好佟麟阁灵柩后，彭静智携家人躲进了东交民巷法国医院，并与当地"户籍"接洽，更换了户口。佟兵后来回忆当年隐姓埋名的苦难生活时，也这样说："我们一家人为免受日本侵略者的迫害，隐姓埋名，东躲西藏，历尽了苦难。"

1938年7月28日，是将军一周年忌日。佟夫人和孩子们错开时间，分头悄悄来到柏林寺内进行祭拜。在寺庙内，他们还见到了佟将军的老部下，大家都流着眼泪默默地烧纸焚香，谁都没有提到佟将军的名字。

彭静智是无愧于佟麟阁的妻子，是一个平凡而伟大的女性。她支撑着虚弱的身体，独自承担着近20人的衣食住行。为了维持这个并不宽裕的家，她不得不整日地计算着盐米、7个孩子（包括她的侄女彭凤朝）的教育费以及年迈的公公和婆婆的医药费。为了生计，她甚至不得不把结婚20周年时佟麟阁送她的纯金手镯变卖了。

而最难承受的压力，还不是生活上的艰辛，而是她要把丈夫佟麟阁殉难的事瞒过白发的公婆，每天强颜欢笑地以各种"谎言"安慰二老，说他们的孝子佟麟阁"随军南下，因交通阻隔不能回来，而且为避免敌人的注意也不能通信"……直到两位老人去世，他们都不知道佟麟阁早已为国捐躯。

佟麟阁的三女儿佟亦非在后来的回忆中说，"母亲以爱、血、泪灌溉着我们"，"母亲看到几个失去父亲的儿女，万分悲痛，此后她常常含着眼泪深情地抚摸着我们。但在祖父母面前却一如既往，端茶送饭，亲侍汤药，甚至强颜欢笑以隐瞒真情"。

还有敌特的不断侵扰和威胁。每一个陌生的身影都会让这个家庭随时成为"惊弓之鸟"。孩子不准出门，以防祸从口出；与邻居不相往来，以免无事生非；住在这个地方，就开始寻觅下一个地方，稍有风吹草动，立即搬家。彭静智带着家人先后移住施家胡同、安定门附近的车辇店、钟楼后面的贫民窟等多个地方。但彭静智搬来搬去，都不会远离北新桥。因为不远处的柏林寺里有个孤墓，那是她丈夫的长眠之地。

让孩子们最难受的是，他们不能在公开场合提及父亲的名字，更不能让任何外人知道他们是佟麟阁的子女。

1945 年 8 月中旬的一天，彭静智像往常一样上街买菜时，突然发现满街的人与平常有点异样，过去低眉顺眼的人们，眼睛里都闪出兴高采烈的光泽。大家三三两两交头接耳，好像在兴奋地谈论着什么。

"这是怎么啦?"彭静智问一个卖菜的。

卖菜的伸出一根小拇指："您不知道，他们那个了！"

彭静智一下就明白了："日本人投降了！"

她顾不上菜篮子，直奔柏林寺佟麟阁的墓前，流着眼泪告诉佟麟阁："捷三，他们败了！他们败了！"

悲伤而喜悦的泪，洒在丈夫的墓前。她知道，躺在里面的丈夫也在等这个消息，等了整整 8 年！

彭静智终于带着孩子们堂堂正正地重回故里。北平东四十条 40 号的大红门上重新安上了"佟宅"的门牌。

1946 年 7 月 28 日，在佟麟阁和赵登禹殉国 9 年忌日，举行了隆重的移灵仪式，李宗仁主祭。

北平上万普通百姓前来护送佟将军的灵柩前往香山墓地。沿途，民众自发摆设供桌、祭品，以表达他们对将军的敬意。

此时此刻，以往在忌日或清明只能偷偷摸摸烧纸钱的佟家人，终于敢扶着佟麟阁的灵柩放声大哭起来。

尾声　将军家风永留

1949 年 1 月，北平和平解放。

4 月 1 日，国民党和谈代表团的飞机抵达北平。机长贾式良是佟麟阁的义子，当晚他来到佟麟阁家，提议利用飞机返回南京的机会，将夫人及全家接去"国统区"。

但彭静智没有同意，表示愿意留在北平，因为这里有她深爱的丈夫佟麟阁。

中华人民共和国成立后，抗日英雄佟麟阁得到了高度的评价。彭静智也过上了平静安宁的日子，继续操持家务、照顾子女、孝敬公婆。

两位老人曾一再追问儿媳，为什么抗战已经胜利了佟麟阁还没有回来。彭静智只好拿出一封假信件，念给他们听，哄他们安心。两位老人先后于1952 年、1953 年安详去世，都活到了 80 高龄。

1968 年，彭静智最后病逝于原籍高阳边家坞村。1980 年，她的骨灰得以迁葬于佟麟阁将军墓侧。夫妻二人分别 40 多年后，终于团聚了。

而佟麟阁将军 6 个子女，他们都传承了质朴的家风，在各自平凡的岗位上，努力做最好的自己，尽力为社会做贡献。比如长子佟荣萱，曾在 1937 年"七七事变"时孙连仲将军手下任营长。1945 年抗战胜利后，任驻扎北平的第十一战区司令孙连仲的副官。三女儿佟凤鸣，毕业于北平辅仁大学历史系，曾任重庆市政协委员。次子佟兵，原名佟荣芳，毕业于北京医学院药学系，曾任北京市政协委员，等等。

我想，佟麟阁在九泉之下一定会感到欣慰。

虽然他离世 87 年，但历史不会忘记他。

1979 年，民政部追认他为抗日阵亡革命烈士。2009 年，他被评为"100 位为新中国成立做出突出贡献的英雄模范人物"之一。

1995 年，一位名叫野谷的诗人写了一首诗，表达了包括我在内的许多中国人对佟麟阁将军共同的缅怀——

献佟公麟阁

野谷

你，秉受了
父母的血
染艳南苑古香的泥土
残败的秋海棠叶
乃如一面招展的旗
跃起，呼啸……

卢沟桥上醒来的
晓月、石狮
映跃着你儒雅的风骨

岁月滔滔流逝
春风、碧空
你的光泽不会泯灭

王铭章：川军不朽

引子　无名英雄

文章的题目《川军不朽》已经表明了我的写作意图：我不仅仅是写王铭章，是想写出以王铭章为杰出代表的抗战川军形象。

从哪儿说起呢？让我从"无名英雄"雕像说起吧！

在成都市人民公园内，屹立着川军抗日阵亡将士纪念碑。

在3米高的底座上，是一尊高2米的铜质雕像。这是一位川军士兵的形象：短裤、绑腿、草鞋，手握步枪，胸前挂两颗手榴弹，身背大刀、斗笠、背包，俯身跨步，仰望前方作冲锋状。

这尊雕像的名称叫"无名英雄"。

雕像并非建于当代或抗战胜利以后，而是在抗战最艰苦的1940年。于1937年秋出川的川军，参加了全国几乎所有大型会战：淞沪会战、太原会战、徐州会战、武汉会战、南昌会战、随枣会战……浴血奋战，阵亡惨烈。1940年，由成都文化界和社会团体发起，并得到政府同意，委托四川省机械股份有限公司塑"无名英雄"铜像，当时正在国立成都艺术专科学校执教的雕塑家刘开渠应邀设计。

为了尽可能逼真地呈现抗战川军的形象，刘开渠特意找到参加过台儿庄大战的张朗轩班长作模特。刘开渠对着张朗轩从不同的角度拍了 100 多张照片，然后找木工仿照姿势搭架子，架子上缠白布，抹石膏，再对着模特反复修改，最后定型为石膏模子，再翻砂成型。无大型熔炉，就用坩埚熔洞，连续浇铸……前后历时 4 年最后终于完成了这座铜像。

1944 年 7 月 7 日，七七事变七周年纪念日那天，川军阵亡将士纪念碑正式坐落于 7 年前川军出发经过的东门城门洞空坝上。纪念碑上，全副武装的川军士兵注视着前方，随时准备冲锋。

这座雕像所展现的形象，是千千万万没有留下姓名的川军将士的缩影，因而被命名为"无名英雄"。

"无名英雄"耸立于此后，川军的父老乡亲便有了寄托思念的地方。于是，民间也开始流传不少可歌可泣的故事，其中最令人揪心的便是衣着单薄、又冷又饿的"无名英雄"寒夜吃汤圆的故事——

1944 年冬的一个夜晚，成都东城门内，即川军出征的起点，卖汤圆的摊上，一位老婆婆正在收拾摊点，准备回家了。突然，一个衣衫褴褛的青年士兵影子一般从天而降，坐在了矮桌前。他显然是饿极了，一口气吃了 3 碗汤圆，又继续要了第四碗。可当老婆婆把第四碗汤圆端上来时，那士兵像风一样，无声无息地消失了，真是来无影去无踪。老婆婆仔细回忆那士兵的样子，觉得那面孔似曾相识。她恍然大悟："那不就是东城门外那个雕像吗？那是在前方战死的娃儿呀！我们川娃子苦呀，他们想家了，想吃家里的汤圆了！"消息传开，成都市民们都说："铜像显灵了！"流泪的人们端着汤圆从四面八方涌来，顿时，"无名英雄"纪念碑前摆满了热气腾腾的汤圆……

写到这里，我积蓄已久的眼泪再也忍不住，夺眶而出。

一年后，抗战胜利了。这位"无名英雄"在这里迎接着川军弟兄们归来，可是他们中的绝大多数已经牺牲在全国各地的战场，许多人尸骨未存，姓名湮没。

1966 年，"文化大革命"爆发了，耸立成都街头 20 多年的"无名英雄"铜像以"国民党兵痞"之罪名被捣毁。当时，"无名英雄"铜像与"破四旧"收集的破铜烂铁一道被废旧物资公司送到九眼桥电线厂"处理"。铜像被投入熔炼炉时，因炉口太小，不得不放在露天料场，先用大锤将铜像砸碎，再一小块一小块地投入熔炼炉。

1985 年，国家主席李先念从缅甸访问归国途经成都，听取省市领导汇报中，在涉及雕塑建设问题时，指示说："全民族抗日战争中，川军抗日有功。"于是，重建"无名英雄"雕像的呼声再次响起。同年 5 月，已经年迈的刘开渠将当年雕塑的图片捐出。由四川美术学院院长叶毓山、教授伍明万具体指导，成都本地雕塑家张绍蓁、王全文将泥塑放大，帽徽、军装、形象全部遵照原作，恢复"无名英雄"原貌。

1989 年 8 月 15 日，复制的"无名英雄"铜像在万年场落成。

2007 年 8 月 15 日，川军抗日将士阵亡纪念碑，被移到人民公园内。搬迁前夜，四川籍抗日老兵张朗轩不顾 94 岁高龄，坚持到现场观看安装。次日，揭幕仪式现场，张朗轩以颤巍巍的双手举起拐杖，以拐杖为步枪，摆出了当年整装待发的勃勃英姿。全场肃然。

2008 年 12 月 24 日，95 岁的张朗轩在成都家中安详离世，在他之前，平均年龄仅 27 岁的川军阵亡将士已长眠地下半个多世纪。

然而，所有川军将士的英灵已经也必将永远因"无名英雄"的雕像而不朽。

一 壮士出川

将川军抗日阵亡将士纪念碑安放在人民公园内，是有原因的。当年，浩浩荡荡的川军队伍正是在这里宣誓，告别父老乡亲，奔赴前线。

1937 年 7 月 9 日，震惊中外的卢沟桥事变爆发后的第三天，被称作"四川王"的国民党四川省主席刘湘第一时间主动致电蒋介石，请缨抗战。当时全国上下大大小小的军阀多如牛毛，战争爆发后没有一个人说话，而刘湘是第一个致电蒋介石要求抗日的人。

刘湘同时还通电各省，号召全国总动员："日军侵略绝非一省一部之间题，主张全国总动员，与敌一拼。"

其实，在那之前，刘湘的形象并不光彩，他不但参与四川各军阀之间的混战，还积极参与"围剿"工农红军。说他"双手沾满人民的鲜血"，一点不过分。

但国家危亡之际，刘湘站到了民族大义的一边。当时他身体并不好，面对劝他不必亲自带兵出征的人，他说了一番肺腑之言："过去打了多年内战，脸面上不甚光彩，今天枪口对外，正好为国家效命，借以洗刷自己的污点。今天为国效命，岂能在后方苟安！"

1937 年 8 月 13 日，淞沪抗战打响后，刘湘被任命为第二路预备军司令长官。他赶回成都，为出川抗战做动员和准备。

回川后，刘湘立即被民众群情激奋的抗日热情所感染。四川各地已是一片沸腾，抗日游行队伍天天都在大街上走过。尤其是成都，光是有 10 万人参加的抗战动员大会就举行了很多次。少城公园（即今天的人民公园）正是举行抗日集会的主要场所。

在一次军队的誓师大会上，第二十一军军长唐式遵面对在场的士兵和民众，声若洪钟地说："式遵宣誓出川抗战，失土不复，誓不返川。"他还当众朗诵了一首诗："男儿立志出夔关，不灭倭奴誓不还。埋骨何须桑梓地，人生处处有青山。"

这位唐式遵，抗战胜利后积极参加内战，被解放军击毙，其最后的人生结局并不光彩。但在他抗战之初的高光时刻，还是应该被我们记住。

当年，不但川军高级将领有如此抗日热情，而且普通的四川百姓也同样有爱国热血。

在安县曲山场（今属北川县）有一位 20 多岁的小学教师，叫王建堂，听闻日寇铁骑践踏破碎河山，热血沸腾的他邀约了几个志同道合的青年一道，决心从军报国。他一声呼喊便受到了 100 多人的响应。于是，王建堂和朋友们扯起"川西北青年请缨杀敌队"大旗。作为队长，王建堂向县政府请求出征抗日，并很快得到批准。

1937 年秋的一天，安县出川抗战欢送大会在绵绵秋雨中举行。着装简陋却精神抖擞的战士们在雨中庄严地屹立着，等待着一声号令。在部队的队列之外，是前来送别的乡亲们，有父亲，有母亲，有妻子……如同后来那首著名的抗日歌曲《太行山上》所唱："母亲叫儿打东洋，妻子送郎上战场。"

王建堂和他的弟兄们站在雨中的队列里，但他略有心神不宁。他不住地往乡亲们中看，寻找着父亲的身影。他知道年迈的父亲腿脚不便，不太可能走几十里山路来送自己。部队出发了，略感遗憾的王建堂随着大部队缓缓地向前走着。

突然，送别的人群中走出一个人拉住他的胳膊，说是受王老先生之托，送给他一个包裹。王建堂打开包裹一看，里面除了简单的干粮之外，还有一块折叠整齐的白布。他将白布展开，原来是一面旗帜，中间写着一个大大的"死"字。"死"字两边还写着小字。右边写着："我不愿你在近前尽孝，只愿你在民族分上尽忠。"左边写着："国难当头，日寇狰狞。国家兴亡，匹夫有责。本欲服役，奈过年龄。幸吾有子，自觉请缨。赐旗一面，时刻随身。伤时拭血，死后裹尸。勇往直前，勿忘本分。"

原来儿子王建堂决定出川抗战后，王者成一直觉得自己也应该为抗战做点什么，但自己年纪已大，很难和儿子一起奔赴战场。想来想去，他决定为儿子做一面旗帜。于是，王者成连夜制作好这面旗帜，并写上自己的心声，托人带到县城转赠给儿子。

在场的县长也看到了这面旗帜，他将旗帜拿到台上展开，非常激动地大声念出旗帜上的字，台下掌声雷动。这面"死字旗"显然不只是王者成送给自己儿子的，它是送给所有川军士兵的，代表了四川所有父老乡亲对出川战士们的勉励与期待。

当时，敏锐的成都《新新新闻》记者以"模范父亲"为题报道了此事。"死字旗"上的文字通过《新新新闻》传遍了全川乃至全国，感动了无数中国人，也推动了全国各地本来就已经高涨的抗日热情的升温。

王建堂随队出川后，先后在湖北、湖南，河南一带作战，在一场场大大小小的战役中，王建堂屡立战功，并多次受到部队嘉奖。后来，他在战火中快速成长，从普通士兵逐渐成长为排长、副官、连长、参谋、副营长……成为一名优秀的基层指挥官。最牛的一次作战，是以代理连长的身份指挥一连官兵同数倍于己的日军苦战一昼夜，最后王建堂以仅两人负伤的损失，成功击退了日军，而日军伤亡将近100人，狼狈败退。此一战，让王建堂名声大噪，成了全军的先进典型，并被授予了一枚甲级荣誉勋章。

在抗战中，王建堂多次负伤，那面"死字旗"果真成了他的拭血布，最终迎来了抗战胜利的那一天。

王建堂最大的遗憾，是没能将这面"死字旗"保留下来。晚年，面对外甥的问题："大舅，你为何没有把'死字旗'保存下来呢？"王建堂回答："那怎么能保存下来？我每次受伤后都要撕下一块来拭血和裹伤，有几次战友受伤了，卫生兵不在，我紧急中也要撕下一块为战友裹伤，结果几次就撕完了！"

然而，"死字旗"所蕴含的川人抗战意志却汇入中华民族的精神谱系，必将永远流传。

1937年9月，当王建堂带着父亲亲手制作的"死字旗"奔赴战场时，在四川西充县占山乡的招兵告示前，一群和王建堂同样年轻的小伙子正摩拳擦掌，跃跃欲试。那天刚好是老百姓赶场（北方叫"赶集"）的日子，人特别多。红纸告示前人头攒动，有人大声念着给后面的人听："有志抗日的知识青年，参加义勇壮丁队出川抗日！"

这次招募壮丁，是为川军出川抗日补充所用。当时四川省政府给西充分配的兵员任务是150名，但首批招募，就有856人踊跃参军。这就是著名的"西充八百壮士"。

当时，虽然日寇的铁蹄已经践踏着中国的城市和乡村，但毕竟离四川还远。其实从后来整个抗战来看，日军也没能占领四川一寸土地，但具有家国情怀的四川人依然告别和平的家园，奔赴硝烟弥漫的战场，挺身为国而战。

"西充八百壮士"没有给四川丢脸。出川第一仗便是武汉会战中的湖口保卫战，"西充八百壮士"因此一战成名。这场战役，"西充八百壮士"打得十分勇敢顽强，涌现出了带领20多个弟兄活捉4个鬼子的西充英雄李利民。

西充人性格火暴，敢打恶仗，战斗中曾舍身炸敌人的碉堡、炸坦克、咬着鬼子耳朵肉搏。第二十六师师长王克浚非常欣赏这些兵，凡是遇到攻坚战的时候，他总会发出命令，让西充兵组成敢死队冲锋。

到 1943 年，"西充八百壮士"已经阵亡 600 多人。当时西充抗敌后援会在西充晋城镇立有一块木质碑，上面镌刻了这 600 多个为国捐躯的壮士的名字，以资纪念。第二次龙衢战役之后，"西充八百壮士"只剩下 3 人。1945年 8 月 8 日，第四十九军奉命直逼杭州，第二十六师进攻昌化县城，作为主攻的第七十七团尚有西充壮士两人，都任连长。在突击城垣时，两名壮士阵亡。

抗战胜利时，"西充八百壮士"仅剩李宏毅一人回到了家乡。

1937 年 9 月，几乎与"西充八百壮士"踊跃参军的同时，四川德阳召开了各界民众欢送出川抗战将士大会。

时任国军第四十一军第一二二师师长的王铭章率部参加大会，并慷慨演说："我谨代表第一二二师全体官兵感谢德阳县的乡亲父老、地方长官及各界对我们的厚爱。今天以如此规模，如此隆重的仪式欢送我们出川抗日，我们一定不会辜负乡亲父老对我们的期望。我们的国家正处于生死存亡的紧急关头，我第一二二师全体官兵，对日寇入侵早已同仇敌忾。现奉命，第四十一军沿川陕公路北上。我们出川是为了国家的存亡、民族的生死而去战斗。我们下定了有敌无我，有我无敌的决心，不把日寇赶出国门决不生还。过去，川军连年内战，自相残杀，给老百姓带来很大的灾难。想起过去，我心中十分内疚。我一定以杀身成仁的实际行动来赎我参加 20 年内战的罪愆。现在，我全师官兵在县长和各界民众面前庄严宣誓。"

官兵们都举起紧握拳头的右手。师长念一句，他们念一句。他们念道：

倭寇入侵，民族危亡。军人天职，卫国保疆。

全师将士，齐上战场。英勇杀敌，不畏强梁。

愿以鲜血，为国争光！

当时，川军各部已编为第二路预备军，刘湘为司令长官，下辖两个纵队。

就这样，1937年秋，各路川军统一在抗日的旗帜下，出川奔赴前线。"风萧萧兮易水寒，壮士一去兮不复还。"

令人痛惜的是，第七战区司令刘湘率军出川不久，便于1938年1月20日，在汉口去世。他留下的遗嘱，全是对川军将士的激勉之语，其中有一句最著名的话："抗战到底，始终不渝，即敌军一日不退出国境，川军则一日誓不还乡！"刘湘这一遗嘱，在很长一段时间里，前线川军官兵每天早晨升旗时必同声诵读，以示抗战到底的决心。

人们在整理刘湘遗物时，发现了一张字条，为刘湘亲笔所书："出师未捷身先死，长使英雄泪满襟。"

二　血肉长城

当邓锡侯以总司令的身份率第一纵队（后改称第二十二集团军）经川陕公路开赴抗日前线时，王铭章正是其麾下第四十一军第一二二师师长。

他们没有想到的是，不远万里来到山西，却屡遭嫌弃。

川军的装备一直很差，身着单衣，脚穿草鞋，枪支不足，弹药欠缺，有时甚至连吃饭都困难，可山西战场的主官阎锡山却不分给他们粮食和棉衣，更不给他们提供军需。没办法，川军只好自己想办法，办法就是去抢——这都是为了生存而被逼出来的"办法"啊！阎锡山便向蒋介石告了一状，说他们是"抗日不行，扰民第一"的"三流部队"。蒋介石将第二十二集团军又派往河南河北的第一战区，结果程潜也不要。

这时候，日军正从津浦铁路南北两面向徐州推进，战局岌岌可危。第五战区司令李宗仁急需人手，他表示愿意接纳邓锡侯的第二十二集团军。他明确表示："阎锡山不要，我们要！"其实，李宗仁当时并没特别看好这支"叫花子部队"。当蒋介石问他要不要这支被第一战区和第二战区嫌弃的队伍时，李宗仁微微一笑："只要是打日本，再烂的部队我也要！"他晚年在回忆录中提起要这支部队的初衷："诸葛亮用草人当疑兵，他们总比草人好些吧。"

于是，第二十二集团军转战第五战区，参加了台儿庄战役，怀着对国家民族的忠诚，川军在滕县保卫战中浴血杀敌，打出了川军的声威，打出了第五战区最有血性的一战，用生命和鲜血在中国抗战历史上写下了浓墨重彩的一笔。

台儿庄战役，是抗战初期中国军队对日军进攻战役的重大胜利，对日军而言，这也是他们侵华战争以来的首次败退，"日军不可战胜"的神话被彻底打破了，这极大地鼓舞了抗日军民的士气。而作为台儿庄战役的序幕，滕县保卫战至关重要。

日军侵占南京之后，便企图通过占领陇海铁路包围武汉，然后攻占陇海铁路和津浦铁路的交会点——徐州。一旦敌人占领了重要战略要点徐州，必将给我军造成不可估量的损失。而滕县是津浦线上最后一个能够守卫徐州的军事重镇。如果滕县失守，日军便可顺津浦铁路，长驱南下至台儿庄，直接威胁徐州。

为了保卫徐州，李宗仁在徐州东北部的台儿庄部署了3个师的重兵进行防守，试图延缓攻势正猛的日军。而位于台儿庄西北部的滕县，是日军进攻台儿庄的必经之路。

正是在这关键时刻，王铭章奉命率部坚守滕县。

王铭章，字之钟，1893年生，四川新都人。早年投身保路运动，并参加了保路同志军的反清作战，二次革命时，参加过讨伐袁世凯战争，以其禀性正直、骁勇善战而享誉军旅。当然，作为川军将领，在四川军阀对川陕革命根据地发起"三路围攻"时，王铭章曾任左纵队总指挥，担任主攻，被红四方面军击败。此后，曾数次与红军交战。

全面抗战爆发后，和其他川军将领一样，王铭章深为自己过去打内战而感到愧疚，决心在反抗日本侵略军的战场上，洗刷自己的耻辱，证明自己一颗热爱民族、报效国家的心。

在滕县保卫战中，王铭章用热血写就了他生命中最悲壮也最辉煌的篇章。

担任滕县保卫战川军总司令为孙震，下辖两个军：第四十一军、第四十五军。而王铭章当时以四十一军代理军长的身份指挥一二二师、一二四师。

大体来说，滕县保卫战分为两个阶段：激战外围和死守县城。

第一阶段，四十五军以滕县为据点，在界河东西的外围一线占领阵地，构筑工事，阻击日军进犯，并于 1938 年 1 月中旬和下旬主动出击，夜袭日军，给敌人以重大杀伤。

2 月 14 日，正值农历正月十五元宵节，那天下着小雪，事先得到可靠情报的第一二七师第七五七团，提前秘密进入邹县至曲阜公路两侧的伏击阵地——分别埋伏在小雪村和凫村附近。上午 10 时许，日军 3 辆汽车进入伏击圈。经半小时激战，第七五七团全歼了这股日军，并缴获轻机枪 2 挺、步枪 3 支、手枪 3 支，汽车 3 辆，军用地图、文件、作战资料等文件。而我军无一人伤亡。

本来日本人是没有把中国军队放在眼里的，更别说杂牌之外的杂牌川军了，但滕县外围的激战，让日军见识了川军的厉害。据日军俘虏讲："我们只知道川军武器低劣，缺少迫击炮和机枪，更无山炮野炮。不知你们非常勇猛，宁战死也不退却，真是出乎意料。"

川军抗战的表现赢得了老百姓的拥护。一时间，他们纷纷给川军送礼物。川军多穿草鞋，百姓心中不忍，因此除送来大量的食品外，还向士兵赠送鞋袜、手套乃至冻疮药。川军官兵感慨道："为民族而战争，能得民众如此爱戴，可以死而无恨了！"

3 月 9 日，日军向滕县进攻，用飞机、大炮狂轰滥炸，多次组织冲锋，均被国军打退。1938 年 3 月 10 日，第五战区总司令孙震调整部署，加强守备，将二线部队第一二二师师部及其第三六四旅旅部调进滕县城，并命第一二二师王铭章师长为第四十一军前方总指挥。

孙震总司令来前线视察，向王铭章传达最高统帅部的命令："巩固津浦线北段，确保徐州，打破敌人贯通津浦线的企图。在战略上，力阻优势敌军之攻击，获得时间之余裕，俾我主力军得以适时赶到，从容部署对敌反攻。

期于滕县地区给敌以致命打击。战术上，以持久的手段，达到防御的目的。"说完，孙震紧紧握着王铭章的手："第四十一军就由你全权指挥，滕县的守卫战我就托付你了。"

王铭章的回答是："竭己之力，努力杀敌。不成功，便成仁。"

至此，早就摩拳擦掌的王铭章终于盼来了他期待已久的时刻——正式走进滕县保卫战的硝烟之中。

其实，王铭章当时很清醒自己所面临的巨大困难。且不说敌人在军事装备和后勤补给上的优势是我军完全无法企及的——面对敌人的飞机、大炮，我们只能用四川造的七九步枪、大刀、手榴弹和为数很少的土造轻重机枪、迫击炮与之对抗，就"地利"而言，我们也不占优势。鲁南地势开阔仅有丘陵起伏，铁路与公路并行，敌人的骑兵、炮兵、装甲部队可以快速通行，他们的新式武器能充分发挥其威力，以绝对优势压倒我军。

王铭章对战壕里的官兵们说："人人都要抱着有敌无我，有我无敌的决心，以勇敢、智慧和鲜血与敌人死拼，与阵地共存亡！"

但日军的强悍和战斗的惨烈，依然超出了王铭章及其官兵的想象。

3月14日晨，日军在10架飞机的助阵下分四路向我进攻。我左翼124师370旅石墙阵地守军拼死反击，激战数小时，我军伤亡甚众，不得不退守季寨、大山、小山一带。

接着，上午9点，右翼黄山阵地也被敌人攻占。前3次反攻均未成功。第四次反攻时，周刚营长自愿率全营官兵担任敢死队，与敌人肉搏。后续部队及时赶来，将黄山阵地收复，但周刚所率全营无一人生还，全部壮烈牺牲。敌人再次用山炮猛轰、飞机猛炸，坚守黄山阵地的所有战士全部牺牲，最后，黄山阵地再次被敌人攻占。

敌人不断向城垣推进，王铭章依然指挥官兵以低劣的武器顽强抗击着机械化装备的敌人，拒敌于城外。

孙震再次来到滕县，他召集团以上军官开会，说："据可靠情报，日军已经调集3万大军，另有野炮100余门，重炮30余门，战车40辆，飞机10架，向滕县席卷而来。日军的目的就是要夺取我军事重镇徐州。现在援军尚未到来，徐州空虚。我们务必死守滕县 3 日，迟滞敌军，以待大军驰援，巩固徐州防务。大家有什么困难吗？"

王铭章表情严峻，如实汇报："困难的确很大。第一，城内没有守城部队；第二，前线弹药将尽，急需补充。"

其实，即使王铭章不说，孙震也知道滕县面临的严峻形势。他说："李宗仁长官已经答应马上给我们运一车皮手榴弹来。守城部队问题，城内城外可以互相配合。第四十一军城外部队可伺机调进城。死守 3 天，援军即到。"

3 月 15 日，天刚破晓，日军就开始向滕县进攻。天上有飞机盘旋，公路上有坦克驶过，铁路上有装甲车碾过。日军出动 10000 余步兵、骑兵、炮兵向滕县外的龙山、普阳山、石墙、大坞等我军阵地进攻，另外还有 2000 余人的机械化部队直向北沙河进犯。

又是一番奋力抵抗，殊死激战，多个阵地被敌人攻占，形势更加危急。

到了晚上 7 点，王铭章向总部拨通了电话："喂，总司令吗？我是王铭章，我向您紧急报告，敌人攻城在即，请求总部速派援兵！"

但孙震大吼道："我哪有援军？你把第四十一军全部从城外调进城里，县城一定要死守！"

王铭章说："我早就下了死守滕县的决心，但城外各部队正在与敌人胶着作战，根本调不进城，而我们的子弹已经打光。"

孙震迟疑一下，说："那这样，总部现在只有一个特务营，我留下一个连作总部警卫，其余全部给你。同时，刚运来的一车皮手榴弹也全给你。"

王铭章稍微松了一口气。

最后，王铭章与滕县县长研究了城内老百姓的疏散问题，要求立即动员居民全部出城，撤到安全的地方。

王铭章最后清点了一下自己所拥有的守城兵力，截至 3 月 15 日深夜，城内战斗部队共有 2500 人，此外还有地方武装警察和保安团五六百人，合计共有武装力量 3000 人。王铭章将其中真正具备实战经验 2500 人交给团长张宣武直接指挥，并任命他为城防司令。

至此，王铭章完成了死守滕县的最后部署。他决意和这 3000 弟兄，"用我们的血肉筑起我们新的长城"。

三 与城同在

1938 年 3 月 16 日早晨 7 点 50 分，滕县东关外传出激烈的枪声。8 点，敌人在滕县以东的东沙河附近高地用 12 门山炮，以密集的火力向东关、城内和西关火车站猛烈轰击，同时 12 架飞机盘旋于县城上空，进行轰炸和扫射。

敌人的进攻开始了。

王铭章当然不怕死，但他不愿意让官兵们做无谓的牺牲。他很清楚敌我双方的力量对比——以城内两三千人的战斗部队与敌人数万强敌对阵，近乎以卵击石。

他想，守城的目的是迟滞日军向徐州进攻，那我们在城外与敌人周旋，咬住敌人拖住敌人，不一样可以迟滞敌人进攻吗？于是他大胆向孙震提出建议："不如留一个营在城内，把其余部队全都撒到城外机动作战。"

但这个建议立刻被孙震否决："委员长的命令很明确，就是死守滕县，以待援军。"

军人以服从为天职。王铭章只好服从。他把自己的指挥所由城外搬入城内，以示自己的守城死志。

然后，他再次对城内全体官兵下令："我们决定死守滕城。我和大家一道，城存与存，城亡与亡。立即把南、北两城门屯闭堵死，东、西城门暂留交通道路，也随时准备封闭。没有我的手令，谁也不准出城，违者就地正法！"

3 月 16 日上午，东关、城内和西关火车站共落下炮弹 3000 余发。敌人集中火力向东关南半部寨墙的突出部予以猛烈轰击，随着几声巨响，寨墙被炸开了一个 20 来米宽的豁口。敌人随即正面集中数十挺轻重机枪，对准豁口猛烈射击，以掩护其步兵攻城进入。

当时，守卫在此的是严翊营长所率的部分官兵。他们知道敌人掩护步兵进攻的机枪会暂停，所以都一起涌上豁口两侧，随时准备反击来犯之敌。果然，敌人的机枪声刚停，五六十个日本兵便从豁口跳了进来。严翊手下的弟兄们并不急于射击，因为他们缺乏机枪火力，而且步枪质量也极差，很难打中敌人。但他们早已准备好了几百箱手榴弹，随时袭击敌人。

豁口两侧守着六七十个士兵，每人拿上四五枚手榴弹准备投掷。当冲过来的日军逼近至 20 米之内时，两三百枚手榴弹在几秒内同时被投入敌群。敌人被炸得鬼哭狼嚎，除几个日本兵逃走外，其余全部当场毙命。

过了一会儿，敌人以更猛烈的炮火和机枪火力，对豁口进行射击。严营官兵仍同上次一样，隐伏于豁口两侧，沉住气暂时按兵不动，任大炮和机枪嚣张，静候时机。这次，进攻的敌人由五六十名头戴钢盔、两手端着刺刀枪的步兵组成，他们沿着寨壕向豁口内冲锋。像上次一样，就在敌人将要爬上豁口的瞬间，几百枚手榴弹像雨点一样投掷过去，敌人再次被炸得鬼哭狼嚎，陈尸壕沟。

敌人连续发起两次冲锋，每次除了在城下抛下一些尸体外，寸步难进，一无所得，不得不终止攻击。

经过几个小时的苟延残喘，下午两点，敌人再次进攻。这次他们把攻击重点对准了东关的东北角。套路依然是先用炮火炸开一个缺口，再以密集的机枪火力掩护其步兵冲锋。而我军的反击也和上午一样，等敌人进入豁口时，手榴弹伺候，且管饱管够。

就这样，敌人连续 4 次冲锋，都被我军打退，他们每次都留下三五十具尸体。当然，我军伤亡也不小，但毕竟没能让敌人破城。

下午 5 点，敌人发起第三轮进攻。依然是炮火开路，而且炮火更加密集疯狂，同时敌机枪火力也比先前猛烈，飞机则以每批次十架以上的规模轮番进行轰炸和扫射。当天，落在东关、城内和西关车站的敌炮弹估计在万发以上。从东城门内张宣武的团指挥所到东关严翊的营部，一里路不到，但电话线已被炸断了 25 次。

与两次进攻时敌步兵都是站成一排进行逐次攻击不同，这次是一次 3

排，每排相距百米左右，前后重叠，以此形成波浪式攻击。当敌人冲锋时，最先一波日本兵虽然被手榴弹弹雨消灭得所剩无几，但敌人随之而来的猛烈炮火和机枪火力，也同样令守卫东寨门及其两侧附近的官兵几乎牺牲殆尽，而且第二拨日兵又冲锋而至。

别无选择，只能与之展开肉搏。

可拼刺刀，川军缺的不是勇气，而是步枪和刺刀的长度。我们的武器的确落后——步枪枪身和刺刀加一起，要比日军三八大盖短得多。因此，肉搏中，往往你刺不到他，他刺得到你，非常吃亏。同时川军刺刀的钢火也不行，面对面与日军肉搏时，刺刀戳进去再抽出来马上就弯了。一场惨烈的肉搏战打下来，虽然将第二拨日本兵予以全部格杀，但我军全连也只剩下一二十名士兵，其余100多人全部壮烈牺牲。

晚上8点，战斗停止，双方休战。

敌人还在增兵，而我军损失巨大，援军也迟迟未到。想到第二天将有更激烈也更残酷的战斗，与王铭章共同守城的第一二四师师长税梯青对官兵们说："血战不可避免，但我们不能退缩半步。要叫日本鬼子知道，四川军队是硬钉子，不好碰！王师长和我已经下定决心，死守滕县，城在我在，城亡我亡。希望大家严守纪律，服从命令，立功受赏！"

2000多名守城士兵抵抗着数万攻城日军，明知不可为而为之，这就是王铭章，这就是川军！

1938年3月17日清晨6点，敌人以56门山野炮对滕县进行空前猛烈的狂轰滥炸，20余架敌机也对着县城密集扫射和投弹。炮弹和炸弹如倾盆大雨一样落在大街小巷。城内火光冲天，屋倒墙塌，有的地方弹片与碎瓦已经积到了一尺多高。硝烟与尘土遮天蔽日，本来风和日丽的滕县，竟成为天昏地暗的世界。

长达两个小时的轰击，使得东关围墙出现许多豁口。炮击一结束，敌人即以10余辆坦克为前卫，掩护200余名步兵向东关冲来。他们还将一部分炮火延伸至东关全线和城内，特别是向东城门内外附近施行遮断射击，用以牵制守军的临时调动以及阻止预备队的增援。与此同时，敌机乌鸦似的满天乱飞，疯狂地进行低空轰炸、扫射。

但守城将士依然顽强反击。当东南城墙被炸开一个大豁口后，100 余名日本兵在七八辆坦克的掩护下向豁口进行冲锋，守备东城的张宣武团第二连马上投去了大量手榴弹。敌兵被炸死五六十个，但二连也死伤殆尽，无力再对敌进行阻止，结果导致五六十个敌兵登上了城角，第一营营长王承裕立即调上预备队，派一连反击突入之敌。他们用全团仅有的两挺轻机枪进行火力掩护，向敌猛扑过去，他们先投手榴弹，继而抡起大刀猛砍。激战至中午，突入城角之敌被全部消灭，一连原有 150 人，除 14 人幸存外，连长张荃馨、副连长贺吉仓等 136 人均在战斗中壮烈牺牲。

经过上午五六个小时的激战，两路进攻之敌均被击退，不得不暂时中止攻击。但王铭章知道这只是暂时的休战，更惨烈的大战即将到来。说好的汤恩伯援军迟迟不到，心急如焚的他再次说："如果支援的部队还不来，滕县可能就保不住了。"

可是到了 17 日下午，日军源源不断地从用炮火轰开的城墙豁口中冲进滕县，滕县已经陷落，仅剩的川军还在拼死抵抗，可支援的汤恩伯部队还是不见踪影。这支援军去了哪儿呢？

其实，当时汤恩伯所率的第八十五军，15 日就到了滕县附近的临城，因为路上遇见了日军一部阻击，就不敢前进。17 日时，去支援滕县的军队看到源源不断的日军猛攻滕县外围，判断滕县守不住，无视城内浴血奋战的川军将士，将部队以"机动作战"为由，迂回向滕县东北峰山以东的地区开进，导致滕县守军孤立无援，陷入日军的四面包围中。

王铭章知道援军无望，他决定背水一战，给孙震发了第三封电报："决心死拼，以报国家。"

下午 5 点，西城门即以南城墙全部失守。城内早已陷入无人指挥、人自为战的状态。王铭章决定缒城而出，转移到西关或西关车站，以便继续指挥那里的总预备队与敌作战。

但王铭章刚一出城，即被西城门楼上的敌人发现，日军居高临下用重机枪对准王铭章一阵猛烈扫射。弹雨中，王铭章和他的参谋长赵渭宾、副官长罗甲辛等10余人都应声倒下。王铭章腹部中了两弹，他往后倒下靠在城墙下，身上血流如注，墙砖上都染满了鲜血。他大声疾呼："抵住，抵住，死守滕县！"鬼子又一阵机枪打来，他靠着的墙被日军打得洞孔密布，鲜血淋漓。

一代名将王铭章壮烈牺牲，倒在了滕县城下。他的热血与忠骨铸进了滕县的城墙。

师长阵亡的消息传来，仅存的川军官兵悲痛万分，但士气更加高涨。当时滕县内城所有的士兵和零星小队加起来不过三四百人，他们都已身负重伤，但他们放弃了突围，继续在城墙上与敌人肉搏，或展开巷战，枪声彻夜未绝。

3月18日上午，大规模的敌人冲进城，结果处处遭遇抵抗，虽然伤痕累累的战士失去了统一的指挥，却各自为战，与敌人逐街、逐巷、逐屋、逐点地进行拼杀肉搏，直至全部壮烈牺牲。

滕县保卫战无一俘虏，整个战场尸横遍野，滕县城硝烟蔽空，一片焦土。

此役，共毙伤日军军官320余人，击毙敌兵1500余人，川军阵亡官兵3000余人，负伤官兵5700余人。

滕县守城将士们血没有白流。若无滕县血战，中方的第二线兵力就来不及布置；第二线兵力来不及布置，则运河防线吃紧；运河吃紧，徐州防线也必然吃紧；徐州吃紧，别说难以取得而后台儿庄战役的胜利，就连武汉的安危都会受到影响。

所以，川军以他们巨大的牺牲，阻滞了敌人的前进，换来了整个战局的胜利，无怪乎第五战区司令长官李宗仁在回忆录中写道："若无滕县之固守，焉有台儿庄之大捷！""滕县一战，川军以寡敌众，不惜重大牺牲，阻敌南下，完成了战斗任务，写出了川军抗战史上最光荣的一页。"

毛泽东、吴玉章、董必武等人送挽联哀悼王铭章——

奋战守孤城，视死如归，是革命军人本色；

决心歼强敌，以身殉国，为中华民族争光！

四 无川不军

川军士兵在抗战中作战勇敢，以"能打""不怕死"著称，一个重要原因，是川军中有许多"能打"而"不怕死"的指挥官。

王铭章是他们中的典范，但不是唯一的代表。

1937 年 10 月，第一四五师中将师长饶国华率部，从川北奔赴万县然后乘船顺江而下，于 11 月中旬抵达江南前线。这时，上海失陷、苏州和常州失守。攻击南京的日军在海空军掩护下，采取战略包围，直趋安徽芜湖，威胁南京侧背。危急时刻，能征善战的饶国华被推到了"南京保卫战"生死一线的安徽广德，他奉命率部在此镇守。

面对来势汹汹的日军，饶国华率领的军队并没有因为武器落后选择退缩，反而在广德前方的泗安阵地跟日军展开了殊死搏斗，可惜最终因为武器装备落后太大，在短短 3 天的时间就丢失了泗安。之后在广德阻击日军时，在前线督战的饶国华虽然带领军队多次打退了日军的进攻，但是当日军炸毁了宣城至广德的铁路干线后，他们就已经陷入被日军包围的危险境地。

此时，部队伤亡过半，但饶国华决定利用祠山岗居高临下的地势，发动群众将大块石头、门窗、桌椅等物堆在广泗公路上，设置路障，以阻敌人。次日，一辆辆日军军车缓缓驶来，当行至祠山岗时，几十辆军车受阻停下。饶国华指挥预伏在公路两旁大松林里的部队，突然以密集火力向日军射击。士兵们异常勇敢，有的抱着炸药包跳上日军军车将车炸毁；有的身捆手榴弹与敌人同归于尽。经过两天激战，击毁日军军车 30 余辆。但终因第一四五师装备较差，伤亡惨重，加上团长刘汝斋违背军令，擅自后撤，以致全线溃败，祠山岗失陷，日军乘势向广德县城扑来。

1937 年 11 月 30 日，饶国华及其所率残部被日军包围。日军派人劝降，但饶国华宁死不屈，给第二十三集团军总司令刘湘、副总司令唐式遵写下遗书："刘汝斋不听指挥，以致兵败，职唯有不惜一死，以报甫公（刘湘，字甫澄）知遇及川中父老之情。……广德地处要冲，余不忍视陷于敌手，故决与城共存亡，上报国家培养之恩与各级长官爱护之意，今后深望我部官兵奋勇杀敌，驱寇出境，还我国魂，完成我未竟之志，余死无恨矣！"

时至黄昏，他来到广德城东门外，嘱卫士铺好地毯，盘腿坐于地毯中间，向敌人方向怒目而视，缓缓举枪自尽，壮烈殉国，时年43岁。

1943年11月，侵华日军为牵制我滇西大反攻，出动10万余人、飞机130余架，对常德守军实施猛烈轰炸，并施放毒气弹、燃烧弹。常德会战爆发。

11月18日，蒋介石致电第六战区代理司令长官孙连仲，要求将第四十四军"除以一部于澧、津以南地区，与敌周旋外，务集中主力，协力第七十四军太浮山以北地区之作战为要"，战区于是向第二十九集团军、第四十四军逐次转达了这一命令。

接到命令的第一五〇师中将师长许国璋不顾连日高烧的病体，立即部署部队出发，他特别强调："必须不顾一切先于敌人占领太浮山，我即率师直属部队跟进。"不料部队开拔后，日军第一二〇联队已经渡过澧水逼近太浮山。这使师部的前进道路被截断，师部无法按照既定计划前进。许国璋见状，不得不率部向常德以西、沅江北岸的陬市转移。

许国璋要求部下报定死战到底的决心，他说："我们为国家尽力的时候到了，我们能多打一个日本兵，就给守备常德的部队减轻一分压力，以尽我们军人的天职……我们已经被三面包围，背后又是深不可测的沅水，既无渡船，气候又冷，与其当俘虏被日寇侮辱、杀害，或落水淹死，毋宁在前线为国奋战，直至战死光荣得多。我们前进才是生路，我决不离开阵地一步，我的热血要洒在这里。这里是祖国的土地，我要誓死保卫它，死了也是我的光荣。"

部队抵达陬市不久，日军第一三三联队的先头部队便向陬市发动进攻。许国璋率部英勇抗击，毕竟力量薄弱，最后被敌人包围。他清点身边官兵，连幕僚在内已不足 200 人。他将剩余人员分成两队，与副师长各领一队，决定趁夜进行突围。突围前，他又对大家说："我们已经被三面包围，后面又是深不可测的沅水，与其当俘虏被侮辱杀害，或落水淹死，不如在前线光荣战死，只有前进才是生路。"说罢，许国璋手持步枪，冲在了最前面。但敌人兵力太过强大，虽经殊死激战，两队人马都未能突围，幸存官兵越来越少。而许国璋在冲锋时连中两弹，身负重伤，当场便昏迷了过去。

随从官兵都认为师长已阵亡，但都不忍心放弃遗体，于是在两个被川军浴血奋战所感动的渔民帮助下，不顾危险，历经艰辛将许国璋与其他幸存者送到了南岸。次日深夜 4 点，许国璋逐渐清醒过来。当得知陬市已被敌人占领后，大声疾呼："我是军人，应该死在沙场上！你们把我运过河，这是害了我！"说完后，又昏了过去。

片刻之后，许国璋再次醒来。他羞愤不已，乘人不备从睡着的卫士身上拿出手枪，对着太阳穴扣动了扳机，最终以死报国，时年 45 岁。

1944 年春，日军发动豫桂湘战役，敌人以 4 个师团的重兵在河南地区发动攻势。第一战区司令长官蒋鼎文率先弃守洛阳，致使集结于洛阳附近准备会战的六个集团军无人指挥，也纷纷向豫西溃退，而日军紧追不舍。

在这危急时刻，第三十六集团军总司令李家钰临危受命，承担了殿后任务。李家钰，四川蒲江人。此时，他知道已经退无可退，特手书十四字"男儿欲报国恩重，死到沙场是善终"，决心与敌誓死一搏。

李家钰召集全军师、团长开会，说："我们南渡以来，吃了河南老百姓 4 年的饭，现在不能见了日本人就跑。否则，怎么对得起老百姓？日本人有什么可怕的？他们来了，我们就同他们打。别的部队怕落在后面挨打，我不怕，我愿殿后。"

会后，他一面指挥总部移动，一面调兵遣将。经过对现有兵力的分析，他命令吴长林团尽快集结，开赴石寺镇至云梦山一线占领阵地，阻敌东进，以掩护友军撤退。

吴长林团出发前，李家钰做了战前动员，他说："我们第四十七军出川抗战是自己请缨杀敌的。现在大敌当前，正是我们保卫国家的时候！正是我们大显身手的时候！我们应该不怕困难，不怕牺牲。"

5月21日，李家钰率总部转移至陕县秦家坡时，与日寇激战。当时，李家钰及其前部行进到逐级升高的三级高地秦家坡第三个高地时，埋伏在山上的鬼子机枪突然开火，李家钰将军及其前队已经进入日军包围圈。鬼子机枪响后，李家钰立即指挥身边的士兵分两路抢占阵地还击。此时日军居高临下，对山下的情况一清二楚，一览无遗。在鬼子机枪的密集扫射下，李家钰的肩膀中了一枪。

李家钰的衣服上开始不断渗出鲜血。他忍痛坐到地上，掏出钢笔和日记本，准备写下一纸命令，让后卫部队跑步赶上迎敌，谁知刚刚写下"速调104（即杨显名师）"，认出他是指挥官的日军狙击手紧接着又向李家钰开了一枪，正中头部，李家钰当即就倒在了地上，终年53岁。

李家钰是抗战期间牺牲于前线的两位国民革命军集团军司令之一（另一位是张自忠），也是为国捐躯的川军最高级别将领之一。

1941年12月24日，第三次长沙会战爆发。

敌人强渡新墙河，我守军顽强抵抗。在敌人渡河的前两天，王超奎营长得到团长命令："死守3天！"

王超奎，四川涪陵人。参加过淞沪会战，并身负重伤，但他只是在后方简单包扎了一下，就又立即奔赴前沿阵地，因其在战斗中表现出色，得到火线提拔，由连长直接晋升为少校营长。

王营与敌人激战了两天一夜，以惨重的代价完成了任务。王超奎见下令突围。他对副营长说："我在外壕掩护士兵撤退。"王超奎率领其他几名士兵坚守外壕，利用所剩不多的弹药，打一枪换一个地方，以阻滞敌人的前进。

敌人蜂拥冲进外壕后，王超奎等人与敌人展开了肉搏。最后，全营战死。

而王超奎接连中了3颗机枪子弹，胸部血流如注。当敌人冲上前检查时，尚未断气的王超奎，怒目而视眼前的敌人。气急败坏的敌人残忍地挥刀将他的头颈砍断，致使其身首分离。

王超奎壮烈牺牲，时年34岁。

1942年2月，宋美龄在向全世界发表广播讲话时说："我中国官佐士兵每当矢尽援绝，总是战至最后，宁愿牺牲生命，不屑选择别的途径。守长沙的王超奎营长，就是这样的例子。"

两个月以后的4月19日，宋美龄又在《纽约时报》上撰文："过去3个月来，中国人民目睹西洋军队处处对敌人屈降，但中国军队却在顽强抵抗。如在湖南新墙河，王超奎营被日军包围，500人全部战死。中国只有断头将军，没有投降将军。"

第二年的1943年，宋美龄赴美争取援助。她在演讲中，仍拿王超奎举例："像王超奎少校这样的战至最后一弹、最后一人，在中国士兵中是极寻常的，算不得稀罕的事情。"

刘湘、李家钰、王铭章、许国璋、饶国华、王超奎……他们是抗战川军最杰出的代表，也是中华民族反抗外敌不屈精神的象征。

从1931年9月18日到1945年8月15日，中华民族整整14年抗战期间，日本的铁蹄并未踏上四川一寸土地，但在川军将士心中，整个中国都是不容敌人蹂躏的家园！因此，当家园遭受侵略时，川军便义无反顾地挺身而出，并做出了伟大的贡献——

抗战中，四川有成建制的6个集团军，另有2军1旅共40余万人先后开赴抗战前线，并为抗战提供了约350万的兵源。

当年的中国抗日军队，每五六个人中就有1个四川人；当年的四川人民，每14人就有1人走上抗日前线。

川军将士转战全国13个省区，先后参加了淞沪会战、太原会战、南京保卫战、徐州会战、武汉会战、长沙会战、枣宜会战、上高之战、浙赣会战、中条山之战、常德会战等28个大型会战、战役，守卫了全部前线战场1/5的国土，为抗战的胜利立下不朽的功勋。

抗战胜利后统计，川军将士伤亡达64.6万人（阵亡263991人，负伤

356267 人，失踪 26025 人），占全国抗日部队伤亡人数的 1/5。特别是 1939 年到 1945 年间，川军阵亡人数达 26 万人，占全军 85 万阵亡人数近 1/3。

另，根据时任国民政府军政部长何应钦公布的数字：四川一省征兵，无论配额与实征数额，均约占全国总额的 1/5，居全国第一；全国约有 15 万知识青年登记从军，四川一省有 4 万人以上，居全国第一。全国抗日军队中每不到 10 个人中有一个是四川人，因此，中国军队有了一句俗语，叫"无川不成军"。

所以，李宗仁将军曾说："八年抗战，川军之功，殊不可没。"

尾声　铭章中学

王铭章将军在奔赴抗日战场的前夕，曾对夫人说："誓以必死报国，将积年薪俸所得酌留赡家及子女教育之用，余以建立公用事业。"还说："我很有决心在新都办一所学校，为家乡谋利。"

夫人叶亚华记住了丈夫的话。

将军阵亡后，叶亚华女士将其所收租谷和 1.2 万元抚恤金作办学经费，拨出王铭章将军墓园对面的田业 40 余亩（后又增加 20 亩）作校址，于 1941 年 9 月创建私立铭章中学。

这所"铭章中学"即今天成都市新都一中，为"国家级示范性普遍高中"。

2022 年 8 月 14 日，那天的气温高达 41.9℃。我专程来到新都一中，想寻找一点与王铭章有关的元素。

校园里有几个介绍王铭章的专栏，图文并茂，文字简练，把王铭章的事迹基本上说清楚了。

我问陪我参观的该校语文教师夏昆："学校有没有王铭章纪念馆之类陈列室？"

他说："没有。"

"但学校有一副对联不错。"他说着便领我到教学楼一个过道前。

果然，在两个不起眼的柱子上挂着一副对联——

铭事功以慰英灵中外共仰

章盛德而兴庠序学育兼施

他说："这是铭章中学建校之初，该校语文教员赖炽臣写的。"

我说："这副对联写得真好！今人不一定能够写得出这样的对联。"

学校的花园里，在一个高高的基座上，矗立着王铭章的半身像。

我来到塑像前，久久仰望着将军。

这座雕塑虽然不算巍峨，但一身戎装的将军依然英气逼人，一双深邃的眼睛注视着他用生命换来的孩子们安宁学习的校园。

高志航：志在蓝天

引子　忠烈祠里

我第一次知道"高志航"，是那年在台北的忠烈祠。

当时我就被震撼了。

准确地说，首先是高志航身着戎装的照片打动了我：那么青春焕发，那么英武帅气，那么意气风发。虽然是一张泛黄的黑白照片，但那双充满着自信与力量的眼睛依然炯炯有神地注视着今天的每一个人。

高志航，1907 年 5 月 14 日出身在辽宁省通化县（现属吉林省）三棵榆树村的一个富裕农民家庭里。父亲高焕章生性慷慨，热心公益，在乡邻中颇有威望。母亲李春英温和婉约，勤俭持家，将一家人的生活安排得井井有条，衣食无忧。

高志航是家里的第二个孩子，他上面是一个姐姐。刚落地时，高焕章见是一个男孩，很是高兴，希望妻子以后还能生出更多的儿子，最好是 9 个，便给他取名叫"高铭九"（后来又写成"高铭久"）。果然，妻子李春英两年一个接连又生了 5 个男孩和 1 个女孩。高焕章夫妇觉得铭九是家里的福星，给他们带来这么多的男丁，对他就更加宠爱了。

他们怎么也不会想到，这个男孩不但是家里的福星，多年以后也是濒于灭亡的中国的希望之星。

高铭九是怎样成为高志航的？

一　雏鹰展翅

铭九从小就显露出很高的天赋，尤其是喜欢读书。父母几代都务农，还没有一个读书人，看铭九这么喜欢读书，他们打算送他去学堂，让高家也有一个光耀门庭的人。于是，铭九刚满9岁时，父母将他送到了通化县立城厢小学堂。

报名那天，国文老师对"高铭九"这个名字产生兴趣，问："高铭九这个名字是谁起的？有什么含义吗？"

高铭九父亲高焕章说："是我起的，就是想让他再带九个弟弟来。"

"那为什么要限定九个呢？应该子子孙孙、恒久绵延嘛！"老师笑了，然后说，"让他改名高子恒吧！还有持之以恒、坚忍不拔的意思。"

高焕章很高兴地说："好，好！"

五年后，高子恒以优异的成绩毕业，并被老师推荐到沈阳中法中学继续学习。高子恒在中法中学三年期间，以极高的禀赋，不但学习了以前很少涉猎的现代科学知识，而且还掌握了法语和日语，尤其是法语，因为是必修课，高子恒特别用功，后来不但能够说得一口流利的法语，而且法语的书面表达也很棒。当然，他的其他功课都很优秀。最后毕业时，在41名学生中，他的成绩名列第三。

虽然只是中学毕业，但那个年代已经算是学有所成了。尤其在高子恒的父母看来，儿子学了一身的本事，就等着他升官发财，光耀门楣了。谁知几年的学习，高子恒不但充实了头脑，更开阔了眼界，宏伟的抱负由此而生了，有些想法就和父母不一样了。

高子恒从中法中学毕业的年代，中国正处于帝国主义钩心斗角、肆意瓜分的危局，同时全国军阀割据、倾轧混战。奉系军阀张作霖以日本人为靠山控制着东北，全国多地民不聊生，日本人却耀武扬威。

有一次，高子恒亲眼看到几个日本人无故殴打两个中国人。警察来了后，日本人跑了，倒在地上的中国人被警察抓住："为什么要在大街上打架？"两个中国人解释："不是打架，是日本人打我们。"警察不听解释，硬要把他们带回派出所。高子恒火了，走上去对警察说："明明是日本人在光天化日之下欺负中国人，你不去抓日本人，却要抓被打的中国人，你是不是中国人啊？"周围的人也说："我们都看到了，就是日本人欺负这两个中国人。"最后警察只好把被打的中国人放了。

但是，几乎每天都能在大街上看到日本人这样欺负中国人，高子恒的民族自尊心受到深深的刺激。

他决心从军报国。

高子恒打听到在沈阳北关有一个东北陆军军官教育班，专门招收中等以上学校毕业的有志青年，将他们训练培养为陆军的连级军官，毕业后再分配到陆军部队。高子恒动心了，他冒着风雪来到北关大营，找到了报名点咨询。当得知自己可以报考该班时，高子恒非常高兴，决心回家好好复习一下应考功课，争取考上。

但父母和儿子的心思不一样。高焕章夫妇一直忧虑儿子"心太野"，觉得得"拴一拴"。儿子回来本来是准备专心致志复习功课的，可父母却给他说起了亲事。他们自作主张，让高子恒娶邻村一个姑娘为妻，连婚礼都张罗好了。他们以为只要成了家，高子恒就不会远走高飞了。

高子恒是一个对父母非常孝顺的孩子，只好接受了这门婚事，但他内心深处并没有也不打算放弃从军的志向。他依然认认真真地复习功课。不久，他不顾家人的反对，报考东北陆军军官教育班，顺利通过考试被录取了。

东北陆军军官教育班，听上去不过是一个班，好像是短期培训，其实不然，这个班相当于一个学校，当时有1000多名学生。在东北陆军军官教育班里，高子恒是年龄最小、个子最矮、体质最弱的一个。但无论是军事训练，还是功课学习，他的成绩一直在班上名列前茅，从未下过前五名。

有一次在课堂上，他听教官说起当今世界各国的军事优势往往体现在航空军事方面，一旦掌握了制空权就获得了军事上的主动，因此中国必须发展空军。高子恒觉得这些话真是说到自己心坎上了。

但接下来教官的一段话让他蒙了："所以去年张少帅已经从陆军军官教育班里通过考试选拔了 13 名学员，送去法国接受飞行训练，今年又考选了 27 名优秀学员，准备集训后再送去法国……"

高子恒忍不住叫了起来："报告！我们班有选上的吗？我怎么不知道这件事呢？"

教官完全没有想到一个孩子似的学员居然这么冒失打断自己的讲课，他说："你知不知道有什么关系呢？难道你这么小也想当飞行员吗？"

高子恒非常激动地说："当然想，我就想当飞行员！我一定要当飞行员！"

课后，高子恒找到队长黄振威，苦苦央求他给自己一个补考的机会，但这事显然不是黄振威能够做主的，他便带着高子恒去见班主任郭松龄。郭松龄虽然是张作霖奉系里的一个高级军官，却是一个有爱国情怀的将领。他是同盟会早期会员之一，有着强烈的民族自尊心，善于打仗，且常常打胜仗，在军队深受官兵们的爱戴，在教育班也得到学员们的尊敬。张学良把选拔培养中国空军人才的任务托付给他。去年他选的 13 名学员，张学良不太满意，觉得年龄偏大，而且飞行技术、战术水平都不是太理想，因此希望他在第二批学员中，一定要物色那些年龄较小、体质强壮、成绩优秀的学员来培养。所以郭松龄今年便以比去年更严格的标准，从 1000 多名学员中仅选了 27人。现在突然出现一个高子恒，实在让他犯难。

于是他想到了一个正当的拒绝理由："你之前为什么不报考？"

高子恒说："我平时学习很用功，训练也很刻苦，专注于功课和操练，确实没注意这事。"

这点郭松龄早有耳闻。高子恒的勤奋、用功和聪明，在整个教育班都是有名的。但他还是说："现在考试已过，只有等下一次机会了。"

高子恒说："不，您是班主任，行不行就您一句话。请求您给我一次补考的机会吧！"

如此恳切，郭松龄有些感动，他问："你为什么就这么想当飞行员呢？"

高子恒脱口而出："看见日本人的飞机在我们的头上飞来飞去，我就气得咬牙，恨不得也飞上天把他们赶回东京去！"

这几句话说到郭松龄心坎上了，因为这也是他的切齿之恨。

他沉吟了一会儿，抬起头，问高子恒："如果我真的给你一次考试机会，你有把握考上吗？"

"当然有！"高子恒觉得眼前露出了希望的曙光。

郭松龄倒有些意外："你凭什么这么自信？"

"凭我的学习基础，凭我的法文。我是中法中学毕业的学生。只要您给我一次机会，我一定能够考上！"高子恒豪情万丈。

郭松龄最终被这个青春勃发、豪情万丈的年轻人打动了："好，给你一次机会，就这一次！"

果然，经过仅仅一周的复习，凭着扎实的学习基础，他在补考中顺利过关。

然而，高子恒万万没想到，自己体检结果却是："身高不够，不能入选。"

只有 1.67 米的他，比标准差了 1 厘米。

这次，连郭松龄也没办法了。他对高子恒说："这是张少帅定的规矩，我也无权更改。"

高子恒的心情跌到了冰点，但性格倔强的他依然不死心，决心继续争取，不达目的，不放弃最后一刻的努力。他想，既然这条规矩是张学良定的，那我为啥不直接找张学良呢？当然，作为一个普通的学员，要见少帅谈何容易？没关系，给他写信！常言道"初生牛犊不怕虎"，这话用在此刻的高子恒身上再恰当不过了。

听说张学良也喜欢法语，高子恒便用法语给他写了一封感情真挚、言辞恳切的信，说明了自己决心航空报国的志向，请将军成全自己。

果然，这封信打动了张学良，他决定追加一个赴法留学的名额。

对高子恒的人生道路来说，这是一次堪称"伟大"的转折。如果没有张学良选派优秀青年赴法留学，如果没有高子恒一次次受挫后又一次次锲而不舍地争取，如果没有郭松龄给高子恒补考的机会，如果没有张学良的特别追加名额……10 年后的中国怎么会有威震日寇的"空军战神"？

赴法前夕，高子恒把自己的名字改为"高志航"。

他决心把自己的一生都献给祖国的蓝天。最终，他也用自己的青春、热血和生命，让这个名字格外璀璨，载入中华民族千古英雄的史册。

二 人机一体

1924 年中秋节的第二天，高志航告别了家人，和另外 27 个选拔出来的年轻人一起，在上海十六铺码头登上了"鲍尔斯号"邮轮，在深情回眸越来越模糊的码头时，高志航却已经在畅想着学成归来、报效祖国的一天。

经过 20 多天的海上颠簸，他们抵达了法国东南部的马赛港。稍作休息后，他们这 28 个人中的 10 个人被分配到高德隆民间航空学校学习，而高志航和另外 17 个人被送往法国一流的牟拉纳航空学校学习。

高志航他们这批中国学生，主要的学习科目是机械、驾驶和法文。高志航的法文基础很好，因此这门功课省了他不少精力，使他能更专注于机械和驾驶，尤其是驾驶。

牟拉纳航校驾驶科目的主要教程是滑行起飞、落地、转弯、直线飞行、升高、降落、特技、长途飞行。这些动作对一般人是一种高难度挑战，但对高志航来说却一点都不难，因为他并非"一般人"。他本来就反应灵敏，身手敏捷利落，再加上他学习非常认真，胆大心细，动作非常标准，在中国学员中，他表现很突出。他后来成为中国空军的"四大天王"之首，一点都不让他当年的同学和教官感到意外。

在牟拉纳航校，高志航遇到了对他后来影响很深的一位教官，名叫冯窪。冯窪曾经参加过第一次世界大战，在一次空战中腿部中弹，左腿残疾，走路一拐一拐的。可是他的飞行技术却是一流的。当他一进入机舱，俨然就和飞机融为一体了,驾机飞行犹如龙游大海,鹰击长空。他曾经在两小时内,在空中一口气连做963个飞行特技动作,有人把他的飞行技术誉为"空中芭蕾"。高志航对冯窟佩服得五体投地,并总是不放过一切机会向他学习请教。

而冯窟也渐渐喜欢上了这个特别聪明、勤奋且悟性很高的中国小伙子,不但向高志航传授飞行技术,而且还把自己的最宝贵的心得告诉高志航。高志航曾经问他:"您腿是跛的,可为什么您驾驶飞机却那么轻松自如,难道您的跛腿一点都不影响您的飞行吗?"

冯窟笑着回答道:"一点都不影响,因为飞机的每一个部件、每一个部位,都是我身体的一部分,它与我已经融为一体了。所以我从不觉得是我在驾驶着飞机飞行,而是我在飞行。"

高志航若有所悟,说:"这是达到人机合一的境界。"

"对,对!关键是,要用心灵去体会,就不足为奇了!"他更进一步地说:"譬如在空中作战,俯升翻滚,你必须把飞机的每一个部分当作自己身体的一个部分。就像你小时候和别人打架,拳打脚踢,摸爬滚打一样,你在空中和敌机缠斗时,只不过把机身当成了你的身体而已。"

冯窟看着已经听入迷的高志航,越讲越来劲,他拍着那条曾经受伤的腿说:"就说它吧,当时,一排子弹打过来,打中了我的腿,但没有关系,'我们'还能飞,还能战斗。因为'我们'不用腿,'我们'用螺旋桨。那一刻,我和飞机就是一个东西,人机一体。"

高志航问:"怎么才能做到人机一体呢?"

冯窟用手指着脑袋:"飞行,最重要的是思想,是集中思想。只要飞机开始滑行,你所有的杂念都没有了,都只集中在一个焦点上,那就是战斗,而飞行已经成为你自己的身体动作的自然行为。那时候,你的身体和飞机成了一部分,你的动作和飞机的动作也成了一部分,都是一回事!"

高志航感慨万千,无比崇敬地说:"当您在飞行中做出那么多高难度的特技动作时,谁能想象您的腿曾经受过伤呢!"

冯窟说:"是呀,当初那么多人劝我别再飞了,可我坚持我的信念,一直坚持到今天。"

高志航说："我理解，这就是您超人的意志力。"

冯窘说："还要加一条，不要命。"

从此，"人机合一""意志力""不要命"就深深刻印在了高志航的心中。在以后的岁月里，这几条也成了他的精神品格。

用"出类拔萃"来形容高志航当时在牟拉纳航校的成绩，是毫不夸张的。飞行训练结束时，高志航以优异的成绩荣获由校长亲自颁发的驱逐飞行军士的军衔，特准派到法国锡兰空军第二十三团见习。

当时，法国空军第二十三团不少官兵总看不起中国的实习生，甚至针对中国学员制定了一些带有歧视性的规定，比如不许驾机飞越巴黎上空，不准驾机低飞穿越桥洞，等等。可高志航就是不服这口气，偏要为中国人争口气！在兰锡见习的第三个星期，他故意驾机低飞，对准桥洞飞了过去，再来个侧飞急转弯，俯冲河面，又从桥洞穿回来，看到这一幕的人无不惊心动魄，同时又拍手叫好。高志航因此受到关禁闭的惩罚。但他一点不觉得委屈，因为连关他禁闭的指挥官也不得不承认高志航的飞行技术是高超的。

然而，更让法国人对中国学员另眼相看的时刻还在后面。为了检阅各国学员见习飞行的情况，法国空军在兰锡机场举行了一次飞行表演。指挥官知道高志航是中国学员的最高水平，便指定他代表中国见习飞行员参加表演，高志航一口答应下来。虽然这不是什么"锦标赛"，但高志航决意要让世界各国看看中国飞行员的风采。

那天，一架架飞机在空中表演着各种高难度的动作，看台上惊叫声迭起，赞叹声不断。然而当看到高志航驾驶的飞机出现在蓝天上时，所有观众都目瞪口呆了：一会儿扶摇直上，一会儿俯冲而下，一会儿又直角拐弯，一会儿又连翻筋斗，真是惊险万状，扣人心弦。最后，只见飞机直线坠机般，以接近垂直的角度俯冲下来，在场的人都惊呼起来，以为真的坠机了，但观众的呼声未落，高志航的飞机已经拉平了机身，轻盈地降落在跑道上。当高志航从机轮里跳下飞机时，场上响起热烈的掌声。指挥官对高志航的表演非常满意，认为他是表演者中的佼佼者，授予他表演特优奖。

1927 年 1 月，高志航和他的 27 名同学，带着在法国学到的一身真本领回到了祖国。

高志航被分配在东北航空处飞鹰队，但他的一身本领却无处施展，因为当时面对日本人的咄咄逼人，中国军阀们却在混战。他能做的，只有加紧训练，不断提高飞行技术，随时准备为国而战。

不久，高志航升任少校中队长。他在训练中严格要求每一个队员，并常常以身示范，带着队员苦练飞行技术。然而，东北军虽然有 100 多架飞机，却都是各国的杂牌货，经常出现故障，还不容易修好。有一次，一名新队员驾驶的一架飞机又出问题了，故障出在操纵杆。经过几个小时的努力，终于修好了。高志航有点不放心，决定亲自驾驶试一试，看看其他部件有没有问题。起飞后倒没什么异常，可谁知降落时，操纵杆却不听使唤了，飞机摇摇晃晃向地面跌下来，高志航只好采取迫降的方式将飞机降落，然而飞机在快落地的时候，却斜着冲向跑道外的土丘上，高志航双腿受伤，尤其是右腿伤得很重。

在医院经过了治疗，腿伤却一直不见好转，反而伤口变黑，更加疼痛。不得已，高志航被转移到另一家俄国人开的医院。当那位犹太医生打开石膏后，看到发黑的伤口几乎溃烂，说："恭喜你！"高志航莫名其妙，听不懂医生的话。医生说："恭喜你没有两天后才送来，因为如果你晚来两天，这条腿非锯掉不可！"

原来，高志航受伤后去的第一家医院是日本人开的。日籍医生知道高志航是飞鹰队的中队长，便起了歹意。在手术时，他取出碎骨之后，拿了一根狗骨头接上，然后打上石膏，就让高志航回部队去休养。难怪高志航的腿越来越疼痛，伤越来越恶化！

犹太医生不得不为高志航再做了两次手术，挖掉狗骨头，用不锈钢固定好，以减轻疼痛。两个月后，腿上石膏拆下来了，高志航能够站起来了，开始进行康复训练；不久，拐杖也可以扔了，高志航可以走路了。但还没来得及高兴，他痛苦地看到，自己那条受重伤的腿，居然短了一截，走起路来一跛一跛的！他怒不可遏，问医生："怎么会是这样？"医生无奈地低声说："这是最好的结果了！"

高志航不禁想到了冯窣，正是冯窣让他冷静了下来，也是冯窣所说的
"意志力""不要命""人机一体"给高志航身上注入惊人的力量。他开始了
旁人难以想象的苦练，特别是练习两条腿的平衡。

终于，在同事们惊讶而敬佩的目光中，他再次飞上了蓝天。他感觉自己
已经和飞机融为一体：上升、俯冲、下降、翻滚、急转、侧飞……当一连串
的高难度动作，如芭蕾一般在蓝天绽放时，地面响起了一片欢呼声。

三　名扬国际

1931 年 9 月 18 日晚上，已经入睡的高志航一家人，被远处的枪声惊
醒了。

这就是震惊中外的九一八事变。

一夜未眠。第二天一大早，高志航一人出去打探消息。中午回来，他反
手把门关上后，对家人说："日本人已经占领沈阳。"

早就渴望飞上蓝天和日本人拼命的高志航，多么希望能立刻驾机升空
啊！当时在国内，由于张学良特别重视对空军的投入，东北军的空军实力是
比较雄厚的，光飞机就有 200 多架，而日本侵略东北时，仅有飞机 12 架。
但中国的 200 多架飞机竟然打不过日本的 12 架飞机，皆是因为张学良的一
句命令："禁止飞机升空，不准抵抗。"

被束缚住双翼的鸟儿，依然渴望飞翔。高志航决定南下，寻找时机施展
自己的报国志向。

高志航跪别了父母，泪别了亲人，只身一人到了拥挤的火车站，从窗口
爬进一列装满难民的火车，怀着满腔悲愤离开了沈阳。

在南京，高志航被安排在航空署所属的第四队担任少校飞行员。自己安
顿下来之后，他便陆续把父母家人接到了南京。

1932 年 1 月 28 日，淞沪抗战爆发。中央空军第六、七两个航空队共 9

架战机和广州一个航空队 7 架飞机在上海和浙江两地与日军进行了空战。这是年轻的中国空军进行的第一次抵御外侮的空战。面对强大的敌人，中国空中勇士们血洒蓝天，用生命捍卫祖国的主权与尊严。当时，高志航没能获准参加淞沪之战，非常郁闷，恨不得飞上蓝天与日寇拼死一战。他关注着中日空中激战的所有信息。"出师未捷身先死"而成为中国空军抵御日寇牺牲第一人的黄毓全、被敌人击中胸部身负重伤后依然忍着剧痛将飞机安全降落最后不幸牺牲的赵甫明、在空中与敌人英勇搏斗而不幸失去左臂成为"独臂将军"的石邦藩……一批杰出的空军健儿成了高志航心目中的英雄和人生的榜样。

1932 年 4 月，高志航被派到杭州笕桥航空学校高级班受训。

那天，高志航刚一踏进学校，便听到了激昂的航校校歌——

遂凌云愿，空际任回旋，

报国怀壮志，正好乘风飞去，

长空万里复我旧河山

努力！努力！莫偷闲苟安，

民族兴亡责任待我肩！

须具有牺牲精神，

凭展双翼以冲天！

再往前走，他看到了高耸的旗杆和旗杆下炸弹体基座上镌刻的航校学员誓词——

我们的身体、飞机和炸弹，当与敌人兵舰、阵地同归于尽！

歌声和誓词，仿佛把高志航体内积蓄已久的仇恨点燃了，他感觉自己热血沸腾，像是浑身都在燃烧。

短短的 4 个月受训，高志航无论飞行训练还是理论学习，都取得了优异的成绩。结束时，高志航被留在笕桥航校任教。

很快，曾师从牟拉纳航校名师、又在中央航校高级班受训的高志航，便在当飞行教官的岗位上大显才华。他对学员训练的要求极为严格，很多时候都以身示范。他飞行经验丰富，尤其是飞行技巧出神入化，成了航校最受学员欢迎的教官。而高志航也培养出了李桂丹、刘粹刚、刘志汉等日后在中国空军抗战史上留下英名的杰出飞行员。

让国人初次感受高志航魅力的，是那次他率领 24 名飞行员在上海的飞行表演。为了加快空军建设，为了扩大影响，动员更多的人参与进来，航校经常驾机编队到各大城市做飞行表演。那天，万里晴空，人们仰头看到，高志航所带领的飞行员们驾驶飞机表演着各种飞行特技。一会儿低空掠过地面，一会儿又直冲苍穹……让人眼花缭乱，目瞪口呆。惊叹声、鼓掌声和飞机的轰鸣声和谐而又壮观。

人们开始记住一个名字：高志航。

半年后，高志航又率队前往北平南苑机场做空中表演，再获成功。当时正是 10 月，天气寒冷干燥，但热情的人们还是涌向机场，翘首以盼着表演。渐渐地，空中开始飞扬着风沙了。这种天气是非常不适合飞行的，更不利于空中表演。人们开始担心高志航的机群是否会如约而来。就在大家焦虑的时候，在天空的风沙声中传来飞机的轰鸣声，声音越来越大。人们循声望过去，远处的几个小斑点渐渐地飞了过来，一共 5 架飞机，一架在前面，另外 4 架分列两旁，构成 V 字形，飞机之间的距离均匀而稳定，就像用尺量好了似的。就这样，五架飞机以完美整齐的队形，低空飞过南苑机场，飞向激动的人们。

飞机飞近后，人们很奇怪地发现，每架飞机的机翼之间都用一根绳子联系着。原来高志航为了训练飞行员准确的距离感，特地用绳子拴着机翼，这样，数架飞机无论同时起飞、编队，还是一起表演、降落，都能始终保持整齐的队形。虽然有绳子连着，可 5 架飞机在空中的翻滚表演，依然优雅自如，激起人们情不自禁的喝彩与掌声。

1933 年 12 月，高志航再次获得重用，担任航校新成立的驱逐队队长。

后来，驱逐队改为空军第六队，高志航继续担任队长。

为了应对必然爆发的中日大战，国民党上层召见高志航，当面赋予他一项重任：专程前往意大利考察该国的空军建设，研究当时风靡的"杜黑主义"，学习欧洲国家空军独立做法的战术，并购买一批适合于中国的战斗机。

高志航在感到自己被无限信任的同时，也感到自己承担着沉甸甸的重任。

所谓"杜黑主义"，是意大利著名的空军理论家杜黑提出的一套关于空军的军事理论。简单说，在飞机更多地还仅仅用于竞技和表演，军事航空还处于气球与飞艇的时代，杜黑就敏锐地预见到了空军在未来战争中的决定性作用。他认为，谁掌握了绝对的空中优势，谁就赢得了战争的主动权和胜利。用今天的话来说，就是制空权决定战争的走向与胜负。杜黑的"制空权"理论到今天依然没有过时，因此他们把目光投向当时在军工发展，尤其是歼击机和拦截机的研发在世界上处于领先水平的意大利，就是很自然的了。

1935 年 9 月，高志航前往意大利。之前在法国留学期间，高志航就接触过"杜黑主义"，这次在意大利他进一步系统地了解和研究了杜黑的理论。他还考察了意大利的航空工厂和空军独立战斗的训练以及空军建设的情况，并就意大利和中国在航空军工方面的合作进行了洽谈。

高志航代表中国履行着自己的神圣使命。他没想到的是，本来想在意大利购买飞机，但意大利军火商为了推销过时落后的飞机，竟然向他重金行贿，理所当然地遭到高志航的严词拒绝。他放弃了在意大利购买飞机的计划，转而向美国购买当时先进的霍克－3 式驱逐机。

在意大利期间，高志航一行刚好赶上一个盛大的阅兵式，除了意大利的海陆空三军外，其他国家的军人也可以报名参加。而高志航则以中国的名义参加飞行表演。虽然从得知参演到实地升空仅仅只有 3 天的时间，但高志航一想到代表中国，就意气风发，跃跃欲试，且充满信心。

阅兵式那天，意大利的三军阵容尤其是空军的表演给高志航以及所有在场的人都留下深刻的印象。接下来是其他国家的飞行表演，当一架架飞机从蓝天掠过时，高志航也被他们精湛的飞行技术所折服。当高音喇叭里宣布：下面出场的是来自中国的空军。气氛一下冷却了不少，因为当时中国在世界上虽然是大国，却也是弱国，大家都认为，中国的整体国防力量根本无法与欧美发达国家相提并论，空军的水平更是不值一提。

然而，当高志航的飞机在空中做着倒飞、弧形等一系列难度动作，并且空中投靶的命中率为百分之百的时候，观众感到无比惊讶——弱小的中国空军中居然还有这样的奇才！

有人希望高志航留在意大利。

高志航的回答温和而坚定："我一定要回中国。我只愿做一名中国军人！"

更何况，祖国还有他年迈的父母、活泼的孩子和亲爱的妻子。

行文至此，应该说说高志航的爱情了。

四 爱情多难

前面说过，17 岁的高志航从法国留学回来后，父母为了拴住儿子越来越"野"的心，曾经做主给高志航说了一门婚事。

虽然高志航屈从了父母的意志，但从来就不爱那个父母强加给自己的邵文珍。两人关系并不好，后来高志航考上了东北陆军军官教育班，他从来没爱过的媳妇半年后也自杀了。邵家没怪罪，还要把她妹妹再嫁过来。高志航这次表现出了决不妥协的态度，坚决拒绝了再娶邵家之女。

真正的爱情，往往不期而遇。

1928 年春天，中国蒙古地区发生了一场叛乱。由于这个地方属于张作霖统辖管制的地方，他便下令陆军派一个团前去镇压，又下令飞鹰队派出 10 架飞机作为后援，在满洲里机场待命。高志航因此来到了满洲里。

正是在满洲里，高志航邂逅了他后来的第二任妻子嘉莉亚——当时她的许多中国朋友也叫她"葛莉儿"。

关于高志航和嘉莉亚的感情经历和婚后生活，我看到过的史料均大同小异，但他俩第一次偶遇的情景，不同的资料有不同的细节。

有一个版本是说，那天高志航独自开车从机场去市区，因为路上结了冰，他不得不缓缓地开，开进市区时，路边一个陌生的姑娘向他招手，问他能不能顺便带上她去市区。高志航停下车，仔细一看，原来是一个很漂亮的外国少女。有些羞涩的高志航还在犹豫怎么回答，那姑娘很热情地自己开门上车坐在了副驾驶的位置上。

就这样，他俩聊了起来。高志航得知女孩是俄国人，祖先是沙俄时代的贵族，十月革命后流亡到中国。嘉莉亚学会了中国话和日本话。她以前是学护理的，这次是进城找工作的。分别时，两人都互相客气地致谢与告别。巧的是，高志航开车回驻地时，再一次碰见了嘉莉亚。于是，两人又在车上聊了起来，而且越聊越投机，彼此都有相见恨晚之感。

也有一个版本是说，那天高志航在街上溜达，走到一山货摊前，看到一个金发姑娘和摊主说话。由于她的中文不够好，和摊主交流有困难，边比画边说，高志航便主动上去帮忙。他估计那姑娘是俄国人，便用俄语问她怎么回事。原来，外国女郎想去参加一个舞会，却不熟悉环境，不知该怎么走，正在向摊主打听。高志航立刻便将路线清晰地告诉了她。姑娘对高志航流利的俄语很是惊讶，问他是不是在俄国生活过，高志航说没有，他的俄语是在教会学校读书时学的。

两人便交谈了起来。无意中说到法国，高志航和姑娘又用法语交流了起来。越说越亲切，高志航主动说："我开车送你去跳舞的地方吧！"

而在电视剧《远去的飞鹰》中，嘉莉亚是个卖皮货的老板。高志航在街上闲逛，无意中碰到一群人在那里跳舞，里面跳得最欢快的正是嘉莉亚，高志航也参与进去和她手挽手跳了起来。嘉莉亚的美丽与活泼让高志航难以忘怀。他几次以买皮货为借口去找嘉莉亚，一来二去，便熟悉了，两人很快坠入爱河。

无论两人第一次相遇的情节有多么不一样，总之，嘉莉亚是俄国贵族的后代，二人是因邂逅而相识，并自然而然产生了爱情。

然而，高志航与嘉莉亚相爱，却遭到了父母的强烈反对。两个传统的中国农民，一想到儿子居然违背父母的意志要和一个外国女人结婚，这简直就是荒唐！他们无法想象，今后要每天面对一个金头发、蓝眼睛的儿媳妇。但儿子的意愿，他们无法改变。作为一个孝顺的儿子，高志航并没有和父母强硬对抗，而是专门带嘉莉亚回去让父母感受一下，也让嘉莉亚适应一下中国农村的家庭生活。

渐渐地，两位老人感到了嘉莉亚的善良与温柔，尤其是对老人的柔顺与体贴，和高志航一样孝顺。于是，他们不再勉强高志航娶邵文珍的妹妹，理解并同意了高志航和嘉莉亚的婚事，而且还给两人办了一个非常热闹的中国婚礼。

婚后两人感情非常好，特别是有了女儿后，高志航无论多么忙，都尽量回家陪妻子，看望女儿。即使高志航执行飞行任务不能回家，他也把妻女时刻牵挂在心中，嘉莉亚也时时惦记着丈夫。每当有飞机从空中飞过，嘉莉亚总是跑出屋子，痴痴地望着头顶的蓝天，猜测着是不是爱人飞过……

那次高志航执行飞行任务，正好飞到家乡的上空。他放慢了飞行速度，仔细俯瞰下面的地形，看到了家乡三棵树村的驼峰山，情不自禁地来回盘旋了几圈，希望嘉莉亚能够看到。正在家里切菜的嘉莉亚，听见上空的飞机轰鸣不像往常一样渐渐消失，而是持续了很久，她心里一阵惊喜：一定是高志航！她扔掉手中的活儿，顺手拿了一块布，冲出家门站在山坡上向着天空不断挥动手中的布，并放开喉咙喊道："志航，志航，我在这里！我在这里！"不知道高志航看到嘉莉亚没有，但他一定知道嘉莉亚正在想念他。嘉莉亚朝着飞机飞翔的方向追了很远很远。

那次高志航飞行因身负重伤而右腿骨折受伤，手术后醒来，第一眼看到的正是含着泪水却满脸笑容的嘉莉亚。因为嘉莉亚学过护理，所以治疗期间，她对丈夫的照料非常细心，每次换药都是她亲自操作；每天都要熬鸡汤给他喝。她无法想象，没有了高志航她还会有自己未来的人生。

但手术后并没有让高志航的腿好起来，反而伤势恶化。看着丈夫越来越消沉的情绪，嘉莉亚心如刀绞。她跑遍了沈阳的各个大医院，甚至走访了一些街边的小诊所，总想找到让丈夫的腿得以康复的方法，但每次都是失望，没有一个医生愿意再次治疗高志航的伤腿。那天傍晚，再次得到医生拒绝的嘉莉亚路过一家教堂，她进去为丈夫做祈祷。正是在那次祈祷中，得知嘉莉亚愁闷原因的神父告诉她，自己认识一位著名的犹太医生，在治疗骨伤方面非常权威，建议嘉莉亚不妨试试去找找这位医生。

于是，就有了前面所写过的高志航的第二次手术。正是这次手术，让高志航重新站了起来。可以说，高志航之所以能够重返蓝天，一方面，当然归功于那位医生高超的医术，另一方面，也得益于嘉莉亚对他强烈的爱意。

然而，当时的军政部为了保护国家航空军事机密，出台了一项铁的规定："凡我署空军军官，一律不得与外籍女子通婚。"也就是说，只要有外国配偶，就不能当飞行员。于是，高志航就面临一个残酷的两难选择：要妻子，还是要飞机？他当然挚爱着嘉莉亚，但他同样深深地爱着飞行事业，当初正是为了航空报国，他才更名为"志航"。没有了飞行员的生活，就等于宣判了他的死刑；但他同样无法想象，离开了嘉莉亚自己还有什么幸福可言？

他不愿把国家的这一残酷规定亲口告诉嘉莉亚。近乎绝望的他，只好给嘉莉亚写了一封信，把上级的规定和自己的苦闷倾诉给嘉莉亚。

嘉莉亚受到的精神打击可想而知。但没想到的是，她很快给高志航回了一封信，向丈夫表达了自己永远的爱，以及对他事业的理解："我知道你一生的志愿，你不要犹豫了，还是选择飞行吧！否则，你会后悔终身，我也会愧疚一辈子……两个女儿，大的在沈阳会有姑姑照顾，小的在你那里会有婆婆爱护。我会照顾自己的，别为我操心……"然后，就悄然地也是永远地离开了高志航。两人从此再也没有任何联系，高志航后来多次打听嘉莉亚的消息，均音讯杳无。

后来，在上海举行的为号召鼓励民众捐款购机的飞行表演中，高志航率领的飞行队以令人叹为观止的空中技艺，赢得了观众的热烈欢呼与掌声。上海市民派出代表向高志航等飞行员献花。当高志航从一位美少女的手中接过鲜花时，他完全没有意识到，这位叫"叶蓉然"少女的心，已经被他征服和俘虏了。她在英浮士英文书院学习英文，并考取国际贸易局的英文翻译职位。于是，当年底叶蓉然成了高志航的第三任妻子。

高志航第一段短暂的婚姻是不幸的，而嘉莉亚和叶蓉然给了高志航深厚的爱情和家庭的幸福。特别重要的是，高志航所获得的真正爱情都和自己的飞行事业有关。因为嘉莉亚，他重上蓝天；因为空中飞行表演，他被叶蓉然爱上。

虽然高志航的爱情，充满了曲折和磨难，甚至还留下深深的痛惜，但正是爱情和事业的互相编织，甚至交相辉映，成就了杰出的飞行员高志航。

五 融入蓝天

1937 年的中国，战云密布。5 月，已经晋升为空军中校的高志航奉命以大队长的身份率第四大队官兵进驻南昌机场，他自己也把家搬到了机场附近的空军宿舍里。这时，妻子叶蓉然为他生的儿子高耀汉已经两岁。

7 月 7 日，卢沟桥抗战爆发，第二十九军的爱国将士及官兵打响了中国全面抗战的第一枪。第二天，中国共产党中央委员会通电全国："只有实行全民族抗战，才是我们的出路！为保卫国土流尽最后一滴血！"一时间，全国人民抗日激情高涨。

当时中国空军和飞机大部分集中在南昌，为了支援华北抗日，国民政府航空委员会确定了华北作战的计划。7 月底，空军前敌指挥部命令在南昌集训的空军部队飞往河南周家口待命，随时准备参加华北对日作战。

高志航率领的第四大队飞到周家口后，遇到特大暴雨，下了几天几夜，无法起飞，只好在周家口待命。飞行员们穿戴整齐，不敢有一丝懈怠，随时准备奉命起飞，奔赴战场。可这一等，就等到了 8 月 13 日，日本向上海进攻，淞沪抗战爆发，战火已从华北烧到了华东。中国空军不得不改变原定的北上计划，而抽调空军南下，将主力集中于华东，迎战日军。所以高志航接到命令，第四大队飞往杭州，随时准备出击，而高志航则立刻去南京领命。

8 月 14 日凌晨，中国空军第五大队的飞行员们驾机轰炸了日军在上海的多个据点，还击中了停泊在海上的舰艇，包括一艘驱逐舰，甚至还轰炸了日本海军上海特别陆战队司令部。这些轰炸给日军造成很大的损失，他们气急败坏，命令日本海军鹿屋航空队立刻从台北机场起飞，向中国展开疯狂的报复性袭击，妄图把中国空军主力消灭。

其中一队由新田慎一少佐率领的 9 架九六式攻击机，任务是偷袭杭州笕桥机场，以摧毁中国空军最重要的基地。当时的笕桥机场不但是中央航空学校所在地，而且也是当时中国空军在淞沪作战的主要前线基地，是中国最精锐的空军力量集结所在，如果笕桥机场被毁，中国空军的主力将受重创。

迎战新田慎一的重任便落在了高志航的肩上。

然而，台风带来的暴雨依然下个不停。高志航的第四大队仍在河南周家口机场，飞行员们摩拳擦掌，整装待发，一听到保卫笕桥机场的命令，决定冒雨起飞，直奔依然还在烟雨之中的杭州。提前从南京到达笕桥机场的高志航，站在积水很深的跑道上望着依然下着大雨的天空，焦急地等待着他的雄鹰们。

第一个着陆机场的是 21 中队的中队长李桂丹。他几乎是在紧急空袭警报的凄厉声中降临的。刚一落地，便听到命令："快起飞，敌机来啦！"李桂丹重新猛推油门，战机再次升空，其余的战机也冲上了天空。

紧接着，高志航所驾的战机也由其他飞行员从周家口驾驶飞抵笕桥机场，还没等飞机完全停稳，风雨中的高志航便飞身跳进机舱，一个队员提醒他飞机刚从周家口飞回来，油已经不多了，可高志航大声喊道："没关系！油箱里的油光了，干脆跟鬼子来个同归于尽！"说着一拉机头，飞机划过地面冲起几丈高的水花，然后箭一般地冲上了高空。

天空灰蒙蒙的，一进入云层，高志航便发现一架九六式战机。"果然藏在这里！今天算我运气好！"高志航大喜，操纵战机迎头冲过去，对准机身，瞄准目标，"哒哒哒……"一排子弹便射了过去，敌机一惊，慌忙转向躲进了云层。高志航判断着敌机逃跑的方向，紧追不放，几番穿云破雾，他眼前一亮，敌机正在他估计的范围内。敌机刚钻出云层，以为躲过了中国空军，却发现高志航的飞机一直尾随其后，而前方又有中国军机迎面冲过来，敌机慌忙赶紧调头，可刚一转身，高志航就在侧面对准敌机的发动机一阵猛射，敌机中弹燃烧起来，歪歪斜斜地往下坠，然后突然爆炸，一声轰响，直落地面。

高志航首开纪录。这是中国空军全面抗战以来，击落的第一架日本飞机。

大队长击落第一架日本战机，极大地鼓舞了第四大队飞行员的士气。李桂丹和他分队的飞行员发现了一架九六式攻击机飞来，他们一起包抄过去，围着敌机射出一排排子弹，等日本飞行员反应过来想躲避时，机身已经中弹，于是连人带机，像一团火球坠落下去了。另外的两个分队，也重创敌机。其余敌机，见势不妙，溜之大吉。

笕桥一战，当场击落敌机两架，另有一架被重创的敌机在迫降时坠毁，还有一架被击中的敌机返回途中坠海。

浓云慢慢荡开，硝烟渐渐散去，胜利的阳光照耀着美丽的杭州。

笕桥空中大捷，轰动了全国。处于劣势的中国空军以无一伤亡的代价战胜了不可一世的日本空军。全国人民士气大涨。一夜之间，"高志航"三个字成了中国最响亮的名字，一首赞歌迅速流传大江南北——

> 八一四，西湖滨，
> 志航队，飞将军，
> 怒目裂，血沸腾，
> 振臂高呼鼓翼升，
> 群鹰奋起如流星，
> 掀天揭地鬼神惊，
> 我何壮兮一当十，
> 彼何怯兮六比零。
> 一战传捷，举世蜚声。
> ……

为了鼓舞士气，当时的媒体对这次空战的战绩有所夸大，把"四比零"夸大成"六比零"，但中国空军在全面抗战之始，便首战告捷，以劣势的装备取得了辉煌的胜利，这是不争的事实。

因此，国民政府决定，将高志航率队获得空战胜利的 8 月 14 日确定为空军节，以永远纪念这个激动人心的伟大日子。

而在日本那边，高志航也成了一个梦魇般的名字。日本飞行员上战场渐渐流行一种说法："如果我做了亏心事，就让我出门便遇到高志航。"

但敌人不甘心惨败，第二天又出动 45 架飞机对浙江绍兴、杭州一带进行狂轰滥炸。高志航再次带领第四大队迎敌而上。尽管中国空军的飞机比敌人少了许多，但高志航和战友们斗志高昂，勇猛机智，和敌人在空中再次展开激战。

高志航首先发现两架敌机。他先是迅速冲到其中一架轰炸机的上方，然后居高临下对准敌机俯冲下来，一直冲到距敌机只有 100 米左右的地方，再按下驾驶杆上的红色按钮，两挺机枪同时喷射出愤怒的火焰，敌机应声空中开花，向地面散落下去。然后，高志航丝毫没有松懈，赶紧一个鹞子翻身咬住了另一架敌机，但敌人已经向他开火，一排子弹打穿了高志航的座舱，又射穿了他的右臂。高志航忍着剧痛，瞄准敌机开火，打得敌机天女散花，空中坠落。最后高志航以精湛娴熟的技术，用左手操纵飞机，慢慢平安着陆。第四大队其他飞行员，也打得敌人魂飞魄散，落荒而逃。

此次空战，中国空军共击落敌机 13 架，击毙和俘虏日军飞行员共 20 人。

蒋介石专门接见了高志航，并手书四个字送给高志航："吾引为荣"。

不久，高志航荣耀晋升空军上校，并任中国空军驱逐机司令，指挥三个驱逐大队，同时继续兼任第四大队队长。

高志航，成了中国空军胜利的象征。

但是，高志航率队迎战强敌所取得的辉煌胜利，并不能从整体上改变中日双方军事力量的悬殊对比。日本飞机不但数量多，而且性能好，尤其是他们投入作战的九六式舰上战斗机，当时处于世界先进水平；反观中国，我们的飞机不但数量少，而且性能远不能和日本飞机相比，我们空军用于战斗的飞机主要是美国的霍克－3，各种性能尤其是速度和机动性，和日本的九六式完全不在一个档次。

高志航不但作战英勇，而且他脑子特别聪明，善于琢磨。他一直在探索将现成的霍克－3加以改造，提高其性能。经过努力，他带领大家改装了20多架霍克－3，性能明显提高，其中两架参加实战还取得了胜利。

尽管中国空军一直英勇作战，击落了不少敌机，但自身也损失很大。经过两个月的作战，中国空军的300余架作战飞机已经损失殆尽，只好向苏联购买军机。1937年11月，高志航奉命前往兰州接收苏联驱逐机，并试飞。

那段时间，西北风沙猛烈，遮天蔽日，根本无法飞行，高志航一等再等，天气依然没有好转的迹象。他想到这些飞机早一日上天，中国的老百姓就少一天灾难，中国就早一天胜利，决定挑战恶劣的天气，强行起飞。终于，凭着超人的胆略和精湛的技术，高志航和他的队员们将14架飞机飞到了周家口，稍作停歇后，次日飞往南京。可第二天正准备起飞时，南京发来急电："南京大雨，天气恶劣，切勿起飞。"尽管高志航内心波涛起伏，但表面上依然平静自如。他焦急而镇定地等待着冲上蓝天的时刻。

第二天，也就是1938年11月21日，起飞的命令终于传来。高志航和飞行员们匆匆跑向机场。这时候，警报响起了，大家抬头看，敌人的飞机已经在上空盘旋，高志航仔细辨别，发现全是九六式攻击机，数了数，一共10架。他一边跑向战机飞身跳入，一边高喊："快！快起飞！"虽然他的喊声被天上隆隆的机声淹没，但队员看到高司令敏捷地跳上飞机，大家也迅速登机。这时，敌人的炸弹已经扔下来，然而高志航的飞机不知出现了什么故障，怎么也发动不了。这时候，军械师跑上前来高喊："高司令，快下来吧，敌人投弹了！"可还没上天就下来，这不是高志航的作风，他决心上天与日寇决战。于是，他一把推开正在拉他的军械师，同时继续发动飞机。这时候，几十发炮弹从天而降，整个跑道乃至机场被火焰和浓烟笼罩，高志航被震出机舱，摔倒在左机翼后面，身上燃起了熊熊大火……

高志航的生命化作了不灭的火焰，一代中国空军战神融入蓝天，化作了永恒——高志航永远 30 岁！

六　万千志航

用今天的网络流行语来说，高志航是那个时代中国飞行员的"天花板"。

不过我觉得，对高志航更准确的评价应该是，他不是一个名字，而是一种爱国精神，一份职业情怀，一座人格丰碑。

在写这篇长文时，翻检有关历史资料，本来我是冲着高志航去的，结果往深处读，我却不仅仅读到一个高志航，而是读到了一群高志航——不对，是一代高志航！

在高志航之前就有一批中国空军英雄，比如前面提到的石邦藩、赵甫明、黄毓全等，都是高志航崇拜的职业偶像和人生榜样；而与高志航一起抗战的，还有一大批热血男儿献身祖国蓝天；在高志航壮烈殉国后，更多志在报国的年轻人参加了空军，迎着敌机飞向云霄……

在那个风雨如磐的中国，他们一起用热血和铁骨，筑起了中华民族从未被征服的空中长城。

抗战期间，中国空军有"四大天王"之说，说的是战功赫赫的四大空军英雄，除了名列其首的高志航，另外三位是刘粹刚、李桂丹、乐以琴。有意思的是，他们都是高志航的学生。

顺便说一下，作为法国牟拉纳航空学校的高才生，高志航长期担任当时中国空军最高学府中央空军笕桥学校的教官，他培养出了许多杰出的学生，后来都成了空战英雄，如刘粹刚、柳哲生、董明德、李桂丹、郑少愚、乐以琴、罗英德等。看，连同高志航本人，"四大天王"都在其中。

刘粹刚，毕业于中央航校第二期，任空军第五航空大队第二十四队上尉队长。他技术高超，作战英勇，常以寡敌众在对日空战中取得胜利。抗战爆发后的短短两个月，他共击落敌机 11 架，以辉煌的战绩成为全国抗战军民交口称赞的英雄，获得了除了"四大天王"之外的"飞将军"之美誉。
1937 年 10 月 25 日，刘粹刚奉命支援忻口战役。他连夜飞行，不料汽油告
罄，为保住飞机，他没有跳伞逃生，而是选择了迫降，但因天黑，飞机不慎
撞上了高平县城垣上的魁星楼，不幸牺牲，时年 24 岁。

乐以琴，曾在一次空战中击落日机 4 架，创造了中国空战史上的奇迹，
抗日战争中他总共击落日机 8 架。1937 年 12 月 3 日，为了保卫南京，乐以
琴和董明德两人升空对付数十架日机——当时中国空军的飞机已经不足 20
架。面对众多的敌机，乐以琴用娴熟而高超的技巧在敌机中穿梭飞行，巧妙
地使两架企图左右夹击他的日机相互碰撞而亡。激战中，乐以琴的战机中
弹，飞机冒着浓烟向下坠落，他被迫弃机跳伞。不幸的是开伞时间晚了一
点，他落地时头部受重伤去世，年仅 23 岁。

李桂丹，作为高志航的学生和下属，他曾参加著名的八一四空战，且是
第一个应敌起飞的，并创造佳绩。抗战初期的空战中，曾先后击落日机 8
架，被国民政府授予二级云麾勋章。高志航牺牲后，他化悲痛为力量参加了
武汉保卫战。战斗中，作为大队长的他，率领队员们接连击落敌机 12 架，
其中有 3 架日机是他一人击落的。他因此被敌人重兵围困，强大而密集的火
力网将他包围，最后血染长空，壮烈殉国，年仅 24 岁。

高志航等"四大天王"都壮烈地倒在全民抗战之初，他们牺牲时，抗战
的最终胜利还遥遥无期，但高志航们坚信，在他们的身后定有千千万万高志
航奋勇而起，飞向蓝天。

是的，高志航虽然停止了飞翔，但他的精神却一直激励并鼓舞着后来的
年轻人。

写到这里，我想到了一个和高志航没有任何私人关系的年轻人，他叫
林恒。

可能"林恒"这个名字大家并不熟悉，甚至没听说过。可是，我只要一
说出他姐姐的名字，大家一定如雷贯耳，且十分敬仰——

林徽因。

现在，我从发黄的旧照片上看林恒，这是一个多么帅气的小伙子啊！他

不仅仅是帅气，更有爱国的血液和勇敢的品格。我认为这和他家族的教育和浸润有直接的关系。他不但有个姐姐叫林徽因，还有个父亲叫林长民，更有个叔叔叫林觉民——他这个叔叔可能现在不太有名，但林觉民的一篇文章则是所有中国学生都学过的，叫《与妻书》。

林恒出生于1916年，1935年19岁的林恒考上了清华大学机械系。这时日本侵略中国的意图越来越明显。进校不久，一二·九运动爆发了。"华北之大，已经放不下一张平静的书桌。"已是清华大学机械系大一学生的林恒，毅然投笔从戎，放弃清华的学业，而报考了航空学校，成为中央航空学校第10期学员。本来在杭州读书，但因为抗战爆发，中央航校不得不往西转移。1939年夏天，林恒随学校迁到了昆明。

刚好梁思成、林徽因一家也因战乱而搬到昆明。他们是1938年来昆明的，比林恒他们迁校昆明早一年。而梁思成夫妇从杭州迁昆明时，还在杭州笕桥航校读书的三弟林恒和他的8位同学给了梁思成夫妇不少帮助。现在航校也搬到昆明了，梁思成夫妇对三弟林恒自然多有照顾，同时也很关照林恒的那8位同学，这群着军装的青年也都成了他们家的常客。这8名飞行学员均来自沦陷区，他们的家长委托梁思成夫妇做他们的名誉家长并参加他们的毕业典礼。在林徽因心中，这八个航校小伙子，都像林恒一样，是自己的亲弟弟。

1940年，林恒在中央航校结业，全年级125人中，他的成绩名列第二。结业后，他进入空军第五大队，奉命驻守在双桂寺机场。而另外8个弟弟，也分别在各抗日战场为国尽忠，他们时不时给林徽因写信，而林徽因则随时都牵挂着他们的安危。

然而，林徽因夫妇等来的不是他们胜利的捷报，而是接二连三的阵亡通知书。在惨烈的对日空战中，他们一个又一个把自己年轻的生命献给了国家。这些飞行员弟弟牺牲后，空军方面找不到他们的家长，就把遗物交给梁思成。每次收到空军寄来的这样的包裹，林徽因都非常难过。

1941年3月14日，日军再次对成都发动空袭。中国空军第三、第五大队的31架飞机在双流上空与敌人激战，而迎战的飞行员中就有林恒。这次空战异常惨烈，林恒把最后一滴热血洒在了成都上空，壮烈牺牲，年仅25岁。

林徽因悲痛万分，却因病卧床而未能去看弟弟最后一眼，梁思成代妻子去向林恒告别，带回的林恒遗物中有一块飞机残骸，林徽因把这块残骸收藏起来。林徽因一直想写点什么来悼念弟弟和他的战友，可每次提笔，无比的悲痛却让她无法下笔。

1944年，林徽因幸存的最后一位飞行员弟弟林耀作战时飞机受伤，撞山而亡。9位飞行员弟弟全部殉国，加上怀念亲弟弟林恒，林徽含泪写下了诗歌《哭三弟恒》，她通过哭三弟而抒发对另外8位弟弟的哀思。其中，有这样的句子——

> 弟弟，我没有适合时代的语言
> 来哀悼你的死；
> 它是时代向你的要求，
> 简单的，你给了。
> 这冷酷简单的壮烈是时代的诗
> 这沉默的光荣是你。
> ……
> 啊，弟弟不要伤心，
> 你已做到你们所能做的，
> 别说是谁误了你，是时代无法衡量，
> 中国还要上前，黑夜在等天亮。
> ……

林徽因是在哭三弟，但不仅仅是哭三弟，她也是在哭那个时代所有献出年轻生命的中国空军飞行员。

还有一个叫"汤卜生"的年轻飞行员我不能不写几句。

汤卜生，1912年出生，湖北黄梅人，也是中央航校毕业。1937年8月

14 日至 20 日，为了轰炸吴淞口外的汇山码头、大公纱厂等处的日军驻地及虹口的日军兵营。汤卜生与战友们每天都要从武汉飞往上海三四次。1937 年 9 月，汤卜生驾机轰炸了四川北路的日军仓库，使日军遭受重大损失。1938 年 5 月 7 日，汤卜生单独驾驶侦察机从武汉飞往南京，在中山陵上空缓缓盘旋三圈，空投下一束白玉兰，表达对孙中山先生的敬仰与缅怀之情，宣告中国军民不会屈服。日军立即驾机追击，并在上空拦截，汤卜生凭着高超的飞行技巧化险为夷。4 天后，汤卜生与战友一起在南海万山群岛炸沉日军巡洋舰一艘、炸伤驱逐舰两艘，返回时又与拦截的日军机群空战，击落 2 架日机。1938 年 8 月 18 日，日军派出 27 架轰炸机进攻衡阳，汤卜生与战友一起共 10 架战机升空迎敌，第一次进攻时，汤卜生和另外两名战友各击中 1 架日机；第二次进攻时，两名战友在汤卜生的掩护下分别击中 1 架日机；正当汤卜生准备组织第三次进攻时，7 架日机将汤卜生战机围住疯狂扫射，汤卜生终因寡不敌众，飞机中弹起火，壮烈殉国，年仅 26 岁。

汤卜生曾写过《一个飞行员的自述》——

> 我们如果有可以称为计划的东西的话
> 那大概就是为国牺牲吧
> 代表我们诺言的就是我们每个人都存有一张遗嘱
> ……
> 我们的痛苦和喜悦
> 只有我们孤单的享受
> 同时在痛苦的事向我们围攻时却更残酷的
> 不容许我们去回忆和思索任何一件往事
> ……
> 和人们谈到一个几乎失去了生命的经过
> 是没有人可体验到当时的情形的
> 因为，生命是这样的东西：
> 已经失去了，没有人能知道它

没有失去，没有会感到它

在抗战期间，中国空军主力的飞行员的战斗寿命只有 6 个月。

我见过一张中央航校第十二期毕业生合照，照片上只有两个人没有被画"十字架"，而其他胸前被标注"十字架"的年轻人，都在抗战中把生命永远地献给了中国的蓝天。

无论是否姓高，他们都是——"志航"。

尾声　碑立于心

高志航的女儿高丽良得知父亲牺牲的消息时，高志航牺牲已经有一个月了。她是 1937 年底在收音机里听到的。

"那个时候听收音机，知道爸爸死了，全家都哭。那个时候我 8 岁了，懂事了。我扶着那台收音机哭喊——你为什么要说我爸爸死了！就是哭啊。"长大后的高丽良回忆道。

当时高丽良虽然年幼，但对日寇的深仇大恨在她心里埋下了种子。16 岁那年，她听说东北民主联军是打过鬼子的部队，二话没说就参军了。再后来随解放军参加辽沈战役和平津战役，最后随大军来到云南，在《云南日报》当了一辈子记者。

1983 年起，高丽良连续 20 年担任云南省政协委员；1987 年，又担任云南省航空联合会副会长；高丽良还曾是中美航空历史遗产基金会中国董事会成员、飞虎队研究协会副会长。她以这种方式与父亲的航空事业相联系。她说："这也是继续我父亲未竟的航空事业。"

高丽良一直在找她的母亲嘉莉亚，去沈阳、黑河、俄罗斯……但一直没有结果。嘉莉亚消失了，成了一个永远的谜。

高志航壮烈殉国后，其灵柩运抵宜昌，准备经水路送往重庆，但由于日军轰炸猛烈，只得在宜昌秘密安葬。

2022 年夏天，中国遇到了罕见的高温天气，气温往往高达 40℃。8 月 24 日那天，我来到宜昌，想去凭吊高志航的墓。

但问了宜昌好多人，居然都不知道高志航的墓在哪里。

许多人甚至茫然地问："高志航是谁?"

一直没问到，突然想到百度地图，嘿，还真搜到了。

在朋友鲁红梅的陪伴下，我们随着百度地图的语音提示，终于在原宜昌医专旧址、现宜昌市中心人民医院里，找到了高志航的墓。

走上一个缓坡，看到远处的小道边有"高志航路"的标牌，心里一亮。顺着小道向前走不远，便看到在两棵高大的香樟树和一棵桂花树之间，有一尊铜像。

当年因为是秘密安葬，担心日军报复挖掘破坏，并没有留坟头，所以高志航的墓是一片平地，如今已芳草茵茵。

草坪上，在香樟树和桂花树掩映下，高志航的铜像高大巍峨。英雄全副武装、身着飞行服，左手叉腰、右臂弯曲将手置于额前，遥望蓝天，似乎正要驾机升空，与日军搏斗。

我久久地仰望着英雄，心潮澎湃。

其实，高志航墓地是 2010 年以后，经过多方考证，最后才确认在宜昌的。而在此之前，南京、通化和台北，都有高志航的衣冠冢。这在中国历史上是没有过的。

我认为，高志航的伟大完全不用这么多的衣冠冢来彰显。在每一个真正的中国人心中，都屹立着一座属于高志航的丰碑。

后　记
选择的艰难与突破

教了一辈子语文，没想过要写一本与历史有关的书。不过我觉得写这本书和是不是教历史没直接关系。作为一个中国人，关心波澜壮阔的昨天是很必要的，因为今天的岁月是昨天历史的延续。

但真要写的时候，我感觉有些困难——选择的困难。

首先是英雄的选择。

抗日战争涌现出来的英雄数不胜数，我确定选择十位军职级别较高的将领，至少是团级以上的。既有共产党军队的杨靖宇、赵一曼、周保中、左权和马本斋，也有国民党军队的张自忠、戴安澜、王铭章、佟麟阁和高志航。这十位都是国共两党和全民族所公认的抗日民族英雄。

特别要说明的是，赵一曼作为抗联的团级指挥员，并非严格意义上的将军，但她的指挥才能、杰出贡献和广泛影响不亚于将军。何况，她毕业于黄埔军校武汉分校，是中国第一代女兵，如果不是在奔赴南昌的途中突然肺病复发，她将参加八一南昌起义。赵一曼如果活到新中国授衔时，完全有可能成为新中国首批女将军之一。

虽然从标题上看，是十位抗日将领，但我在写的时候并没有局限于十位，而是带出了其他英雄。比如，写周保中，我就写了他的部下"八女"的壮举；写佟麟阁，我就写了与他有兄弟情义的赵登禹；写高志航，我就写了那个时代的其他志航；写王铭章，我就写了李家钰、饶国华、许国璋等和王铭章一样为国捐躯的川军将领……

其次是材料的选择。

虽然我一直对历史感兴趣，但毕竟不是历史专业出身，因此对史料的鉴别和选择，对我来说就是一个不小的挑战。我读了大量的有关著作，包括网络资料和影视作品。历史现象是客观的，但对历史现象的选择和解读却是主观的。我不可能"纯客观"地讲述历史，但我还是尽量贴近客观历史真相地描述英雄们的故事。我常常遇到有几种不同的说法，这时候我只能靠自己的辨析来选择我认为比较符合真相的说法。

比如，有资料说，杨靖宇牺牲后，敌人从他身上搜出一把口琴。这个细节如果真实，写在文章中是很抒情的，但我仔细比较了另外几种说法，感觉这把口琴是从他警卫员身上搜出来的比较可信，因此我没有取信杨靖宇身上被搜出口琴的说法而大肆煽情，当然，杨靖宇是会吹口琴的，这点我也在文章中写到了。

比如，"张自忠殉国后，其夫人绝食七日随他而去"的说法流传很广，这个情节写进文章也非常感人，但我经过反复对比其他的资料，确信这是误传，因而没有采用。

又比如，高志航在法国航校时对他影响很大的教官有两位，但限于篇幅，我只能选取一位来写，另一位只好割爱了。

……

为了更加准确，我甚至在力所能及的情况下做了一些实地考察，比如我去了宜宾赵一曼的故居，去了宜昌高志航的墓地，去了用王铭章遗产所建的新都铭章中学等。

最后是写法的选择。

如果文学性很强，倒是能增加读者的兴趣，但容易失真；如果学术性很强，倒是能体现作者的严谨，但容易枯燥。我的选择是，在学术真实的基础上，语言适当活泼一些，包括一些细节的描写，但杜绝过分的文学渲染。能够用现成史料说话的，我尽量引用有关资料的原文。

好在我最后还是突破了种种艰难的选择，完成了写作。希望这本书能够让读者比较畅快地读进去，同时又不失历史的大真实。

特别要说明的是，这是一本写我敬仰的英雄的书，我不可能撇开个人情感而"理性""冷静""客观"地叙写。我做不到。相反，在写这些英雄故事的过程中，我多次情不自禁热泪盈眶，甚至泪流满面。

我相信，和我有同样情怀的读者，是能够理解我的。

最后，我还是得表达我真诚的感谢——

为了写这本书，我读了数百万字的相关史料，所以我要真诚感谢这些史料（著作、文章、资料）的作者，正是通过阅读你们的作品，我走近了那段历史，也走进了英雄的心灵。

本书的每一位抗日英雄的故事，我写完后都是先发在微信公众号"镇西茶馆"上的，虽然相对于一些时政热点话题，读者不是太多，但许多读者的点赞让我备受鼓舞，给我建议和意见让我不断完善我的写作，所以我要感谢"镇西茶馆"的每一位读者。

每写完一篇，我都要请我的校对团队帮我认真检查语言错误，这是由镇西茶馆粉丝组成的志愿者。他们付出的艰辛劳动，让我感动。所以我必须写出他们的名字，以示谢意（排名不分先后）：黄宗晞、庞岩、向虹霖、刘敏、宋莹、任欢、李爱华、曾华俊、樊婷、高敏敏、鲍凤麟、吴银杏、张佳佳、陈晴霞、雍锐、潘晓敏、刘艳梅、张欣怡、蒲俊男、袁婷、颜吕静、陈冰彬、吴秀娟、路方方。

四川人民出版社的黄立新社长和蔡林君老师以及其他相关编辑老师，不断给我以信任和鼓励，为本书的出版付出了艰辛的劳动，在此表示感谢！

每一位读到本书的读者，我也要感谢你们，并向你们表达敬意，因为你们对英雄怀着同样的敬重，对历史有着同样的敬畏。让我们一起铭记昨天那一段并不遥远的峥嵘岁月，祝愿我们伟大的祖国永远繁荣昌盛！

李镇西

2024 年 1 月

附录 主要参考书目

《中国共产党简史》编写组. 中国共产党简史. 北京：人民出版社，中共党史出版社. 2021 年 2 月第 1 版.

步平，王建朗. 中国抗日战争史. 北京：社会科学文献出版社. 2019 年 10 月第 1 版.

《东北抗日联军史》编写组. 东北抗日联军史（上、下）. 中共党史出版社. 2015 年 9 月第 1 版.

关河五十州. 一寸山河一寸血. 杭州：杭州出版社. 2015 年 1 月第 1 版.

关河五十州. 那一年，我们出川抗战. 北京：现代出版社. 2019 年 7 月第 1 版.

关河五十州. 四川王和他的天下. 北京：现代出版社. 2018 年 10 月第 1 版.

张洪涛. 国殇：国民党正面战场抗战纪实. 北京：团结出版社. 2005 年 3 月第 1 版.

樊建川，李普西. 大馆奴——樊建川的记忆与梦想. 北京：生活·读书·新知三联书店. 2013 年 7 月第 1 版.

周保中. 周保中东北抗日游记日记（上、下）. 北京：解放军出版社. 2015 年 1 月第 2 版.

周保中. 周保中文选. 北京：解放军出版社. 2015 年 1 月第 2 版.

赵素芬. 周保中将军传. 北京：解放军出版社. 2015 年 1 月第 2 版.

李云桥. 赵一曼传. 北京：商务印书馆. 2018 年 6 月第 1 版.

张麟，舒扬. 赵一曼. 北京：中国工人出版社. 2021 年 4 月第 1 版.

赵俊清. 杨靖宇传. 哈尔滨：黑龙江人民出版社. 2015 年 8 月修订版.

孙少山. 杨靖宇传奇. 沈阳：辽宁少年儿童出版社. 2011 年 11 月 1 日第 1 版.

王孝柏，刘元生. 左权传. 北京：人民出版社. 2013 年 4 月第 2 版.

左太北. 左权家书. 北京：中共党史出版社. 2014 年 8 月第 1 版.

马国超，张鸣. 马本斋. 北京：中国青年出版社. 2015 年 8 月第 1 版.

马龙. 马本斋的故事. 北京：中国社会出版社. 2012 年 3 月第 1 版.

谢婷婷. 王铭章. 北京：团结出版社. 2015 年 8 月第 1 版.

林治波. 张自忠. 北京：昆仑出版社. 1999 年 1 月第 1 版.

李萱华，陈嘉祥. 梅花上将张自忠传奇. 重庆：重庆出版社. 2006 年 1 月第 1 版.

戴澄东. 戴安澜传. 合肥：安徽人民出版社. 1998 年 9 月第 1 版.

王晓华. 黄埔军魂戴安澜. 南京：南京出版社. 2016 年 4 月第 1 版.

宋晓维，王晓书. 戴安澜. 长春：吉林文史出版社. 2011 年 4 月第 1 版.

谢远宝. 佟麟阁全传. 北京：台海出版社. 2007 年 7 月第 1 版.

刘爽. 佟麟阁. 长春：吉林文史出版社. 2011 年 1 月第 1 版.

石耿立，朱瑞莲. 赵登禹传. 天津：天津古籍出版社. 2012 年 9 月第 1 版.

孙丰华. 大刀将军赵登禹. 济南：山东友谊出版社. 2007 年 1 月第 1 版.

高晓星，李彦贞. 中华雄鹰高志航. 南京：南京出版社. 2016 年 1 月第 1 版.

龙吟娇. 高志航. 北京：团结出版社. 2015 年 1 月第 1 版.